华东政法大学“65芳华”校庆系列丛书
2017年·华东政法大学博士精品文库

WTO体制下的我国国际贸易行政诉讼研究

王 岩 著

法律出版社
LAW PRESS · CHINA

总 序

我们组织“华政博士精品文库”丛书，每年遴选若干部优秀博士学位论文出版，以期助推博士生学术发展，鼓励博士生精心治学。我们希望“华政博士精品文库”能够像一川清流，如一缕烛光，展现新时期学术青年的深思与创造，为我国的法学研究和法治实践事业注入理想与力量！可以这样说，文库的每一本著作都满含着博士们的追求、志向与期望。这种志气和期望，体现着青年学子对我们国家法治建设的期许和信心，是博士们品德修养和科研底蕴的展现。他们将这种底蕴和情怀换化为一种博大的向往，包含着对法治和真理的不懈追求，并将其内化为一种既定的生活方式。正如彼得·德恩里科所说：“每个人都有一个博大的襟怀：通过法治来构建并维系一个和谐社会，通过彼此努力和共同参与来解决社会冲突。这不仅是我们的襟怀，也是我们寻求的生活方式。”

——摘自《2014年·华东政法大学博士精品文库》总序

目录

导　言

一、研究的背景和目的

经济全球化时代，以货物、资金、技术和服务等为内容的国际贸易，已在全球范围内普遍展开，各国、各经济区域之间的经济联系密切，形成了全球性的经济利益体系。从20世纪80年代以来，以经济全球化为引擎，法律等领域的全球化也获得迅猛发展。与此同时，调整市场经济的私法与规范政府规制的公法之间相互介入、交融，[1]形成了具有独特研究对象的新学科——国际经济行政法。[2] 国际贸易行政法律关系就是由国际经济行政法调整的，它的内容涉及国际公法、国际经济法、各国的涉

---

〔1〕 宋功德：《论经济行政法的制度结构：交易费用的视角》，北京大学出版社2003年版。

〔2〕 国际经济行政法是一个边缘的、交叉的、有机统一的法律综合体，其内容涉及了国际公法、国际经济法、各国的涉外经济行政法等。国际经济行政法是调整跨国经济行政关系的国际、国内公法规范的总和，即是政府经济规制法的国际协调，其内容包括国家间关于经济行政管理规制的国际公法法律规范，以及各国国内的涉外经济行政法。

外经济行政法等。比如,WTO规则作为经济贸易领域的国际行政法,它既有属于国际公法调整范围的国家之间权利义务的内容,但更多的是涉及属于国际经济法调整范围的国际的以及跨国的经济关系。而国际贸易行政争议解决机制分为国际和国内两个层面。在国际层面上,依照的是以WTO争端解决机构(DSB)为主体的国际贸易救济审查制度;在国内层面上,则是要依照以WTO成员方国内法院为主体的国际贸易司法审查(行政诉讼)制度。

"入世"十几年以来,我国对外经济贸易往来日益密切,行政管理领域不断拓展。为了更好地履行"入世"承诺和法定义务,我国不仅在立法方面创制、修改或废止相关法律,而且还建立了相应的国际贸易法律救济制度,即国际贸易行政诉讼制度。但是,我们必须清醒地看到,我国现行的法律法规与WTO的要求还有一定差距,很大程度上影响了我国在国际贸易中的竞争力。本书即是在上述背景下对我国的国际贸易行政诉讼制度进行全面系统的研究,期冀对该领域的理论建构和实践指导均能有所裨益。

本书不仅具有一定的理论研究价值,而且富有实践性的研究意义。

其一,对完善和发展我国的行政诉讼理论制度具有重要意义。长期以来,行政法学界认为行政法区别于刑事、民事法律部门的一个显著特征就是实体法与程序法不分。行政法包括行政实体法、行政程序法和行政诉讼法三部分内容。在《行政诉讼法》制定之前,我国行政诉讼程序和制度均参照民事诉讼法的相关规定。1990年10月1日,《行政诉讼法》的正式实施标志着我国第一部完整、统一的行政诉讼法典的诞生。[3] 行政诉讼法也像刑事、民事法律部门一样完成了实体法与司法程序法分立的历史任务。它与2000年施行的最高人民法院《关于执

---

〔3〕 中华人民共和国第七届全国人民代表大会第二次会议于1989年4月4日通过,自1990年10月1日起施行。根据2014年11月1日第十二届全国人民代表大会常务委员会第十一次会议《关于修改〈中华人民共和国行政诉讼法〉的决定》修正。

行〈中华人民共和国行政诉讼法〉若干问题的解释》(以下简称《若干解释》),[4]以及其他行政法律、法规中有关行政诉讼的规定,共同构成了一套符合我国国情的有中国特色的行政诉讼法律制度。[5] 但是,我国行政诉讼法律制度还比较"年轻",其制度的发展和完善除应借鉴法治发达国家的先进理论外,更重要的是需要在我国诉讼实践中不断地自我检验和完善。本书选取更为"年幼"的涉外行政诉讼的显要类型——国际贸易行政诉讼制度作为研究对象,无疑对于完善我国行政诉讼制度,特别是涉外行政诉讼制度理论具有重要的理论和现实意义。

其二,我国国际贸易行政诉讼自其产生的十余年以来,理论界和实务界一直未能给予与其案件影响力相匹配的重视。人民法院对相关案件的审理也混同于普通的行政案件,对案件审理的程序和要件也未做特别的研究和区分。但实际上,我国现有的指导国际贸易行政诉讼的法律规定过于抽象原则,难以对运行中的、鲜活的司法实践给出明确和有效的指引,亟待今后进一步修改和完善。本书在如火如荼的上海自贸试验区建设和大刀阔斧的司法体制改革大背景下,及时地对我国的国际贸易行政诉讼制度进行全面系统的实证研究,一方面,可使行政法官结合《行政诉讼法》和最高人民法院《关于审理国际贸易行政案件若干问题的规定》等3个司法解释,[6]进一步清晰和明确国际贸易行政案件的审理各要件,增强司法应对能力,给予国际贸易经营者贸易自由权益以及时、有效的司法救济,从而为自贸试验区建设提供坚实有力的司法保障;另一方面,可使法学界和实务界透过国际贸易行政诉讼实践

---

[4] 1999年11月24日由最高人民法院审判委员会第1088次会议通过,自2000年3月10日起施行。《最高人民法院关于适用〈中华人民共和国行政诉讼法〉若干问题的解释》已于2015年4月20日由最高人民法院审判委员会第1648次会议通过,自2015年5月1日起施行(以下简称2015年司法解释)。

[5] 行政诉讼制度的具体内容包括行政诉讼法的概念、特征、原则、功能、受案范围、诉讼参加人、证据、起诉与受理、审理与判决、执行等。

[6] 这三个司法解释为:《最高人民法院关于审理国际贸易行政案件若干问题的规定》《最高人民法院关于审理反倾销行政案件应用法律若干问题的规定》《最高人民法院关于审理反补贴行政案件应用法律若干问题的规定》。

运行情况，充分认识到该制度存在的不足，通过在实践中丰富、检验和论证，为今后国际贸易行政诉讼制度的完善、配套法律制度的修改、司法改革的去向提出可资借鉴的方案和建议。

二、研究的现状和文献综述

一是对WTO体制的研究。在中国"入世"之前，学界就有一些关于世贸组织的知识性普及读物和教材。其中，曾令良教授的《世界贸易组织法》被认为是我国关于世贸组织的首部专著，使对人们尽快认识WTO的性质、地位、大致规制非常有益。中国"入世"后出现大批介绍WTO的书籍，这些著作概论性的描述逐渐减少，更多地转向对各项规制的专门性研究，如余敏友教授等编写的《WTO争端解决机制概论》等。朱榄叶教授的《世界贸易组织国际贸易纠纷案例评分析》（上、下册），在国内首次对WTO专家组报告具有事实上的先例作用进行了阐释。此外，一些畅销多年的再版书籍亦与时俱进地对相关内容作了更新和增补，如曹建明、贺小勇教授著的《世界贸易组织》在第三版中增加了WTO多哈回合谈判有关内容和争端解决的新案例。

二是对WTO与司法审查的研究。中国"入世"后，以"WTO与司法审查"为主题的论著数量十分可观，主要论及WTO对中国司法审查制度的影响。比较有影响力的有：曹建明教授著的《WTO与中国司法审查》、江必新先生著的《WTO与司法审查》、孙南申教授著的《WTO体系下的司法审查制度》等。论述WTO对中国行政法制影响的书籍有：江必新先生编写的《WTO与行政法治》、杨解君教授主编的《WTO下的中国行政法制变革》等。这些成果从基础理论的高度对我国司法审查制度，特别是行政诉讼制度的影响作了全面的总结和讨论，揭示了我国司法审查制度与WTO法律制度存在的差距，明确了改进和完善的方向。其中，部分内容涉及对国际贸易司法审查制度的描述。

三是WTO体制下的国际贸易救济制度研究。国内最早对国际贸易救济制度进行研究的是复旦大学的朱淑娣教授，其所著的《国际贸易救助司法审查》在学术界首次对国际贸易救助司法审查进行了全面介绍;[7]其所著的《WTO体制下国际贸易救济审查制度研究》在国内法与国际法联系的基础上,[8]对WTO争端解决机制和WTO成员方国内的司法救济制度进行了研究。此外,还有部分学者的研究方向涉及这一主题,如郭双焦所著的《WTO贸易救济法律制度改革研究》。从国外的国际贸易救济制度来看,美国和欧盟的制度构建相对比较成熟。但是由于资源能力的限制,对上述英文原版资料难以获取,仅在国内寥寥的几本中文著述中有所体现。从现有的英文材料看,也主要是国际上的一些学者关于WTO与争端解决方面论著,且其内容主要停留在宏观层面,并未实质涉及各国的国际贸易救济审查机制的运行情况。如Peter Callagher(2002年)、Matthias Oesch(2003年)、Dae-Won Kim(2006年)、Marion Panizzon(2006年)。[9]

四是WTO体制下的国际贸易行政诉讼研究。通过图书和期刊资料的查找检索发现,国内从事涉外行政诉讼制度研究的很少,专门研究国际贸易行政诉讼制度的更少。相关研究成果相对集中在朱淑娣教授研究团队公开发表的论文中,如朱淑娣(2005年)、朱淑娣与李晓宇(2006年)、朱淑娣(2006年)、袁勇(2007年),[10]此外,还有夏金莱与叶必丰(2003年)。[11] 这些论文在国内开启了此方面研究之先河,具有里程碑式的意义。但是,由于论文篇幅的限制,其内容更多地停留在

---

〔7〕 朱淑娣:《国际贸易救助司法审查》,我国香港,文汇出版社2004年版。

〔8〕 朱淑娣:《WTO体制下国际贸易救济审查制度研究》,时事出版社2005年版。

〔9〕 Peter Callagher, Guide Dispute Settlement, London: Kluwer Law International, 2002; Matthias Oesch, Standard of Review in WTO Dispute Resolution, New York: Oxford University Press, 2003; Dae - Won Kim, Non - Violation Complaints in WTO Law, Berlin: Peter Lang Pub Inc. , 2006; Marion Panizzon, Good Faith in the Jurisprudence of the WTO, Oxford: Hart Publication, 2006.

〔10〕 朱淑娣、李晓宇:《多重视角下的国际贸易行政诉讼论》,载《政治与法律》2006年第2期,第100—108页;朱淑娣:《国际贸易行政诉讼审查标准刍议——以WTO体制约束为宏观背景》,载《行政法学研究》2006年第4期,第82—87页;袁勇:《论国际贸易行政诉讼》,载《法治论丛》2007年第22卷第3期,第88—91页。

〔11〕 夏金莱、叶必丰:《对WTO体制下国际贸易行政诉讼的思考》,载《法学评论》2003年第3期,第68—72页。

宏观的国内外理论的分析介绍层面，未能从微观和实证的角度对国际贸易行政诉讼制度进行分析研究。2011年，朱淑娣、刘峰主编的《WTO与国际贸易行政诉讼》是国内第一本专门介绍WTO和国际贸易行政诉讼的书籍，该书从宏观、中观、微观三个层面对国际贸易行政诉讼制度进行了分层研究。[12] 但是，目前尚未发现一本交叉运用国际法和行政诉讼法理论，从微观运行和司法实务的角度对国际贸易行政诉讼制度进行专门、系统研究的博士论文。

通过分析上述国内外的研究现状不难看出，目前对国际贸易行政诉讼的理论和实务研究还是有待加强，相关制度还需在实践中不断地丰富、发展和完善。

三、全书框架结构和基本内容

本书以WTO规则的具体要求为指导，结合我国现阶段的社会法制环境，紧扣司法实践，从司法审查的角度，阐释我国国际贸易行政诉讼制度的缺陷与不足，并指明了完善的方向。从具体内容来看，本书首先针对我国国际贸易行政诉讼制度产生的背景、内涵特征、主要原则、法律渊源等方面进行了详细的梳理与分析。之后，从审查主体、审查范围、审查标准、审查程序等方面对于WTO成员方的国际贸易司法审查制度与我国的国际贸易行政诉讼制度进行了比较分析，从而进一步阐述了国际贸易行政诉讼原理和制度。在此基础上，通过解读我国现行法律关于国际贸易行政诉讼制度的一般规定，以及选取国内外国际贸易行政诉讼的典型案例进行实证研究，透视我国国际贸易行政诉讼制度现状，指出该制度与WTO对司法审查的要求尚存在的差距，进而提出完善的意见和建议。各章的具体内容如下：

第一章介绍了我国国际贸易行政诉讼制度建立的背景和过程。其一，国际贸易救济制度是在行政法治国际化的背景下产生的。经济全球化所带来的影响和冲击是全方位的，在我国国内公法领域中，经济全球化引领着我国行政法治出现国际化的趋势，主要表现为：行政法律渊

[12] 朱淑娣、刘峰：《WTO与国际贸易行政诉讼》，学林出版社2011年版。

源扩大,行政主体范围扩大,行政行为救济力度加强。司法审查制度在WTO体制中居于显著地位,是WTO透明度原则的重要内容,在确保WTO规则可操作性和规范成员国政府权力运行方面发挥着重要作用。国际贸易救济法律制度分为WTO体制中(国际)与WTO体制下的成员方(国内)两个层面。这两种司法审查程序既相互独立,互不隶属,又相互影响和制约。当事人在选择这两种司法审查程序时没有先后顺序。成员方需完善本国的司法审查制度,使之尽量与WTO的要求保持一致,当案件提交DSB时需要让渡主权接受审查;而WTO司法审查对成员方国内司法制度有较大的依赖性,受到成员方司法审查实体性标准限制,其裁决的效力亦需要成员方国内司法审查来补强。其二,WTO协定中有关司法审查的规定具有审查主体多样性和独立性,审查范围广泛性,审查标准原则性的特点。根据WTO协定的要求,我国在《中华人民共和国加入WTO议定书》(以下简称《入世议定书》)和《中华人民共和国加入工作组报告书》(以下简称《工作组报告书》中就我国国内维持或建立相关制度以及司法审查的范围和内容作出了承诺。我国国际贸易司法救济制度就是在履行WTO要求和"入世"承诺的大背景下建立的。只不过我国采取了与西方"司法审查"相对应的"行政诉讼"的提法。这一术语和制度是我国借鉴大陆法系和日本法相关制度引进的。我国的司法审查是通过行政诉讼活动来实现的,中国的司法审查制度就是依据行政诉讼法建立起的行政诉讼制度,它与西方的司法审查制度在历史传统、基本内涵、审查范围和审查依据等方面都存在本质的不同。

第二章是对我国国际贸易行政诉讼制度的概述。主要内容包括国际贸易行政诉讼的概念特征、法律渊源、主要原则以及我国对国际贸易行政诉讼制度的现行规定。国际贸易行政诉讼是指人民法院对被诉国际贸易行政行为的合法性进行审查,以解决特定范围内的国际贸易行政争议的活动和制度。其主要涉及国际贸易领域,审查对象是国际贸易行政行为,受涉外行政法律规范调整,系涉外行政诉讼的特殊类型。国际贸易行政诉讼的基本特征为受案范围具有专项性、原告或第三人具有涉外性、与世界贸易组织法有着密切的联系、诉讼原则具有特殊性。国际贸易行政诉讼功能和目的为履行 WTO 要求和我国“入世”承诺、保护国际贸易参加者权益、监督国际贸易行政机关依法行政。国际贸易行政诉讼的国际法渊源包括 WTO 协定和中国“入世”法律文件，国内法渊源又可分为实体法渊源和程序法渊源。国际贸易行政诉讼主要原则可归纳为：司法最终解决原则、司法审查有限原则、有限职权主义原则、平等保护和正当程序原则。我国现行法律对国际贸易行政诉讼制度的规定包括两部分，即行政诉讼法涉外部分的一般规定和最高人民法院关于审理国际贸易行政案件一系列司法解释中的特别规定。三部专门的司法解释分别对我国国际贸易行政案件的审判机构、管辖法院、审查范围、审理标准、法律适用和裁判方式做了规定。

第三章运用比较分析、历史分析等研究方法，从审查主体、审查范围、审查标准以及对国际条约的法律适用四个方面，对 WTO 主要成员方国际贸易司法审查制度与我国国际贸易行政诉讼制度的比较研究。该章最终结合我国现行法律的规定，对我国国际贸易行政诉讼的审查主体、审查范围、审查标准、法律适用进行了明确。其一，在审查主体上，我国国际贸易行政诉讼采取的是普通法院审理模式，由中级以上人民法院的行政审判庭负责审理相关案件。其二，在审查范围上，我国国际贸易行政诉讼的受案范围为国际贸易具体行政行为，利害关系人在提起诉讼时可以一并要求对国务院部门和地方人民政府及其部门制定的规范性文件进行附带性审查。其三，在审查标准上，除依照普通行政诉讼的合法性审查标准外，在案件审理时还区分事实和法律问题，确立了案卷审查和最佳证据原则，适当放宽了审查标准。在某些特定的行政执法领域，行政机关更加具有专业优势，其对事实认定和不确定法律概念的法律适用享有排除司法审查的“判断余地”。其四，在法律适用上，我国国际贸易行政诉讼应以法律和行政法规作为适用依据，不能直接适用 WTO 规则。但是根据有约必守原则，在适用国内法时还应尽量作出与 WTO 规则一致的解释，使得国际条约能够在国内得到遵守。

第四章对实践中几类典型国际贸易行政诉讼的实证分析。首先，在与国际货物贸易有关的行政诉讼中，以比较具有代表性的反倾销（反补贴）、海关估价行政诉讼为例，结合我国法律规定分别从受案范围、原告资格、事实审查和举证责任规则等方面进行了梳理和分析。上述理论和实证分析，可以起到以点带面的作用，一方面进一步清晰了类案审理时应把握的审查规则和尺度，另一方面也指出了我国现有规定与 WTO 规则要求存在的差距，找到了修正完善的方向。其次，在与国际服务贸易有关的行政诉讼中，结合国际贸易和我国自由贸易试验区的具体实践，着重介绍了国际服务投资领域的负面清单管理模式，从而指出在服务投资准入方面，对于行政备案不应一律排除在人民法院的受案范围之外，而应结合法律条文的规定对行政备案的性质予以具体区分，许可性的备案应属行政诉讼的受案范围。再次，在与国际贸易有关的知识产权行政诉讼中，结合我国对知识产权的保护制度，对该类案件审理过程中可能遇到的程序和实体问题进行了探讨。主要介绍了在我国知识产权侵权采取行政和司法并行的双轨救济制度下，知识产权诉讼中的民行冲突问题，以及人民法院应对这一问题的司法政策的演变过程，进而提出成立知识产权法院是解决该问题的必然选择。最后，在其他与贸易有关的行政诉讼中，以反垄断行政诉讼为例，通过梳理反垄断行政执法行为及行政程序，从而明确了不同反垄断执法行为的执法主体和行政诉讼的被告。此外，还对司法实践中争议较多的反垄断行政执法程序与民事诉讼程序冲突竞合，以及反垄断民事诉讼与行政诉讼程序的交叉竞合问题的解决，结合相关理论和法律依据提出了自己的解决方案。

第五章是关于我国国际贸易行政诉讼制度完善的构想。与 WTO 对成员方国际贸易救济法律制度的要求相比，我国国际贸易行政诉讼制度由于受本国法治发展程度的限制，主要不足表现在受案范围还比较狭窄，与国际上通行的“司法最终解决原则”还有一定的差距。该章通过将我国法律规定与 WTO 协定对成员方国际贸易行政诉讼受案范围的要求进行对照，认为应将国际贸易行政终局行为、行政指导等非强制性行政行为纳入司法审查的范围,进一步扩大对抽象行政行为的审查范围。该章结合具体理论和国外的实践,从可行性和必要性两个方面进行了分析论述,并对相应的司法审查机制进行了规划设计。我国现有的国际贸易行政案件审理机构的专业性有待提高,行政诉讼机制影响审判效率。随着国际贸易行政案件数量逐渐增多,受案范围不断扩大,法院办案压力也大大增加,会对行政审判的质效产生不利影响。从长远发展的角度来看,在我国设立专门的国际贸易法院很有必要,而且切实可行,只有这样才能满足变化着的国际贸易行政诉讼发展的需要。在具体设计和构建上,我们仍可以采取小范围试点的方式,在部分国际贸易行政案件较多的省市设立国际贸易法院,完善国际贸易行政诉讼的实体和程序规则。以后在时机和经验都成熟的基础之上,再根据实践发展的需要在全国其他条件具备的省市推广。

四、研究的思路和方法

(一)研究思路

本书选取制度历史发展的视角进行研究,基本思路为:理论→实践→理论,一般→个别→一般,宏观→微观→宏观,应然→实然→应然。具体思路为:介绍我国国际贸易行政诉讼制度产生的国际国内背景→解读 WTO 协定和我国"入世"法律文件对国际贸易司法审查的要求和承诺→归纳总结我国国际贸易行政诉讼制度的基本原理→剖析我国的国际贸易行政诉讼制度→对几类典型的国际贸易行政诉讼进行实证分析→针对现有国际贸易行政诉讼制度存在的问题明确了完善的方向。

由于本书较其他国际贸易行政诉讼的研究成果相比,具有较强的实务性,其中对几类典型的国际贸易行政案件的实证分析部分,学术界几乎无人触及,因此,总体而言具有一定的难度。其一,资料的开发利用。目前,国内专门、全面、系统地对国际贸易行政诉讼制度进行研究的专著和论文较少。对国际贸易行政诉讼的研究需要同时具备国际法和行政法的研究背景,加上国际行政执法面非常的广泛,涉及的知识点非常多。因此,本书的研究对资料收集的专业性和涉及面的要求非常高。既需要熟练掌握 WTO 协定的内容,又要注意收集与 WTO 重要成员方和我国相关制度的法律规定及研究成果。这是本书研究遇到的第一个重点和难点问题。其二,在具体研究内容方面,重点和拟突破的问题包括:(1)对国际贸易行政诉讼制度的基本原理进行归纳总结;(2)对WTO主要成员方国际贸易司法审查制度与中国国际贸易行政诉讼制度进行比较研究;(3)对国际贸易行政诉讼制度的实践运行情况进行剖析;(4)对几类典型国际贸易行政案件审理中的实体和程序问题进行梳理分析;(5)研判国际贸易行政诉讼制度的完善方向,并对相关路径进行规划设计。

基于此,本书的创新点在于从一个司法者的角度,着眼法律条文,结合WTO和行政诉讼的相关理论,重点对国际贸易行政诉讼制度的微观运行进行研究,从而总结出该类案件的受案范围、原告资格、审查标准、举证责任及民行交叉案件程序衔接等。同时,本书提出的一些观点也体现了一定的创新性。例如,在对抽象行政行为的司法审查和设立专门的国际贸易法院的设计上,既参考了国外的先进经验,又考虑到我国的法制框架和司法改革的方向,通过图表和数据的分析,提出了符合我国国情的渐进式的改革方案。

(二)研究方法

一是实证分析的方法。本书在阐述具体观点时,采取事实与法理相结合的方法进行实证分析。具体来说,在剖析一个个具体案例的基础上,进行深入地法理阐述,并且尽可能地援引权威学者的观点或具体的法律规定,从而达到实证分析的效果。本书的研究还采取发放调查问卷、统计分析、专家论证、实务验证的方法,来检验和完善选题的内容。

二是比较分析的方法。本书选取WTO争端解决机制和美国、欧盟、加拿大、澳大利亚的国际贸易救济审查制度,分别从审查主体、审查范围、审查标准、审查程序等方面,与我国的国际贸易行政诉讼制度进行全面的分析比较。通过深入分析这些国家国际贸易救济制度的一般规定,进而提出可供中国借鉴的经验。

三是案例分析的方法。如在与国际货物贸易有关的行政诉讼中,本书选取了有代表性的反倾销(反补贴)、海关估价行政案件;在与国际贸易有关的知识产权行政诉讼中,选取了大量的海关知识产权保护案例;在与国际贸易有关的反垄断行政诉讼中,选取了国内外典型的反垄断行政案件,对相关问题进行了形象的说明和解析。

四是历史分析的方法。本书从历史演进的角度,结合我国1990年实施的行政诉讼法涉外部分的具体规定,2000年的《若干解释》以及2015年新修改的行政诉讼法和司法解释,特别是对"入世"以后,自2002年初步形成的国际贸易行政诉讼制度十余年的实践运行和发展变化情况进行了细致的梳理分析。

综上,本书综合运用实证分析、比较分析、案例分析和历史分析等方法,在现有法律框架内,对国际贸易行政诉讼制度的现状、实践运行、制度检讨和重构进行全面、细致的分析和探讨,确保理论性与实践性的统一,前瞻性和操作性的统一。

五、案例汇纂

本著作援引了大量的国际和国内案例对WTO司法审查、涉外行政诉讼、成员方国际贸易司法审查以及我国的国际贸易行政诉讼进行了实证的分析和研究。为方便查阅文中的相关案例,特对著作所援引的案例加以整理汇编。具体如下:

(一)行政法域外效力的案例

1. 美国的劳工标准案。

2. 美国金融管制案。

(二)由WTO争端解决机构裁决的中国涉诉的典型案例

中国影响汽车零部件进口措施案。

(三)一般行政诉讼与涉外行政诉讼比较案例

1. 王梅钦诉福清市江阴镇政府不依法撤销虚假结婚登记案,(1998)融法行初字第004号。

2. 香港昆利公司、晶泽公司诉湛江海关行政处罚决定案。

3. 钰基国际贸易(上海)有限公司诉国家外汇管理局上海分局行政处罚案,(2015)浦行初字第26号。

4. 上海汇兴实业有限公司诉浦江海关行政赔偿案，(2003)沪高行终字第2号。

(四)国际条约作为法律渊源进行法律适用的案例

我国法院适用国际条约来审结的案例包括：

1. 埃玛纽爱尔·尤卡罗有限公司诉国家工商行政管理总局商标评审委员会商标异议复审裁定案，北京一中院(2010)一中知行初字第3097号。

2. 德国雨果博斯商标管理有限公司诉国家工商行政管理总局商标评审委员会商标争议裁决案，北京一中院(2011)一中知行初字第2497号。

3. 赛弗拉诉国家工商行政管理总局商标评审委员会商标异议复审裁定上诉案，北京高院(2010)高行终字第715号。

4. 南京恒生电脑专卖店诉南京市工商行政管理局玄武分局行政处罚案，(2002)宁行终字第103号。

5. est软件公司诉上海摩力游数字娱乐有限公司侵害计算机著作权纠纷上诉案，(2011)沪高民三(知)终字第104号。

6. 福建嘉航海运有限公司诉上海龙宇燃油股份有限公司通海水域货物运输合同纠纷上诉案，(2009)沪海法商初字第1056号。

7. 法国航空公司诉智傲物流有限公司航空货物运输合同违约赔偿纠纷上诉案，(2007)沪一中民五(商)终字第27号。

8. 高菲、沈卫非法收购、出售珍贵、濒危野生动物罪案，(2012)虹刑初字第785号。

(五)关于国际贸易行政案件审查主体的案例

1. 我国在美非公路用轮胎双反司法诉讼案。

2. 英国博汉医生诉皇家医师学院案。

3. 国王诉格拉莫干郡居民案。

(六)关于国际贸易行政案件审查标准的案例

1. 美国谢弗朗诉自然资源保护委员会案。

2. 欧洲NMB案、Ferchimex案。

3. 我国广东和Sigma公司诉美国商务部案。

(七) 国际贸易行政诉讼原告资格案例

1. 英国的内地税委员会案。

2. 美国的资料服务组织诉坎普案。

(八) 典型的国际贸易行政诉讼案例

1. 浙江国贸进出口有限公司等不服上海外高桥港区海关补征税款决定案,(2013)沪高行终字第4号。

2. 肇庆外贸公司诉肇庆海关估价行政纠纷案。

3. 上海贝邦进出口有限公司诉中华人民共和国上海海关临时扣押产品决定案,(2012)沪二中行初字第49号。

(九) 国际贸易行政执法案例

1. 新闻纸反倾销案。

2. LCD价格操纵反垄断案。

3. 上海海关通过执法帮助国内企业海外维权案。

4. 青岛海关查获出口侵犯专利权风扇案。

(十) 行政指导案例

1. 美日胶卷案。

2. 日本农协会员诉省港税务署长行政指导案。

3. 我国国家工商总局网监司对阿里巴巴集团行政指导案。

(十一) 其他相关联的案例

1. 美国公司诉我国维生素C厂商反垄断民事诉讼案。

2. 江苏省物价局对奔驰公司价格垄断行政处罚案。

第一章　我国国际贸易行政诉讼制度建立的背景和过程

第一节　行政法治国际化背景下的国际贸易救济制度

当今世界,各国经济活动发展的趋势是范围越来越广,频率越来越快,事项越来越多,生产要素跨越国界在全球范围内自由流动,各国、各地区的经济相互交织、影响形成了"全球统一市场",我们已然处于经济全球化的时代。经济全球化的具体表现为,生产日益国际化、贸易日益自由化、资本日益全球化、科技日益现代化。经济全球化既给各国带来了很大的利益和难得的机遇,但是同时也使这些国家,特别是经济科技水平落后的国家面临着巨大的挑战。如果不能尽快搭上世界经济发展的这班快速列车,原本落后的国家将变得更加落后,并且与发达国家的经济差距将越拉越大。因此,在经济全球化的背景下,建立公平、公正、合理的国际经济新秩序是一个非常重要而且突出的问题。从根本上说，当今世界的经济秩序还是发达国家掌握资金和先进的技术，而发展中国家只能靠出卖原材料和劳动力维持本国经济存在或发展。发展中国家应该充分利用经济全球化背景下的货物资本流动与配置的优势，加速本国科技发展进步，大力发展较为落后的产业，来谋求经济的持续快速发展。而这一切必须在公正合理的国际经贸法律规则的保障下才能完成。WTO作为当今世界主要的国际贸易组织，以统一的国际准则来规范成员方的行为，从而为建立公平合理的国际经济新秩序创造了良好的条件。

2001年11月10日，我国正式加入世界贸易组织（WTO），这是我国融入世界经济一体化，[1]在既定的游戏规则内获得经济的持续、稳定发展的明智之举。经济一体化引领着全球化的各个领域，政府与市场的关系在其推动下得到不断深化调整。我国法制体系也出现了国际化的特征，主要表现为国际法与国内法、公法与私法出现相互交融的趋势，WTO协定的缔结和实施就是典型的例子。[2]

一、经济全球化所引发的行政法治国际化

WTO是一个管理货物贸易（GATT）、服务贸易（GATS）和与贸易有关的知识产权（TRIPS）等多边贸易协定的国际组织，它以国际条约

---

〔1〕 WTO是当今世界上全面规范各成员方贸易政策、调整它们之间贸易关系的全球性贸易组织。它规范着世界上90%以上的国际贸易额。人们经常提到的英文缩写WTO，归纳来看，有三种含义：国际组织、国际贸易条约群体、多边贸易谈判的场所。其中的国际贸易条约群，指的就是由乌拉圭回合谈判所最后达成的"一揽子"协议，包括《建立世界贸易组织协议》和其他协定、谅解、部长决议或宣言等附件，以及之后达成的各种协议和各国加入WTO的法律文件等。

〔2〕 朱淑娣主编：《运行中的国际经济行政法——WTO案例的行政法解读》，时事出版社2002年版，第16页。

(《WTO 协定》)[3]和与这些条约实施相配套的国际组织机制(贸易政策审议机制和争端解决机制)为成员方政府设定义务,从而确保贸易能够在全球范围内健康有序地进行。中国"入世"实际上是以西方国家为主要代表的 WTO 法治和以中国为代表的东方国家法治又一次风云际会较量重塑。[4] 由于 WTO 规则主要是用于规范成员方政府与贸易有关的服务、投资和知识产权等行为,因此,"入世"一定意义上是"政府入世",WTO 规则主要是行政法规则,亦被称为"国际经济行政法典"。[5] WTO 成员方行政法治的发展不再仅取决于其本国的法治发展水平,而是越来越多地受到国际法治原则的约束。成员方只有接受和执行 WTO 确立的透明度、非歧视性以及司法终审等行政法治国际标准,才能获取经济的持续、稳定发展。

行政法治国际化的趋势主要表现在:

1. 行政法律渊源扩大。WTO 规则是国际条约的一部分。在国内法与国际法的问题上,根据"优先适用的国际法"和"条约必须遵守"的国际法原则,任何国家不得拒不遵守国际法和条约,WTO 规则成为重要的法律渊源。[6] 我国政府在行政立法时亦应注意相关法律和制度

---

〔3〕《WTO 协定》是《马拉喀什建立世界贸易组织协定》及其 4 个附件组成的庞大法律文本,从基本机构看,包括了货物贸易、服务贸易、知识产权和争端解决四大部分。WTO 协议内容庞大,一共包括了 23 项协定,其内容包括了:(1) WTO 乌拉圭回合多边谈判形成的法律文件,有《1994 年关税与贸易总协定》及其项下的《1994 年反倾销协议》和《补贴与反补贴措施协议》《服务贸易总协定》《与贸易有关的知识产权协定》等;(2)中国加入 WTO 的法律文件,包括《中国加入议定书》《中国加入工作报告书》;(3) WTO 组织机构的相关解释。

〔4〕程琥:《WTO 视野中的我国行政法治》,载《法制与社会发展》2002 年第 6 期,第 121 页。

〔5〕有人对 WTO 规则作过统计,WTO 有 23 个协定、共计 492 页,只有两个条款提到企业,其他都是规范政府行为的规则。参见《南方周末》2001 年 10 月 11 日,第 5 版。

〔6〕在《马拉喀什建立世界贸易组织协定》第 2 条中有这样的规定:(1) WTO 在与本协定附件所含协定和相关法律文件有关的事项方面,为处理其成员间的贸易关系提供共同的组织机构。(2)附件 1、附件 2 和附件 3 中的各协议及其法律文件(以下简称多边贸易协议)均是本协议的组成部分,并约束所有成员。

规定与WTO规则相衔接。例如,“入世”之后为了加强对“两反一保”行为的规范和监督,[7]国务院先后出台和修订了反倾销、反补贴和保障措施方面的行政法规。[8]

2. 行政主体的范围扩大。传统行政法中,行政主体仅限于一国国内的行政机关,在“入世”后的全球治理中,国内的行政法律具有了域外效力,而经济全球化就是产生这种域外管制效力的经济基础。如美国的劳工标准案和金融管制案就是典型的例子。[9] 除此之外,全球规制主体也获得蓬勃发展,在权力行使过程中已具备了行政主体的行政性。政府间国际组织是国际规制主体的主要表现形式,少数情况下也包括非政府组织和一国的国内机构。[10]

3. 行政行为救济力度加强。WTO协定规定的司法审查的范围是非常广泛的,争端解决机制要求对国际贸易行政争议采取“司法最终

[7] 反倾销、反补贴和保障措施行为。

[8] 《中华人民共和国反倾销条例》(以下简称《反倾销条例》)2001年11月26日中华人民共和国国务院令第329号公布,根据2004年3月31日《国务院关于修改〈中华人民共和国反倾销条例〉的决定》修订;《中华人民共和国反补贴条例》(以下简称《反补贴条例》)2001年11月26日中华人民共和国国务院令第329号公布,根据2004年3月31日《国务院关于修改〈中华人民共和国反补贴条例〉的决定》修订;《中华人民共和国保障措施条例》(以下简称《保障措施条例》)2001年11月26日中华人民共和国国务院令第329号公布,根据2004年3月31日《国务院关于修改〈中华人民共和国保障措施条例〉的决定》修订。

[9] 劳工标准案:2004年3月16日,美国劳联产联及相关的14个工会组织向美国贸易代表申诉,控告中国政府压制工人权利,不正当地谋求对美国及其他国家,尤其是对发展中国家的贸易优势,致使这些国家遭受了投资和就业的损失。投诉的依据是《1974年美国贸易法案》。美国要求中国的劳动关系符合美国标准,尽管雇主和雇员都不是美国人。金融管制案:2007年3月14日,美国结束了长达十八个月的调查,宣布根据《爱国者法案》对中国澳门汇业银行(BDA)进行制裁。美国下令所有美国金融机构停止与汇业银行往来,认为汇业银行接受了朝鲜洗钱,接受了朝鲜伪造美元的赃款,并施压冻结朝鲜在该行的2500万美元资产。随后,日本、韩国的一些银行也中断了与汇业银行的金融交易。

[10] 林泰、赵学清:《全球化语境与行政法国际化》,载《现代法学》2011年第33卷第5期,第145—146页。

解决”的救济原则。但是各成员国又出于本国政治、经济、文化等考虑，对特定的主体、行为和纠纷解决提供司法豁免。〔11〕比如，我国《行政诉讼法》〔12〕规定了规章以上的抽象行政行为和法律规定的终局行政行为不能纳入行政诉讼的审查范围。实际上，“入世”之后为了与国际司法审查的要求相衔接，我国已对知识产权领域的《商标法》《专利法》进行了修改，取消行政复议终局制度。此外，我国还通过修订国际贸易行政法规、出台审理国际贸易行政案件司法解释等方式，为国际贸易参加提供司法救济。〔13〕

二、WTO体系中司法审查制度的显要地位

（一）司法审查制度的含义

司法审查（Judicial Review）最初是国内法上的概念，法律大辞典中对其有不同解释，〔14〕世界各国对司法审查概念和范围的界定也存在差异。如在美国，司法审查既包括普通法院对国会立法行为的合宪性审查（违宪审查），又包括对行政行为的合法性进行审查。而在英国，由于其实行议会至上的宪政体制，法院无权对国会的立法行为进行审查，只能对下级法院和行政机关作出行为的合法性进行审查。尽管各国司法审查制度存在种种不同，但是其也存在一些相同的地方，即它们都是由法院对行政行为的合法性行使审查权，其目的都是监督行政权的合

〔11〕张尚鷟：《走出低谷的行政法学》，中国政法大学出版社1991年版，第427—428页。

〔12〕1989年4月4日第七届全国人民代表大会第二次会议通过根据2014年11月1日第十二届全国人民代表大会第十一次会议《关于修改〈中华人民共和国行政诉讼法〉的决定》修正。

〔13〕比如，重新修订《反倾销条例》《反补贴条例》，该条例规定了反倾销、反补贴行政行为的司法救济途径。此外，最高人民法院出台了“三个司法解释”，为国际贸易行政行为提供了司法救济的途径。

〔14〕《布莱克法律词典》对司法审查的定义是：“由行政机关到法院的一种上诉形式，目的是复审其认定的事实、（适用）的法律或者两者兼有。”《韦伯斯特法律词典》将司法审查的解释为：“赋予法院系统撤销被法官宣布违宪的立法或者行政行为的权力的一项宪法原则。”《元照英美法词典》对司法审查的界定是：“法院有权对政府其他部门的行为是否合法进行审查，尤指法院确认立法和行政机关的行为违宪而使其无效的权力。”

法运行和保护相对人的合法权益。

WTO 很多多边贸易协定中采取了 Judicial Review 这一英文表述,[15]我国的"入世"法律文件和行政诉讼论著、法律、法规中也采用了"司法审查"这一中文译法。但是,这并不意味着 WTO 协定中司法审查的含义仅限于或者特指由司法机关进行复审。从部分 WTO 多边协定中列举的审查机构可以看出,其审查主体显然包括但不限于司法机关。[16] 据此,很多人认为 WTO 的司法审查是一个很宽泛的概念,既可以是司法复审,也可以是行政、仲裁的复审和裁决。这种多主体的复审机构的设立也是妥协的产物,主要是因为 WTO 协定基本上是 20 世纪 80 年代末期谈判确定的,当时各成员方的法治发展还不是很发达,水平也参差不齐,WTO 不能强求各国一律采取法院复审的审查模式。随着现代法治的不断发展进步,现在基本上大多数国家都已实现法院复审。WTO 司法审查制度设立的目的是确保 WTO 相关协定以统一、公正、合理的方式在成员方国内得到实施,保障贸易参加者的合法权益能够得到及时充分的救济。[17] WTO 的这种司法保障机制是通过国际和国内两个层面来实现的。在国际层面,WTO 设有争端解决机制(DSM),由争端解决机构(DSB,包括专家组和上诉机构)对成员方的贸易违法行为进行审查。[18] 在国内层面,WTO 对成员方的诉权保护、司法救济和程序提出了较为严格的要求,推进成员方国内建立和完善配套的司法制度,由国内法院对国际贸易执法行为进行监督。[19]

---

〔15〕 如《关于实施 1994 年关税与贸易总协定第 6 条的协定》(1994 年反倾销法典)第 13 条和《补贴与反补贴措施协定》第 23 条的条旨(标题)均为"Judicial Review"。

〔16〕 如《1994 年反倾销法典》第 13 条和《补贴与反补贴措施协定》第 23 条规定的"Judicial Review",包括"司法的、仲裁的或者行政的裁决机构"所进行的复审。

〔17〕 贸易参加者指 WTO 成员方从事有形商品、服务和技术交换活动的自然人、法人和其他组织。

〔18〕 争端解决机制设立的法律依据为 WTO《关于争端解决规则与程序的谅解》(DSU)。

〔19〕 其法律依据为 WTO 各协定中有关要求成员提供司法审查程序的规定,以及各成员国内法中有关司法审查的法律规定。

（二）WTO体系中司法审查的显著地位

WTO司法审查制度的重要性主要体现在：

一是WTO透明度原则的重要内容。[20] 透明度原则是WTO法律文件的一项基本原则，它要求成员方政府及时公布与国际贸易相关的法规和政策，并对行政相对人的权利救济提供行政的和司法的途径。可见，司法审查是透明度原则的重要内容，司法审查的强度、范围和水平直接体现了成员方政府遵守透明度原则的情况。

二是通过司法审查确保WTO规则的可操作性。法律的生命在于实施，法律对行政行为可诉性以及可诉性大小的规定，是衡量法律可操作性的标准之一。WTO规则较之其他国际条约之所以具有较强的可操作性，原因在于其具有较强的司法保障机制。这主要体现在：在国际层面上，WTO设有争端解决机制，对国际贸易争议进行救济；在国内层面上，通过强化成员方国内司法机关对行政行为的审查，来确保WTO规则得到有效实施。

三是WTO法治化和规范成员方政府权力运行的要求。WTO以《建立世界贸易组织协议》为宪法性文件，以其他规范性文件为附属法律，组成了一套严密和完整的规则运行体系，具有高度的法治化。WTO法治化在成员方国内的落实主要体现在：WTO对成员方制定的贸易和知识产权等规范性文件明确提出了较为原则化的和最低规范的要求。成员方政府必须依规则行事，否则将接受广泛的司法审查。因此，司法审查在防止行政机关权力滥用中的地位也越来越突出。

---

[20] 透明度原则的主要规则内容包括：与贸易有关的特定行政管理措施及其合法性依据应当及时公开；与贸易有关的行政执法措施应当以统一、公正、合理的方式实施；各缔约方对于行政相对人在透明度项下所享有的权利应当提供国内行政复审和司法审查程序。

三、国际和国内国际贸易司法审查制度的关系

WTO和成员方国内两个层面的司法审查制度之间既相互独立,又相互影响和制约。

(一)两个层面的司法审查制度相互独立,互不隶属

由于WTO不接受个人作为保护主体的要求,当其某一成员方国际贸易经营者认为自己的权益受到另一成员方政府行为的侵犯,其既可以通过本国政府行使外交保护权间接启动国际救济程序,将争议提交WTO争端解决机构(DSB),[21]又可以直接启动国内救济程序,国内法院可根据现有证据证明的事实依法作出裁判,无须等待DSB的裁决。[22]反之亦然,DSB受理贸易争端并未要求成员方需“用尽当地救济”。DSB无需等待成员方国内法院的裁判结果可径行判决。可见,两种程序的启动并不冲突,可以同时进行。

---

〔21〕 由于个人不是国际法的主体,不能直接享受和承担WTO协议的权利和义务,不能成为WTO争端解决程序的当事人。该个人不能直接到WTO的争端解决机构(DSB)去起诉该成员方。“中国影响汽车零部件进口措施案”是一起中国涉诉并提交DSB裁决的典型案件。案情介绍:2005年年初,中国取消进口汽车配额管理后,少数跨国汽车公司利用中国国内整车关税和零部件关税税率差,故意进口汽车零部件,然后在中国进行组装后在市场上销售,以规避被征收进口整车关税。为了规范汽车零部件进口秩序,我国海关总署等四部委出台了《构成整车特征的汽车零部件进口管理办法》。该办法规定,对等于或超过整车价值60%的零部件征收与整车相同的关税(25%),而对于汽车零部件进口,我国执行的关税税率仅为10%。欧盟、美国和加拿大认为,中国对外国进口汽车配件的税收政策有歧视嫌疑,意在鼓励汽车厂商使用国内汽车配件。欧盟和美国于2006年3月30日正式向中国提出了磋商请求。随后,加拿大也于4月13日提出了磋商请求。因磋商无果,2006年10月26日,WTO争端解决机构应欧盟、美国、加拿大的要求,决定成立专家组审理此案。2008年7月18日,WTO争端解决专家组作出报告,裁决中国涉案措施违反WTO规则,应予修改。同年9月15日,中国提出上诉。同年12月15日,上诉机构作出报告支持专家组的裁决。

〔22〕 因为DSB的裁决对于成员方的国内法院无直接约束力,充其量对成员方国内法院具有说服力,国内法院也无义务就案件争议问题提请DSB作出指示。参见刘汉富:《中国加入WTO与司法审查》,载《法律适用》2000年第1期,第23页。

（二）WTO司法审查对成员方国内司法审查制度的影响

一国在“入世”之后，就必须遵守规则并承担义务，在主权上作出让步，将其与其他成员方之间的贸易争端提交DSB审查。而且DSB拥有一套制裁机制以确保其裁判得到执行，[23]在这种强制力影响下，成员方政府为了争取争议在本国解决，必然会不断完善本国的司法审查制度。成员方通过国内法院对争端作出公正判决，促进政府部门行使权力时遵守WTO规则，避免当事人因不满裁判结果，要求该国政府将争端提交DSB，成员方国内的法治水平将再次面临接受审查和评判的风险。[24]

（三）成员方国内司法审查对WTO司法审查制度的制约

1. 成员方国内法院对案件的实体性审查标准对WTO司法审查会造成限制。DSB因受到各种条件的限制不能自行收集证据，其对案件事实的审查很大程度上受当事人陈述或意见和成员方国内司法审查标准的限制。而且在实践中，DSB通常不会轻易推翻成员方国内的裁决。

2. 国内司法审查对WTO司法审查裁决有补强的效力。DSB裁决的效力仅面向将来，不溯及既往，仅限于撤销违反WTO规则的贸易政策或措施，确保WTO规则在成员方得到执行。而对成员方政府措施给国际贸易经营者造成的实际损害，则需要通过国内司法审查来增强救济的效果。

3. WTO司法审查对成员方国内司法审查制度有较大的依赖性。

---

〔23〕 如不执行裁决，胜诉方可先要去败诉方就其违法行为给予补偿。如不补偿，胜诉方可要求DSB授权其对败诉方采取贸易报复措施，主要包括WTO不再给予败诉方各种优惠措施。

〔24〕 正如最高人民法院江必新副院长所指出的：“加入WTO以后，中国法院对与国际贸易有关的争议不再具有事实上的终审权。”“不再具有完全的管辖权”，“利害关系人如果不服终审判决，还可以通过本国政府请求WTO的争端解决机制加以解决。而WTO争端解决机制当然不会受成员方终审裁判的约束。”一旦进入DSB，成员方国内的法律、法规和具有影响力的政策，包括国际贸易司法审查制度本身，就有可能进入DSM或贸易政策审议机制（TPRM）。

WTO司法审查制度存在其自身的局限性,不可能对所有的贸易争端进行管辖和解决。WTO司法管辖的意义更多地体现在督促成员方国内司法审查制度的完善,绝大部分的争议主要还是要依靠成员方国内法院来救济解决。[25]

第二节 WTO对成员方司法审查制度的要求及我国的“入世”承诺

一、WTO协定中有关司法审查的规定

WTO协定中的司法审查条款主要体现在WTO的一系列的多边贸易协定中,不同协定的表述有所不同,主要可以归纳为:

(一)WTO对司法审查主体的要求

WTO协定对司法审查主体的要求最早体现在GATT(《货物贸易协定》)第10条第3款的规定中,[26]该款要求成员方建立独立于行政程序之外的司法、仲裁或者准行政法庭对国际贸易行政争议进行审理。此外,GATS(《服务贸易总协定》)第6条第2项、《反倾销协定》第13

---

〔25〕 如2012年11月15日,欧盟高等法院裁定中国奥康鞋业公司抗辩欧盟反倾销案胜诉;2015年12月,江阴德玛斯特钻具有限公司诉美国商务部一案,经过5年耗资2000万元,最终美国国际贸易法院撤销了美国商务部“双反”终裁决定。

〔26〕 GATT第10条第3款第2目规定:“为了能够特别对于有关海关事项的行政行为迅速进行检查和纠正,缔约各国应维持或尽快建立司法的、仲裁的或行政的法庭或程序。”这种程序应独立于负责行政实施的机构之外,而它们的决定,除进口商于规定上诉期间向上级法院或法庭提出上诉以外,应由这些机构予以执行,并作为今后实施的准则。但是如有充分理由认为该决定与既定法律原则或事实不一致,则该机构的中央管理机构可采取步骤在另一诉讼程序中审查此事项。

条、《补贴和反补贴协定》第23条也做了类似的规定。[27] 然而部分WTO多边协定对司法审查的主体做了更为明确具体的要求，如TRIPS协定（《与贸易有关的知识产权协定》）第42条第4款和《海关估价协定》第11条第2款将司法审查主体明确限定为“司法当局”。[28] 也就是说，在这些贸易执法领域，成员方只能由法院担当审查机关。

（二）WTO在司法审查范围上的要求

《反倾销协定》第13条和《补贴与反补贴措施协定》第23条以具体条文的形式对该领域司法审查的范围进行规定，与反倾销、反补贴有关的最终裁决，反倾销税、反补贴税和承诺的期限均在的司法审查的范

〔27〕 GATS第6条第2项规定：“（1）各成员应当维持或者尽快设立司法的、仲裁的或者行政的裁决机构或者程序，以应受影响的服务提供者的请求，对影响服务贸易的行政决定迅速审查，并在请求被证明合理的情况下，给予适当的救济。如果此类程序不能独立于作出行政决定的机关，成员应当确保此类程序事实上能够提供客观和公正的审查。（2）第（1）目的规定不得解释为要求一个成员设立与其宪政结构或者法律制度的性质相抵触的裁决机构或者程序。”《反倾销协定》第13条规定：“其国内立法含有关于反倾销措施规定的各成员，应维持司法、仲裁或行政法庭或程序，以便特别对本协议第11条意义上的有关最终裁决的行政行为进行及时的审查。此等法庭或程序应独立于负责有关这种最终裁决复审的当局”。《补贴与反补贴协定》第23条规定：“其国内立法包含有反补贴措施规定的各成员，应维持司法、仲裁或行政法庭或程序，以便特别对本协议第21条意义上的有关最终裁决和裁决复审的行政行为进行及时的审查。此等法庭或程序应独立于负责有此等最终裁决或复审的当局，并应为所有曾参与行政程序和直接地与单个地受此等行政行为影响的各利益方提供进人司法审查的机会”。

〔28〕 TRIPS协定第42条第4款规定：“诉讼当事方应有机会要求司法当局对行政终局决定进行审查，并在遵守一成员有关案件重要性的法律中有关司法管辖权规定的前提下，有机会至少对司法初审判决的法律方面进行审查。”《海关估价协定》第11条第2款规定：“不受处罚而进行的初次上诉权利可以向海关当局内部的某一机构或某一独立的机构提出，但成员的立法应规定有向司法当局上诉而不受处罚的权利。”

围之内。[29] TRIPS、GATS规定的司法审查范围则较为概括、宽泛。如TRIPS第41条第4款除要求司法机关对知识产权行政最终裁决进行审查之外，还要求对案件是非的初步司法裁决的法律方面进行审查。[30] GATS中规定凡是“影响”服务贸易的行政决定，利害关系人即可要求审查。[31] GATS司法审查的范围还受成员方承诺范围的影响，如成员方列入《免除最惠国义务清单》的行政行为，除国内法另有规定的以外，均可免除司法审查。[32]

此外，《与贸易有关的投资措施协定》《技术性贸易壁垒协定》等的部分条款也暗含了通过司法审查救济的可能性。[33]

---

〔29〕《反倾销协定》所要求的司法审查的范围相当广泛。概括起来主要有以下事项：(1)反倾销税的必要性；(2)反倾销的额度；(3)反倾销的期限及其缩短、取消或延长的必要性；(4)反倾销调查的证据和程序；(5)有关价格承诺的额度、时间、期限、接受与取消。反补贴领域的司法审查的范围可以概括为：(1)反补贴税的必要性；(2)反补贴税的额度；(3)反补贴税的期限及其缩短、取消或延长的必要性；(4)反补贴调查的证据与程序；(5)自愿承诺的时间、期限、额度、接受与取消。

〔30〕TRIPS协定第41条第4款规定：“各诉讼当事方应有机会要求司法当局对行政最终裁决进行审查，并在不妨碍一个成员的法律涉及某个案件的重要性的管辖权规定的前提下，至少要有机会要求对某一案件实质事项的最初司法裁决的法律方面进行审查。当然，对刑事案件中的无罪判决，各成员不应有义务提供审查的机会”。

〔31〕参见GATS第6条第2项的规定。虽然GATS和TRIPS协定均采用了“行政决定”和“最终裁决”的表述，但是由于WTO是在西方发达国家主导下建立的，而西方行政法理论没有抽象和具体行政行为的区分，因此WTO协定中的审查范围应是包括具体和抽象行政行为在内的全面审查。而且WTO的“司法最终审查原则”也要求将抽象行政行为在内的所有行政行为均纳入司法审查的范围。

〔32〕资料来源：WTO乌拉圭回合多边贸易谈判结果法律文本；王传丽：《WTO协议与司法审查》，载《中国法学》2003年第2期，第23—33页。

〔33〕例如，《技术性贸易壁垒协定》规定：“各成员(中央政府机构)应确保在技术规章方面对于从任何成员的领土进口的产品给予不比其给予国内相同产品和其他任何国家相同产品较为不利的待遇。”这条规定实际上是WTO最惠国待遇原则和国民待遇原则在技术性贸易中的体现。如果一国中央政府机构的技术规章违反了该条的规定，出口的成员国当事人不能依据WTO请求进口国法院进行司法审查。但如果该进口国国内法规定，中央政府机构制定技术规章的行为属于司法审查的范围，则该出口成员国当事人的权利可以通过请求司法审查获得救济。

（三）WTO在司法审查标准上的要求

从WTO各多边协定文本来看，协定并未对成员方国内司法审查标准做出明确具体的规定，但提供了一个指导性原则，即要求各成员方国内的法律、法规和行政程序与WTO协定规定的义务保持一致，并以客观、公正、合理的方式实施。这些原则性规定在审查标准上可分为实体性和程序性标准。实体性标准主要体现在WTO基本原则和其具体规范，以及对成员方行政行为公正性要求等方面。如GATS对服务贸易领域的最惠国待遇做了规定，如果成员方被认定违反上述原则，也会承担不利后果。[34] 再如，反倾销协定对倾销构成要件的规定就属于WTO具体规范中的实体性标准。GATT第10条第3款(a)项和GATS第6条第1款则属于WTO对审查机制公正性要求的规定。[35] 程序性标准主要体现在对正当程序的要求中，WTO协定虽然没有直接使用这一名词，但是正当程序的精神和理念贯穿整个文本。这一标准在GATT和GATS等协定中具有体现。[36]

二、WTO司法审查制度的特征分析

（一）审查主体的多样性

WTO协定未对成员方国内司法审查的主体做统一的规定。除了TRIPS和《海关估价协定》将司法审查主体限定为司法机构以外，WTO的其他多边贸易协定对国际贸易司法审查机构的要求是广义的、多样的、功能主义的定义。审查主体不局限于国内法院的狭义司法程序，还

〔34〕 GATS规定："在本协议涉及的任何措施方面，各成员应立即和无条件地给予任何其他国家相同的服务和服务提供者以不比其给予任何其他国家相同的服务和服务提供者的较为不利的待遇。"

〔35〕 如GATT第10条第3款(a)项规定，每一缔约方应以统一、公正和合理的方式实施本条第一款所述的所有法律、法规、判决和裁定。GATS第6条第1款规定，"在已作出具体承诺的部门，每个成员应确保所有普遍适用的影响服务贸易的措施，将以合理、客观和公正的方式予以实施。"

〔36〕 GATT第10条第3款(a)项对公平、公正、合理的总体要求；GATT第10、13、16、19条以及GATS第3条等对透明度的要求；GATS第6条第3款对程序经济、及时的要求，以及《反倾销协议》第6条对于告知权利和听取申辩的要求；等等。

包括仲裁机构和行政司法机构，成员方可以根据其本国国情和宪政体制确定审查机构。[37] 其中，“行政的法庭”可被理解为大陆法系的行政法院，或者英美法系的行政裁判所。[38] 行政裁判所是设在行政机构内部的行政法庭，其裁决受普通法院监督，对行政行为的救济也是分层次的。利害关系人可以在穷尽行政救济之后，进一步向司法机关寻求救济。WTO 采取这种多样化规定的主要原因是考虑到各国法治水平差异较大，没有办法制定统一的标准。但是结合 WTO 协定有关司法审查的规定来看，审查的主体最终还是法院。[39] 如 GATT 第 10 条第 3 款[40]对审查主体作了补充规定，但这些其他审查主体的规定仅适用于法院对行政行为不具有司法审查权的国家。对于那些司法审查制度较为完备的国家，仲裁或行政程序不能代替、排除法院的审查。

（二）审查主体的独立性

WTO 协定对司法审查独立性提出了专门的要求，即国际贸易救济方选择的审查机构必须独立于作出被审查的行政和执行机构。这是 WTO 对成员方审查机构提出的实体标准要求，也符合“自己不能做自己法官”的原则。成员方只有建立独立的审查和执行机构，才能确保审判体制的公正性，才能保证裁判结果的正确性。此外，WTO 的部分协定还规定审查程序亦应独立于执行程序，审查决定的作出不受原执行机构意见的影响，确保给予成员方的权利救济落到实处，营造公平竞争的贸易环境和秩序。

---

[37] 杨解君主编：《WTO 下的中国行政法制变革》，北京大学出版社 2005 年版，第 265 页。

[38] 美国行政机关依照正式听证程序裁决行政争议时，实质上是一个设在行政机关内部的行政法庭，其裁决仍受普通法院的监督。

[39] 参见 TRIPS 协定第 42 条第 4 款和《海关估价协定》第 11 条第 2 款的规定。

[40] 如 GATT 第 10 条第 3 款（丙）项规定：“如于本协议签订之日在缔约国领土内实施的事实上能够对行政行为提供客观公正的检查，即使这个程序不是全部或正式地独立于负责行政实施的机构之外，本款（乙）项的规定，并不要求取消它或替代它。实施这种程序的缔约国如被请求，应向缔约国全体提供有关这种程序的详尽资料，以便缔约国全体决定这种程序是否符合本项规定的要求。”

（三）审查范围的广泛性

WTO 对司法审查范围的规定较为宽泛，仅作了司法终审以及贸易利益"受影响"等原则性要求，[41] 其目的是尽可能扩大司法权对行政权的监督范围，将所有行政行为均纳入审查范围，这也是"司法最终解决"原则的体现。如 TRIPS 协定、反倾销协定对审查范围的规定包括两个方面含义：一是取消行政终局决定，建立普遍的司法审查制度；二是对与最终裁决相关的一些阶段性的、局部影响的行政行为给予司法救济。此外，司法终审原则也要求包括抽象行政行为在内的所有行政行为，均纳入司法审查的范围。

（四）审查标准的原则性

从 WTO 对审查标准的指导原则中，我们可概括出以下几项标准：

1. 权力正当行使标准。国际贸易主管部门实施行政行为应符合比例原则，[42] 具有正当性和合理性，不得为自由贸易设置障碍。

2. 行政程序合法标准。[43] 这也是正当程序原则要求的体现，具体包括行政措施透明度的要求，如公开政府行为和信息、公布规范性文件等。行政机关在作出行政决定之前，首先要听取管理相对人的陈述和申辩意见，充分保障其程序性权利。

3. 事实认定合理标准。审查机构对行政机关已经认定的事实不再做重新认定，而是按照客观、公正、合理的标准进行复查。这一标准与我们后续探讨的我国国际贸易行政诉讼事实审查中的"行政记录"原则是一致的。

---

[41] 如《服务贸易总协定》第 6 条的规定，司法审查的范围被界定为"影响服务贸易的行政决定"。"影响"一词的含义较为宽泛，行政行为对服务贸易不同程度的影响都可被包含在内。

[42] 行政权力除了要有法律依据外，还要以最小侵害的方式实施。

[43] 如 GATT 第 10 条第 3 款规定，"实施此类程序的缔约方如被请求，应向缔约方全体提供所有有关信息，以便缔约方全体决定此类程序是否符合本项规定的要求"。此外，GATT 第 13、16、19 条以及 GATS 第 3 条等对透明度的要求；GATS 第 6 条第 3 款对程序经济、及时的要求，以及《反倾销协定》第 6 条对于告知权利和听取申辩的要求；等等。

4. 法律合理适用标准。行政机关在适用行政法律、法规时应当采用国际标准,如果与国际标准不一致,则应作出合理解释。这也是我国国际贸易行政诉讼法律适用中的一致性解释原则确立的依据。

5. 实体规则不得违反标准。各成员方作出任何行政措施均不得违反 WTO 强制性规定和其承诺的 WTO 项下的义务,否则将承担不利后果。如服务贸易领域中的最惠国待遇要求就是 WTO 原则中的实体性标准。[44]

三、我国对司法审查的"入世"承诺

成员方建立国内的司法审查制度其国际层面的依据除要符合 WTO 的要求之外,还应遵守其"入世"时所作的承诺。中国入世法律文件包括《加入世界贸易组织的决定》、《入世议定书》及其附件、《工作组报告书》,中国入世承诺主要体现在后面两部法律文件中。这些承诺与 WTO 协定一起,构成我国遵守和履行 WTO 的法律文件,履行承诺就是履行 WTO 义务的表现。[45]

(一)我国"入世"法律文件对司法审查的承诺

中国"入世"法律文件包括《入世议定书》和《工作组报告书》。

---

〔44〕 如 GATS 规定:"在本协议涉及的任何措施方面,各成员应立即和无条件地给予任何其他国家相同的服务和服务提供者以不比其给予任何其他国家相同的服务和服务提供者的较为不利的待遇。"这是 GATS 在服务贸易领域对最惠国待遇的要求。那么,成员方在不违背具体规范的情况下,若被法院或者争端解决机构认为实质上违反了最惠国待遇的原则,则可能要承担相应的不利后果。这里最惠国待遇原则即为 WTO 原则中的实体性标准。

〔45〕 其中《加入议定书》明确了申请加入方的权利和义务,《工作组报告书》是对谈判过程的记录和说明,与《加入议定书》具有同等法律效力。《入世议定书》第 1 条第 2 款规定:"中国所加入的《WTO 协定》应为经在加入之日前已生效的法律文件所更正、修正或修改的《WTO 协定》。本议定书,包括工作组报告书第 342 段所指的承诺,应成为《WTO 协定》的组成部分。"

《入世议定书》第2条(D)段承诺的审查主体为独立的审查庭,[46]审查的范围包括司法和行政决定在内的所有行政行为。在审查程序方面的承诺包括三项内容:(1)保证利益受影响的个人和企业有向司法机关提起上诉的权利;(2)上诉内容为影响个人和企业利益的任何行政行为;(3)无论是否向行政机关提出上诉,受影响的个人和企业均可向司法机关提出上诉,司法机关具有终局裁决权。需要说明的是,WTO协定与我国的"入世"承诺是一般与特殊的关系,两者在司法审查方面的规定不一致的时候,应以我国的承诺为准。

《工作组报告书》对司法审查的承诺主要体现在第342段中,这些承诺也是WTO协定的组成部分。第78段、第79段、第152段(b)涉及司法审查的内容,审查的主体是独立的审查庭,审查的范围包括与司法决定和行政决定的实施有关的行政行为。[47]《工作组报告书》第

〔46〕《入世议定书》第2条(D)段:1.中国应设立或指定并维持审查庭、联络点和程序,以便迅速审查所有与GATT1994第10条第1款、GATS第6条和TRIPS协定相关规定所指的法律、法规、普遍适用的司法决定和行政决定的实施有关的所有行政行为。此类审查庭应是公正的,并独立于被授权进行行政执行的机关,且不应对审查事项的结果有任何实质利害关系。2.审查程序应包括给予受须经审查的任何行政行为影响的个人或企业进行上诉的机会,且不因上诉而受到处罚。如初始上诉权需向行政机关提出,则在所有情况下应有选择向司法机关对决定提出上诉的机会。关于上诉的决定应通知上诉人,作出该决定的理由应以书面形式提供。上诉人还应被告知可进一步上诉的任何权利。

〔47〕《工作组报告书》第342段所指的承诺中有关司法审查的规定如下:第78段规定:"中国代表确认,将修改其有关法律和法规,以便其有关的国内法律和法规与《WTO协定》和《入世议定书(草案)》中关于行政行为的司法审查程序要求相一致。负责此类审查的审查庭将是公正的,并独立于被授权进行行政执行的机关,且将不对审理事项的结果有任何实质利害关系。工作组注意到这些承诺。"第79段规定:"对于某些工作组成员提出的问题,中国代表确认,与GATT1994第10条第1款、GATS第6条和TRIPS协议相关规定所指的法律、法规、普遍适用的司法决定和行政决定的实施有关的行政行为,包括与国民待遇、合格评定、服务的管理、控制、提供或推销,包括发放或拒绝提供服务所需的许可证和其他事项的实施有关的行政行为,且此类行政行为受根据《入世议定书(草案)》第2条(D)节第(2)款确立的迅速审查程序的约束,有关此类程序的信息将通过中国在自加入时起设立的咨询点提供。工作组注意到这些承诺。"第152段(b)规定:"(b)对于根据第9条第3款进行的程序和根据第9条第5款、第11条第2款和第11条第3款进行的复审,中国还将提供《反倾销协议》第13条所述类型的司法审查。"

342 段所指的承诺不包括第 76 段、第 77 段的内容,因为这段内容与《入世议定书》的相关内容重复。

(二)对我国"入世"法律文件中司法审查承诺的解读

1. 建立国际贸易行政诉讼制度。依据我国《入世议定书》第 2 条(D)段的承诺,国际贸易救济审查的主体是法院,明显窄于 WTO 协定中"除法院之外,还可由仲裁庭和准行政法庭审查"的规定。此外,我国还承诺建立一套客观、公正、独立的司法审查程序,几乎将包括国际货物贸易、服务贸易、与贸易有关的知识产权等领域在内的,所有的行政行为均纳入司法审查的范围。

2. 司法审查的范围和内容。我国承诺的司法审查范围远大于 WTO 要求的范围,这主要是基于国际社会对我国贸易政策透明度和法治程度关注度较高的考虑,期冀为今后在贸易、投资或者知识产权方面的经贸往来营造更好的法制环境,提供可靠的法律保障。如在货物贸易领域,我国承诺的审查范围超出了 GATT 1994 第 10 条第 3 款仅对与海关有关的行政行为进行审查的规定。[48] 在服务贸易领域,我国承诺的司法审查范围不小于 GATS 要求的范围,且比 GATS 更具体。[49] 在与贸易有关的知识产权领域,我国承诺审查的范围包括抽象行政行为、司法判决和行政决定在内的所有行政行为。

3. 行政行为和行政主体类型和性质未予明确。中国"入世"法律文件中对司法审查对象笼统地称为"所有行政行为",而对行为的性质是具体的还是抽象的,是强制性的还是非强制性的,行政行为的作出主

---

〔48〕 我国承诺的货物贸易领域审查范围包括:与货物贸易有关的买卖、运输、保险、支付、仓储、进出口等一切海关事项与非海关事项(如国内税税率等)以及影响贸易政策的多边(双边)协议中有关的法律、法规、司法判决和行政决定的与实施有关的所有行政行为。

〔49〕 我国在服务贸易领域承诺的司法审查范围包括了实体方面、程序方面、资格要求、技术标准等有关法律、法规、司法判决和行政规定的与实施有关的一切行政行为。参见王传丽:《WTO 协议与司法审查》,载《中国法学》2003 年第 2 期,第 27—29 页。

体是“行政机关”，还是包括其他“法律、法规授权的组织”，均未做明确的界定和区分。从词意上来看，《入世议定书》中使用了 administrative action，而不是 administrative decision，因此，应理解我国承诺的司法审查的范围是一般意义上的“行政行为”，而不是仅指“具体行政行为”。虽然我国《行政诉讼法》及其司法解释（以下简称《若干解释》）均将行政诉讼的受案范围表述为“行政行为”，但是我们不能简单地将其与中国入世法律文件中的“行政行为”画等号。从我国目前的法治发展状况和行政诉讼法及其司法解释的具体规定来看，行政诉讼受案范围较以往有所扩大，已将行政合同和部分抽象行政行为纳入诉讼的范围，但目前的审查范围仍以具体行政行为为主。[50]

第三节　我国国际贸易行政诉讼制度的建立

一、西方国家的司法审查与我国行政诉讼的区别

（一）司法审查制度的起源及发展

1. 英美法系国家司法审查制度的起源和发展。在英国，司法审查制度是其近现代政治法律制度的一部分，是随着资产阶级革命的成功而确立的。法院的司法审查权不是来源于议会制定法，而是源自普通法，普通法院可以对行政机关一切行政行为进行监督和审查。后来这项制度被传播到了美国、澳大利亚、新西兰、印度、加拿大等英联邦国家。其中，美国在继受英国相关制度的基础之上，发展了具有自身特色的司法审查制度，主要表现在：（1）1803 年的“马里诉麦迪逊案”开创了违宪审查制度和国会法律对联邦行政机构进行司法审查的先例；（2）逐渐缩小或取消主权豁免原则，几乎将所有行政主体的行政行为

---

〔50〕 参见《行政诉讼法》第 2 条、第 12 条、第 13 条，《若干解释》第 1 条的规定。

均纳入司法审查的范围。[51]

2. 大陆法系国家司法审查制度的起源和发展。在资产阶级革命胜利后，法国采取了不同于英国的由专门的行政法院审理行政案件的司法审查制度。这一制度设立的理论依据是孟德斯鸠的立法、行政、司法三权分立学说。法国在实现司法权与行政权分立，反对普通法院干涉行政事务的同时，也排除了普通法院对行政案件的管辖。此外，法国还依靠行政法院和权限争议法庭的判例法逐渐取消了主权豁免原则。[52]在审查主体方面，德国则设立了行政法院以及劳动法院、税收法院和社会保障法院，来解决行政争议。在违宪审查方面，法国、德国分别设立宪法委员会和宪法法院作为专门机构来进行法律解释，并对法律是否违反宪法进行审查。

3. 我国行政诉讼制度的起源和发展。在我国，与西方“司法审查”对应的概念是“行政诉讼”。“行政诉讼”这一术语和制度是在现代化过程中，我国借鉴大陆法系和日本法相关制度的而引进的。“行政诉讼”一词最早出现于 1912 年的《中华民国临时约法》，并一直沿用至今。在我国，司法审查是通过行政诉讼活动来实现的，中国的司法审查制度就是依据《行政诉讼法》而建立起的行政诉讼制度。[53] 当然，我们在司法实践和学术研究中也会经常使用“司法审查”的表述，可能是

---

〔51〕 主权豁免原则的存在使司法审查不能以国家和政府为被告，除非作为主权者的国家和政府明确放弃该原则。1976 年，经过修改的《联邦行政程序法》第 702 节放弃了主权豁免原则。该节规定，在不涉及金钱赔偿时，对行政机关的官员非法作为或不作为可以合众国为被告，并可以作出对其不利的判决和命令。

〔52〕 1873 年权限争议法庭在著名的勃朗哥(Blanco)案中明确承认了国家的行政赔偿责任，开创了行政赔偿制度的先河。国家参事院也在司法实践中摒弃了主权豁免原则，确立了政府对其雇员在行使行政职权过程中的侵权行为承担责任的原则，权利受到侵害的公民可以直接起诉国家以寻求赔偿。

〔53〕 罗豪才：《中国司法审查制度》，北京大学出版社 1993 年版，第 160 页。该书提出，1989 年 4 月由全国人民代表大会通过的《中华人民共和国行政诉讼法》建立了我国系统、完整的司法审查制度。

这一提法更能形象地体现人民法院监督行政权力的主动性。[54] 但不管从历史传统、基本内涵,还是从的审查范围和审查依据等方面,我国的行政诉讼制度均与西方国家的司法审查制度存在本质的不同。

(二)我国行政诉讼与西方国家司法审查的区别

1. 审查的依据和范围不同。我国没有违宪审查制度,行政诉讼只能依据法律、法规对具体行政行为的合法性进行审查。对抽象行政行为的审查范围仅限于规章以下,且只能做附带审查。而在英美法系国家,司法审查的依据既包括制定法,又包括普通法;审查的范围既包括具体行政行为,又包括抽象行政行为;审查的强度包括对上述行为的合法性、合宪性和合理性审查。[55] 换言之,除非制定法有明确的排除规定,法院可对所有行政行为进行审查。此外,英美法系国家还可通过特权令来纠正和制止违法、专横的行政行为。

2. 法院判决的效力不同。在英美法系国家,法院可将先前法院的判例,以及这些判例所确立的标准和原则作为其他类似案件审理和裁决的法律依据,即普通法上的"遵循先例"原则。在我国,法院对某一行政案件的判决仅对个案本身有法律约束力,除非经司法解释程序予以确认,该判决对今后类案审理不具有明确、直接的效力。但是对于最高人民法院发布的指导性案例,各级法院在审理类似案件时虽然不能直接援引作为裁判的依据,但在作出裁判时还应予以参照,相关内容应

---

〔54〕 杨寅:《行政法学中"行政诉讼"与"司法审查"的关系》,载《华东政法学院学报》1999 年第 1 期,第 56 页。

〔55〕 英国法包括对行政行为和行政裁判所的裁决的司法审查;而美国法中的司法审查还包括对立法和行政行为的司法审查。从普通法的原则上说,法院只对行政行为的合法性进行审查,各类行政裁判所对行政行为的合理性进行审查。但是,法律和事实、合法性与合理性的区分并非绝对。法院完全可以根据自然公正原则或者相关判例对某一行政行为的合理性进行裁决。参见 The Commonwealth Administrative Review Committee Report, August, 1971 (Kerr Report), Australian Parliamentary Paper No. 144, p. 2。

在裁判文书中作为裁判理由引述。[56]

二、我国国际贸易行政诉讼的审查对象

"入世"之后,我国与其他国家的国际贸易经济往来将日趋频繁,国际贸易自由权益保护亦在加强。在跨越国境的经贸关系中,一国政府运用公权力对私人主体在国际贸易交往中的经济活动进行规范和管理,属国际经济行政法调整的国际经济行政法律关系。[57] 行政机关在经贸行政管理中作出的具体行政行为,即为 WTO 和各国法律规制的国际贸易行政行为。一旦某一成员方的贸易壁垒对国际贸易经营者的权益造成损害,WTO 争端解决机制将为贸易经营者提供国际层面的法律救济。根据 WTO 协定的要求,各成员方司法机构将为贸易经营者提供国内法层面的贸易救济。本书即以作为 WTO 重要成员方——我国的国际贸易行政诉讼制度作为研究对象。

根据 WTO 协定的内容和涉及的主要国际贸易行政执法领域,国际贸易行政行为[58] 主要可以分为:

1. 国际货物贸易行政行为。即其是指行使进出口管理职权的行政机关依照法定职权对有形(商品)贸易进出口进行监管过程中作出的具体行政行为。在国际货物贸易行政执法中,反倾销、反补贴、海关估

---

[56] 《〈最高人民法院关于案例指导工作的规定〉实施细则》第 9 条规定:"各级人民法院正在审理的案件,在基本案情和法律适用方面,与最高人民法院发布的指导性案例相类似的,应当参照相关指导性案例的裁判要点作出裁判。"第 10 条规定:"各级人民法院审理类似案件参照指导性案例的,应当将指导性案例作为裁判理由引述,但不作为裁判依据引用。"

[57] 国际经济行政法是协调跨国经济关系的国际、国内公法规范、原则的总和,是协调国家政府规制市场经济制度的法律规范和原则。其内容包括国家间关于经济管理规制的国际公法法律规范,以及各国国内的涉外经济行政法。前者包括调整国际(跨国)经济关系的国际公约、条约、协定以及属于公法性质的各种国际惯例;后者包括跨越国境的经济关系的经济行政法的涉外部分,如关税、进出口货物管理、外汇管理、外资管理等涉外经济行政法律规范等。参见朱淑娣:《国际经济行政法》,学林出版社 2008 年版,第 53 页。

[58] 行政行为包括抽象行政行为和具体行政行为,根据我国现有行政诉讼的受案范围,这里我们仅对具体行政行为的审查作微观研究。

价是行政执法实践中案件较多的领域。[59] 如商务部、海关总署、国务院关税税则委员会和国务院其他部委作出的反倾销(反补贴)的终裁、复审和复议决定。[60] 反倾销(反补贴)行政争议基本上在行政程序即已终结,实践中几乎没有案件进入司法程序,如我国反倾销第一案——新闻纸案。[61] 由于海关是对出入国境的一切商品进行监督、检查并征收关税的行政机关,涉诉的国际货物贸易行政案件绝大多数在海关执法领域。[62] 海关执法中涉及的 WTO 规则有海关估价、关税征收、产品监管、许可程序、原产地规则等。

2. 国际服务贸易行政行为。国际服务贸易是国际间服务输入和输出的一种贸易方式,涉及电信、银行、保险、旅游、会计、教育、交通运输等诸多方面。国际服务贸易行政行为,是指有权国家机关在上述国际服务贸易领域进行监管过程中作出的具体行政行为。GATS 由框架协定和各成员就 GATS 第 20 条提交的具体义务承诺表两部分内容组成。GATS 贯穿了最惠国待遇、透明度、发展中国家的更多参与、市场准入、国民待遇、经济一体化等原则,这些原则已成为我国服务贸易法律体系发展和完善的依据。我国在服务贸易领域的入世承诺涉及透明度要

---

〔59〕 WTO 中关于国际货物贸易的基本规则主要体现在《1994 年关贸总协定》《农业协定》《关于实施卫生和动物检疫措施协定》《纺织品与服装协定》《与贸易有关的投资措施协定》《技术性贸易壁垒协定》《装船前检验协定》《补贴与反补贴措施协定》《保障措施协定》等 13 个协定中。

〔60〕 如农业部负责农产品的反倾销调查。

〔61〕 1997 年年底,九家中国造纸公司联合向外经贸部和国家经贸委提出申请,要求对来自美国、加拿大、韩国的新闻纸进行反倾销调查。外经贸部和国家经贸委公告立案后,分别对被诉产品、被诉企业、出口价格和倾销幅度进行了调查,并对造成损害其他因素进行了排除,最后作出肯定性初裁,对原产于美国、加拿大、韩国的新闻纸实施临时反倾销措施,最终中国企业获胜。该案首开了中国产业运用反倾销法律手段维护自身合法权益的先河。这对维护正常的国际贸易秩序,保障公平贸易以及在维护本国正当贸易利益和进一步提高本国企业自身竞争实力方面都具有深远意义。

〔62〕 从上海法院十几年来国际贸易行政案件的受案情况来看,国际货物贸易行政案件的受案总量约占总数的 95% 以上,执法机关较为单一,仅限于海关执法部门。

求,服务贸易许可程序、服务贸易减让表,以及法律服务、会计服务、证券服务、通信服务、保险服务等21个领域。随后,我国又相继颁布了30多个开放服务贸易领域的法规和规章,我国服务贸易法律框架雏形已基本形成。特别是部分省市设立自由贸易试验区以来,金融和外资领域的监管和审批,成为服务贸易执法领域的热点。[63]

3. 与贸易有关的知识产权行政行为。与贸易有关的知识产权,即在国际贸易过程中产生的知识产权保护问题,包括商标、专利、版权、外观设计、集成电路、布图设计等执法领域。TRIPS 协定是 WTO"一揽子"协定的一部分,是当今最全面的知识产权多边协定。知识产权与货物贸易、服务贸易并列共同构成 WTO 三大支柱。TRIPS 协定包括基本原则、知识产权保护最低要求、知识产权执法程序等内容。[64] 与贸易有关的知识产权行政行为,是指知识产权主管部门就国际贸易过程中发生的知识产权侵权、确权问题,对国际贸易进出口商作出的具体行政行为。

4. 其他与贸易有关的具体行政行为。除了上述三种主要国际贸易行政行为以外,在国际贸易中还存在着垄断行政行为,行政机关根据当事人的举报作出是否构成垄断的认定,利害关系人对该行政处理决定不服提起的诉讼,也属于国际贸易行政诉讼的调整范围。

---

〔63〕 金融行政管理机构主要包括外汇管理局、银监会、证监会和保监会。

〔64〕 原基本原则主要有:(1)国民待遇原则;(2)保护公共秩序、社会公德、公众健康原则;(3)对权利合理限制原则;(4)权利的地域性独立原则;(5)专利、商标申请的优先权原则;(6)版权自动保护原则。新发展的基本原则主要有:(1)最惠国待遇原则;(2)透明度原则;(3)争端解决原则;(4)对行政终局决定的司法审查和复审原则;(5)承认知识产权为私权的原则。知识产权保护最低要求包括:版权及其邻接权、商标权、地理标志、工业品外观设计、专利权、集成电路的布图设计、未经披露的信息(商业秘密)等,并涉及对限制竞争行为的控制问题。知识产权执法程序除依法保护各类知识产权所应遵循的一般性原则以外,TRIPS 协定还规定了知识产权执法的民事、行政程序与临时性执法措施,提出了知识产权边境保护和刑事执法的特别要求,以确保各类知识产权的权利人能够得到有效的法律保护。

三、我国国际贸易行政诉讼制度的建立

由于 WTO 主要是在英美等西方发达国家的主导下建立的，因此，WTO 司法审查制度的确立在很大程度上受到了英美法的影响。比如，WTO 司法审查制度要求成员方建立独立于行政机构的，且能够专门审查国际贸易行政案件的审判机构；通过司法途径来最终解决一切国际贸易行政争议，等等。但是，我国目前法律的规定与 WTO 对成员方的要求还存在差距。因此，我国不仅要对那些与 WTO 规则和入世承诺不相一致的法律、法规进行清理、修订，还要制定规范国际贸易行为的实体和程序法律，建立和完善国际贸易法律救济制度，使 WTO 规则在我国国内能够得到实施。正是基于这样一个大背景，我国的国际贸易行政诉讼制度应运而生了。

"入世"后，我国按照 WTO 要求先后制定和修改了《外商投资企业的合并与分立的规定》(2001 年 11 月)、《反倾销条例》、《反补贴条例》(2004 年 3 月)、《保障措施条例》(2004 年 3 月)、《对外贸易法》(2004 年 7 月)、《外资银行管理条例》(2006 年 11 月)、《海关法》(2013 年 12 月)、《知识产权海关保护条例》(2010 年 3 月)等一系列规范国际贸易行政行为的行政法规和部门规章。[65] 为了积极应对"入世"对我国司法审查制度的冲击和挑战，2002 年，最高人民法院先后出台了《最高人民法院关于审理国际贸易行政案件若干问题的规定》(2002 年 10 月)、《最高人民法院关于审理反倾销行政案件应用法律若干问题的规定》、《最高人民法院关于审理反补贴行政案件应用法律若干问题的规定》(2003 年 1 月)(以下简称三个司法解释)三个关于审理国际贸易行政案件的司法解释，进一步加强和规范了人民法院对国际贸易行政

〔65〕《外商投资企业的合并与分立的规定》(部门规章)1999 年公布，2001 年修订；《反倾销条例》、《反补贴条例》、《保障措施条例》分别是 2001 年 11 月公布，2004 年修订；《对外贸易法》1994 年公布，2004 年修订；《海关法》1987 年公布，2000 年和 2013 年进行了两次修订；《知识产权海关保护条例》1995 年公布，2003 年和 2010 年进行了两次修订；《外资金融机构管理条例》1994 年公布，2001 年修订，2006 年被《外资银行管理条例》取代。

行为的审理规则。[66]

这三个司法解释之间是总分关系,《国际贸易行政案件司法解释》分别从审查主体、审查范围、审查标准、法律适用等方面,对国际贸易行政案件的审查尺度做了统领性和原则性规定。《反倾销行政案件司法解释》与《反补贴行政案件司法解释》对国际贸易行政案件中具有代表性的反倾销、反补贴行政案件的事实认定和证据规则方面做了具体细化的规定。上述"三个司法解释"与《行政诉讼法》《若干解释》共同构建起了 WTO 体制下我国的国际贸易行政诉讼制度。这些法律文件的公布实施,标志着我国国际贸易行政诉讼制度已经初步建立,并已成为我国行政诉讼制度的重要组成部分。到目前为止,我国国际贸易行政诉讼制度已实际运行十余年,制度的优劣已在司法实践得到了检验,也积累了一些经验,发现了一些问题。我们相信,随着今后实践的丰富和制度的完善,这一制度还将不断地完善和发展。

---

〔66〕 即法释〔2002〕27 号,2002 年 8 月 27 日公布,2002 年 10 月 1 日起施行,《最高人民法院关于审理国际贸易行政案件若干问题的规定》(以下简称《国际贸易行政案件司法解释》);法释〔2002〕35 号,2002 年 11 月 21 日公布,2003 年 1 月 1 日起施行,《最高人民法院关于审理反倾销行政案件应用法律若干问题的规定》(以下简称《反倾销行政案件司法解释》);法释〔2002〕36 号,2002 年 11 月 21 日公布,2003 年 1 月 1 日起施行,《最高人民法院关于审理反补贴行政案件应用法律若干问题的规定》(以下简称《反补贴行政案件司法解释》)。

第二章　我国国际贸易行政诉讼制度概述

第一节　我国国际贸易行政诉讼的概念及特征

一、国际贸易行政诉讼与涉外行政诉讼的联系与区别

涉外行政诉讼，是指原告、第三人是外国人、无国籍人或者外国组织依法向我国法院提起诉讼，人民法院依照法定程序对行政机关作出的行政行为的合法性进行审查并作出裁判的活动和制度。

（一）两者之间的联系

1. 诉讼主体的涉外性。涉外行政诉讼最基本的特征是参加诉讼的原告、第三人中，至少有一方是外国人或外国组织。这里提及的外国人包括外国公民、无国籍人、国籍不明的人以及外国组织等。而行政诉讼的被告执法权限受国家主权框架的影

响,只能是我国的行政主体[1]或者法律、法规授权的组织。例如,王某诉某镇政府不撤销结婚登记案[2]的涉外因素是原告王某系侨胞,且住所地在日本并已与日本公民结婚。香港某公司不服某海关行政处罚决定案[3]的涉外因素为第三人之一为外国公民。

2. 诉讼地点的特定性。行政诉讼区别于刑事和民事诉讼的特殊性在于,其司法审查的对象是我国行政机关做出的具体行政行为。而我国行政机关的法定住所必须在我国的主权范围之内,因此行政机关作出的具体行政行为也必然只能发生在我国境内。如上述两起涉外行政诉讼案件虽然其诉讼主体的涉外因素分别为原告和第三人,但是其被告是单一的、不具有涉外因素的,均系我国的行政机关。

3. 诉讼程序具有涉外性。诉讼程序的涉外性主要体现在涉外送达程序中,如起诉、受理、审判、执行等环节均会涉及涉外送达。对于涉外行政案件可通过公约规定的途径进行司法文书的送达。[4] 例如,在王某诉某镇政府不撤销结婚登记案中,对涉案证据是由日本当局采集完成,并经我国驻日本使领馆公证确认的。该案司法文书的送达亦应按照涉外送达程序进行。

除了上述共同点之外,国际贸易行政诉讼和涉外行政诉讼还在遵循国家主权原则、同等和对等原则、委托中国律师代理诉讼原则等一般诉讼原则方面是一致的。

---

[1] 我国的行政主体包括行政机关或者法律、法规授权的组织。

[2] 王梅钦诉福清市江阴镇人民政府不依法撤销虚假结婚登记案,载最高人民法院应用法学研究所编:《人民法院案例选(1992—1999 年合订本)》(行政卷),中国法制出版社 2000 年版,第 588—594 页。

[3] 香港昆利发展有限公司、晶泽有限公司不服湛江海关行政处罚决定案,载沈德咏主编:《最高人民法院公报案例大全》,人民法院出版社 2009 年版,第 1514—1517 页。

[4] 最高人民法院办公厅 2004 年下发了《关于向外国送达涉外行政案件司法文书的通知》,该通知规定:对于需要向海牙民商事送达公约成员国送达涉外行政案件司法文书的,可参照 1965 年订立于海牙的《民商事送达公约》和我国相关程序向外国提出司法协助请求。

（二）两者之间的区别

1. 案件领域不同。涉外行政诉讼涉及案件的领域范围是非常广泛的。除包含国际贸易行政诉讼之外，还包括公安、民政、工商、税务、外汇等其他领域。例如，王某诉某镇政府不撤销结婚登记案，即是一起发生在民政执法领域的涉外行政诉讼案件；上海某国际贸易公司诉国家外汇管理局上海分局行政处罚案，是一起涉及外汇管制的涉外行政诉讼案件。[5] 相比之下，国际贸易行政诉讼涉及的案件范围相对较为单一，仅涉及国际贸易执法领域。例如，某外贸公司诉某海关估价行政纠纷案[6]则是一起涉及货物进出口海关估价的国际贸易行政诉讼案件；上海某进出口公司诉上海海关临时扣押产品决定案，[7]是一起涉及海关执法的、与国际贸易有关的知识产权行政案件；浙江某进出口公司不服上海某港区海关补征税款决定案，[8]是一起涉及国际货物贸易的国际贸易行政诉讼案件；上海某公司诉上海某海关行政赔偿案，[9]是一起单独提起赔偿的国际贸易行政赔偿诉讼案件。

2. 案件审查的标准和强度不同。涉外行政诉讼除了具有涉外因素，案件审理程序、一般原则与普通行政诉讼略有不同外，对事实部分的审查标准和审查强度与普通行政诉讼并无明显差别。而在国际贸易行政诉讼中，除了在审理程序和一般原则部分与涉外行政诉讼保持一

---

〔5〕 (2015)浦行初字第26号钰基国际贸易(上海)有限公司诉国家外汇管理局上海分局行政处罚案，是全国首例非房地产类外商投资企业资本金结汇购买自用房地产外汇行政处罚案。钰基国际贸易(上海)有限公司是港澳台法人独资有限责任公司。

〔6〕 肇庆外贸公司诉肇庆海关估价行政纠纷案，载沈德咏主编：《最高人民法院公报案例大全》，人民法院出版社2009年版，第1645—1652页。

〔7〕 (2012)沪二中行初字第49号上海贝邦进出口有限公司诉中华人民共和国上海海关临时扣押产品决定案。

〔8〕 浙江国贸进出口有限公司不服上海外高桥港区海关补征税款决定案，载邹碧华主编：《2014年上海法院案例精选》，上海人民出版社2014年版，第351—355页。

〔9〕 上海汇兴实业有限公司诉浦江海关行政赔偿案，载齐奇主编：《2003年上海法院案例精选》，上海人民出版社2004年版，第566—574页。《最高人民法院公报》2004年第1期。

致外,作为涉外行政诉讼的特殊类型,对事实部分的审查还有其特殊的标准和强度。如对行政机关事实认定的审查,在一些专业技术要求特别高的领域,法院仅作合理性审查;在举证责任方面,根据《反倾销行政案件司法解释》与《反补贴行政案件司法解释》确立的案卷排他原则,将行政机关提交的案卷材料作为判断具体行政行为是否合法的依据。

二、我国国际贸易行政诉讼的含义及特征

(一)我国国际贸易行政诉讼的内涵界定

我国国际贸易行政诉讼,是国际贸易行政争议在国内层面的法律解决。我国朱淑娣教授和袁勇副教授都对其概念做过一些概括,[10]虽然这些定义表述不同,但是基本观点还是一致的。他们都认为国际贸易行政诉讼是受 WTO 法规制的,该制度设置的主要目的是对国际贸易参加者的合法国际贸易利益进行救济。

博采众长,笔者认为,国际贸易行政诉讼是指在 WTO 制度框架下,国际贸易参加者认为我国国际贸易行政管理部门作出的行政行为侵犯其合法权益而向法院起诉,人民法院通过对被诉国际贸易行政行为的合法性审查,以解决国际贸易行政争议的活动和制度。国际贸易行政诉讼主要受涉外行政法律规范调整,是涉外行政诉讼的显要类型。

(二)国际贸易行政诉讼的基本特征

1. 受案范围具有专项性。国际贸易行政诉讼区别于其他涉外行政诉讼的显著特征是,其审查对象是国际贸易执法领域的具体行政行为。《国际贸易行政案件司法解释》第 1 条采取概括加列举的方式,对国际

---

〔10〕 如朱淑娣教授认为,国际贸易行政诉讼是指在 WTO 制度的框架下,人民法院依法审理国际贸易行政案件并作出裁决,保障和补救受损方国际贸易权益的活动与制度。参见朱淑娣:《法律交融中的国际贸易行政诉讼》,载《现代法学》2008 年第 2 期,第 120 页。袁勇副教授认为,国际贸易行政诉讼是指在 WTO 制度下,国际贸易行政的利害关系人不服国际贸易行政机关的处理决定,依法向人民法院起诉,人民法院依法进行审判的活动和制度。参见袁勇:《论国际贸易行政诉讼》,载《法治论丛》2007 年第 5 期,第 89 页。

贸易行政诉讼的案件类型做了明确规定，主要包括与国际货物、服务贸易有关的行政案件，[11]国际贸易有关的知识产权行政案件等。[12]该条第四项对其他类型的国际贸易行政案件做了兜底规定。

2. 第三人或原告具有涉外性。国际贸易行政诉讼的原告和第三人至少有一方是外国的自然人、法人或者其他组织，即原告、第三人既可能是本国的自然人、法人和其他组织，也可能是外国的自然人、法人和其他组织。在国际贸易往来中，原告和第三人一般是指国内外的贸易进出口商。国际贸易行政诉讼的被告为实施了影响国际贸易经营者权益行政行为的国内行政机关或者法律、法规授权的组织。这也是其区别于普通行政诉讼被告的标志。从实践中的案件分布情况来看，国际贸易行政诉讼的被告主要集中在海关、金融监管部门、反倾销或反补贴的国务院主管部门等。

3. 与 WTO 法有着密切的联系。国际贸易行政诉讼制度的产生、目的、功能等均与我国履行 WTO 义务有着密切的联系。虽然人民法院在审理国际贸易行政案件时不能直接适用 WTO 规则，行政相对人或其他利害关系也不能直接援引 WTO 规则应诉和抗辩，但他们的国际贸易利益都处于 WTO 法的保护之下。DSB 的判例会对我国国际贸易行政诉讼产生影响，当事人对国内行政诉讼判决结果不服的，还可以将争议提交 DSB 解决。

4. 诉讼原则的特殊性。由于国际贸易行政诉讼属于涉外行政诉讼的范畴，因此除了要遵循我国行政诉讼的基本原则之外，其还具有自身

---

〔11〕 有关国际货物贸易的行政案件一般涉及以下几方面：(1)政府限制进口的决定与行为，包括许可程序，进口数量限制；(2)出口补贴措施，具体表现为政府对企业的各类优惠与补贴；(3)对进口产品的反倾销与反补贴措施。具体表现为反倾销案件、反补贴案件以及海关估价、进出口检验检疫和其他非关税措施的案件。有关国际服务贸易的行政案件包括：(1)外汇管理中的行政许可，具体涉及经常项目、资本项目、金融机构外汇业务及国际收支等方面；(2)银行业、保险、证监、保监管理中的行政许可案件等。

〔12〕 与贸易有关的知识产权案件，包括专利和商标行政案件，以及版权、外观设计、集成电路、布图设计等知识产权行政案件。

的特殊诉讼原则。(1)国家主权原则。外国的自然人、法人或其他组织虽然不在我国境内,但是与我国国际贸易经济主管部门发生国际经济行政法律关系,就要接受我国政府的行政管理。[13] 利害关系人对上述行政管理行为提起行政诉讼,我国法院享有管辖权,而无需向涉案外国当事人的本国政府通报(除非条约特殊规定)。(2)同等、对等原则。这一原则是国际法上平等互惠原则在行政诉讼中的体现。在行政诉讼中,外国人、无国籍人、外国组织与我国国民享有同样的诉讼权利和义务,外国法院限制我国国民的诉讼权利的,我国法院也会对限制该国国民的诉讼权利。

三、国际贸易行政诉讼的功能和目的

(一)履行 WTO 要求和我国入世承诺

我国国际贸易行政诉讼制度建立的目的就是履行我国入世承诺,建立符合 WTO 要求的国际贸易行政法律救济制度,因此其首先具有履行 WTO 义务的功能。通过国际贸易行政诉讼解决国际贸易行政争议的过程,就是我国履行 WTO 义务和我国入世承诺的重要体现。对国际贸易行政争议的解决一方面要强调用法治的方式解决行政争议,另一方面还要注重行政争议的实质性解决,实现定分止争、案结事了。

(二)保护国际贸易经营者的合法权益

国际贸易活动繁荣和发展的主要原因是参与方均能从贸易往来中获得自己的经济利益,而国际贸易利益相对于普通的买卖利益而言,具有交易标的额巨大,对我国国民经济、市场经济乃至对外贸易秩序影响大的特点。而如果不对国际贸易行政管理部门的执法权力不加任何监督和制约的话,一旦出现侵犯管理相对人合法权益的情况,就会给国际贸易经营者的利益造成巨大损失,甚至影响到企业的生死存亡。在国际贸易行政诉讼中,作为管理相对人的国际贸易参加者与贸易主管机

---

[13]　如伪造原产地标记和实施倾销行为的当事人虽然不在我国境内,但是我国主管部门仍可对其进口的产品征收反倾销税或扣留相关产品。

关相比往往处于弱势地位。加强对弱势群体——本国和外国的国际贸易经营者的国际贸易权益保护，是国际贸易行政诉讼制度的核心目的和主要宗旨。

（三）监督和规范国际贸易行政执法行为

国际贸易行政诉讼的目的和功能，除了对管理相对人的利益保护以外，就是要对行政机关作出的行政行为的合法性进行控制和监督。人民法院通过审理国际贸易行政案件，对国际贸易行政行为的合法性作出判断。对因主要证据不足、适用法律法规错误、违反法定程序、超越职权、滥用职权、明显不当而违法的行政行为，法院可以根据具体情形作出撤销或部分撤销的判决；对行政机关不履行管理职责和给付义务的，判决其在一定期限内履行等。国际贸易行政诉讼亦非简单地对行政机关作出的行政行为进行是非判断，而是通过司法审查这一外部监督形式来规范行政执法，从而促进行政机关的依法行政水平不断提高。

第二节　我国国际贸易行政诉讼的法律渊源

一、我国行政诉讼的法律渊源

法律渊源从其含义来说既指法律规范的表现形式，也指法律规范的历史产生。在本书中，笔者选取前一种含义，即我国行政诉讼所依据的法律规范的具体表现形式。由于中国是成文法国家，所以我国行政诉讼的法律渊源体系即是由一些效力等级不同的法律规范表现形式构成。广义的法律渊源，特别是在西方国家，还包括习惯法、行政法院判例、行政法基本原则等。在我国，行政诉讼的法律渊源有：

1. 宪法。作为我国的根本法，我国宪法中有诸如公民的基本权利和义务、国家机关的组织、职权和活动原则等许多关于行政法的具体规定。宪法的上述规定既是行政诉讼法的最根本的渊源，也是审查行政行为合法性的最根本的依据。但由于《宪法》的条文一般比较原则和宽泛，绝大多数的条文规定是一般原则或者制定具体法律的依据。一般来说,宪法通常不是人民法院进行行政审判活动的直接依据或具体依据,《宪法》的规定都应当通过法律、法规等规范形式予以具体化,只有法律、法规才是人民法院直接适用的依据。

2. 法律。我国的法律由全国人民代表大会及其常务委员会制定,其效力仅次于宪法,但高于法规、规章和其他规范性文件。行政法律调整社会行政管理的方方面面,对行政机关的法律地位、职责权限、行政程序等作出规定,行政机关在执法时违反上述规定的,应当承担法律责任。我国关于行政诉讼的法律数量虽然不多,但是其规定了行政诉讼的基本问题,因而作用非常显著。

3. 行政法规。行政法规是国务院根据宪法和法律制定的各类法规的总称,其位阶低于宪法和法律,但高于地方性法规和规章。根据《立法法》的规定,国务院在执行法律需要、《宪法》第89条规定的职权事项、全国人大及其常委会授权这三种情形下可以制定行政法规。〔14〕行政法规在我国行政诉讼法律渊源中的数量最多、涉及的事项最广泛,因而具有非常重要的法律地位。

4. 地方性法规、自治和单行条例。我国的一些地方人民政府享有地方事项范围内的立法权。这些法规和条例分别由省级人大及其常委会和民族自治地方的人大制定,单行条例是对自治条例的某一方面的具体规定,地位低于自治条例。自治条例和单行条例既享有某些“变通”的权利,又能够适应不同地方的需要,非常灵活。

5. 规章。规章的法律位阶较低,但是数量庞大,其效力低于法律、法规。根据不同的制定主体,我国的规章可分为部门规章和地方政府

〔14〕 根据2004年5月18日最高人民法院发布的《关于审理行政案件适用法律规范问题的座谈会纪要》规定了现行有效的三种类型的行政法规:(1)国务院制定并公布的行政法规。(2)《立法法》施行以前,按照当时有效的行政法规制定程序,经国务院批准、由国务院部门公布的行政法规。但在《立法法》施行以后,经国务院批准、由国务院部门公布的规范性文件,不在属于行政法规。(3)在清理行政法规时由国务院确认的其他行政法规。

规章,规章的法律渊源地位是由《立法法》第2条确立的,[15]但其不是人民法院审理行政案件的直接适用依据,只能参照适用。[16]

6. 国际条约。作为国际法最主要的渊源,国际条约本来不属于我国国内法的范畴,但是如果我国缔结或者加入了国际条约之后,该条约就具有了与我国国内法一样的约束力,即成为我国重要的法律渊源之一。有的学者还认为,在涉外行政诉讼中,如果遇到国际条约和国内法律、行政法规和规章没有规定的特殊情况,可以谨慎地适用国际惯例予以解决。从司法实践的情况来看,我国适用国际惯例的领域局限于民事涉外领域且仅在我国国内法没有规定的情况下才能予以适用。[17]而我国行政诉讼法对国际惯例未做规定,国际惯例在我国行政诉讼法中也不具有法律渊源的地位。

7. 司法解释。由于我国成文法的滞后性以及社会处于转型时期的急剧发展变化,司法解释在我国的审判工作中发挥了巨大的作用。司法解释是指我国最高人民法院、最高人民检察院对审判和检察工作中具体应用法律问题所作的解释,我国人民法院审理案件作出裁判时可直接援引之。按照司法解释是否针对具体个案作出,可将其区分为抽象解释和个案批复(答复)两类。前者如《若干解释》对行政诉讼作出系统和全面的解释,具有普遍的约束力。个案批复的效力也不仅及于

---

〔15〕《立法法》第2条规定:"法律、行政法规、地方性法规、自治条例和单行条例的制定、修改和废止,适用本法。国务院部门规章和地方政府规章的制定、修改和废止,依照本法的有关规定执行。"

〔16〕《行政诉讼法》第63条规定:"人民法院审理行政案件,以法律和行政法规、地方性法规为依据。地方性法规适用于本行政区域内发生的行政案件。人民法院审理民族自治地方的行政案件,并以该民族自治地方的自治条例和单行条例为依据。人民法院审理行政案件,参照规章。"

〔17〕我国《民法通则》第142条规定:"涉外民事关系的法律适用,依照本章的规定确定。中华人民共和国缔结或者参加的国际条约同中华人民共和国的民事法律有不同规定的,适用国际条约的规定,但中华人民共和国声明保留的条款除外。中华人民共和国法律和中华人民共和国缔结或者参加的国际条约没有规定的,可以适用国际惯例。"

案件本身，其对今后类案审理同样具有约束力。

二、我国国际贸易行政诉讼的法律渊源

（一）国际法渊源

1. 以WTO协定为主的国际条约。国际条约是指两个或两个以上的国际法主体依据国际法确立彼此之间在军事、政治、贸易、文化、法律等方面的权利义务关系的书面协议。当今国际社会，国际条约数量十分庞大，作用也非常显著，仅中国参加的国际条约就有23,000多个。对于国际条约能否作为我国的法律渊源及我国行政诉讼的法律渊源，目前我国的法学界已经形成一致意见——表示认同。[18] 根据我国现行法律、法规和司法解释的规定，在我国行政诉讼领域是不直接适用国际条约的。[19] 但是不直接适用并不意味着不适用。在司法实践中，我国法院已有一些间接适用国际条约来审结的行政诉讼案例。例如，北京一中院在（2010）一中知行初字第3097号、（2011）一中知行初字第2497号案件中，北京高院在（2010）高行终字第715号案件中，商标评审委员会均引用《巴黎公约》和《商标法》对案件事实认定进行了评说，

---

〔18〕 卢云主编：《法学基础理论学》，中国政法大学出版社1994年版，第284页；马新福主编：《法理学》，科学出版社2004年版，第184页；葛洪义主编：《法理学》，中国政法大学出版社1999年版，第330页；赵震江、付子堂主编：《现代法理学》，北京大学出版社1999年版，第412页；胡土贵主编：《法理学》，法律出版社1999年版，第80页；胡旭晟、蒋先福主编：《法理学》，湖南人民出版社2002年版，第70页；公丕祥主编：《法理学》，复旦大学出版社2002年版，第324页；韩明德主编：《法理学》，郑州大学出版社2004年版，第228页；尚振海主编：《法理学》，中国农业出版社2005年版，第212—213页；舒国滢主编：《法理学》，中国人民大学出版社2005年版，第173页；肖光辉主编：《法理学》，中国政法大学出版社2011年版，第86页。

〔19〕 新修改的行政诉讼法在涉外行政诉讼部分删除了对国际条约适用的规定。虽然2000年的《若干解释》第97条有参照民事诉讼的规定，但是其前提是行政诉讼法及相关司法解释没有规定。而我国《审理国际贸易行政案件司法解释》第7条和第8条明确，审理国际贸易行政案件依据法律、行政法规、地方性法规，参照行政规章。《反倾销行政案件司法解释》与《反补贴行政案件司法解释》第6条明确规定，人民法院审理反倾销（反补贴）行政案件依照法律、行政法规，参照部门规章。因此，《民事诉讼法》第260条规定的国际条约的适用方式对我国行政诉讼没有参照意义。

且在《巴黎公约》和《商标法》规定一致的情况下，适用我国《商标法》作出复审裁定。我国法院在对商标评审委员会的复审裁定进行合法性审查时，认定其作出的上述法律适用并无不当。对国际贸易行政行为的司法审查是WTO协定的重要内容，这在WTO的很多多边贸易协定中均有体现。虽然我国《审理国际贸易行政案件的司法解释》规定人民法院审理国际贸易行政案件不能直接适用WTO规则，但是我国的人民法院要在符合WTO规则的原则要求下来适用法律对国际贸易行政行为进行司法审查，确保WTO规则在我国能够得到实施。换言之，WTO规则对于我国行政诉讼法律适用具有重要的指导意义和参照价值，它属于我国国际贸易行政诉讼的国际法渊源。

2. 中国"入世"法律文件。经过漫长而艰苦的努力，世界贸易组织终于接纳中国作为其成员国。中国的《入世议定书》和《工作组报告书》就是中国与WTO成员经过长期而艰难的谈判之后所达成的重要法律文件。上述两个文件不仅构成对中国及WTO成员均具有约束力的国际条约，而且也是WTO协定的重要组成部分。这些入世法律文件中对WTO司法审查要求的承诺，〔20〕是我国制定相关实体和程序法的国际法律依据，因此也应当是我国国际贸易行政诉讼的国际法渊源之一。

此外，国内还有的学者认为，除了成文法以外，WTO争端解决机构所作的判例对成员方国内的裁决有间接的影响力，从而也可被认为是一种法律渊源。〔21〕

（二）国内法渊源

1. 程序法渊源。国际贸易行政诉讼的程序法渊源主要包括《行政复议法》《行政处罚法》《国家赔偿法》《行政诉讼法》《若干解释》《行政

---

〔20〕 包括GATT 1994、《技术性壁垒协议》、《反倾销协议》、《补贴与反补贴措施协议》、《保障措施协议》、《服务贸易总协议》、《与贸易有关的知识产权协议》、《关于争端解决规则与程序的谅解》等。

〔21〕 参见朱淑娣：《法律交融中的国际贸易行政诉讼》，载《现代法学》2008年第2期，第120页；袁勇：《论国际贸易行政诉讼》，载《法治论丛》2007年第5期，第90页。

诉讼证据规定》[22]《民事诉讼法》《民诉法司法解释》[23]《国际贸易行政案件司法解释》《反倾销行政案件司法解释》《反补贴行政案件司法解释》等。《行政复议法》《国家赔偿法》《行政诉讼法》均属全国人大常委会制定的一般法律,其法律效力高于司法解释,对行政案件的审理具有普遍约束力。其中,《行政复议法》是行政程序法,涉及相对人行政诉讼诉权的规定;《国家赔偿法》是关于国家赔偿程序和赔偿诉讼的规定,国际贸易行政行为违法引起的赔偿案件也适用该程序,《行政诉讼法》调整和规范的则是行政诉讼程序和过程。《民事诉讼法》虽然与行政诉讼法是分别适用于两大审判领域的重要程序法,但是两者还是存在非常密切的联系的。在行政诉讼法实施之前,人民法院审理行政案件依照的是民事诉讼程序。行政诉讼法颁布实施之后,在行政诉讼法没有规定的情况下,行政案件的审理仍可参照民事诉讼有关规定。[24] 国际贸易行政诉讼属于涉外行政诉讼的范畴,按照上述规定,人民法院在审理该类案件时,可参照涉外民事诉讼程序规定。[25] "三个司法解释"是最高人民法院专为审理国际贸易行政案件制定的司法解释,[26] 较之《行政诉讼法》属于"特别规则"。《国际贸易行政案件司法解释》主要是对我国国际贸易行政诉讼的原则性规定,属于"一般规则";而《反倾销行政案件司法解释》《反补贴行政案件司法解释》则是

---

〔22〕《最高人民法院关于行政诉讼证据若干问题的规定》法释〔2002〕21号,2002年6月4日最高人民法院审判委员会第1224次会议通过2002年7月24日公布自2002年10月1日起施行。

〔23〕《最高人民法院关于执行〈中华人民共和国民事诉讼法〉若干问题的解释》法发〔1992〕22号,1992年7月14最高人民法院审判委员会第528次会议讨论通过。

〔24〕《若干解释》第97条规定:"人民法院审理行政案件,除依照行政诉讼法和本解释外,可以参照民事诉讼的有关规定。"

〔25〕最高人民法院在《反倾销行政案件司法解释》第11条和《反补贴行政案件司法解释》第11条中亦明确规定,人民法院审理反倾销或反补贴行政案件,可以参照有关涉外民事诉讼程序的规定。

〔26〕《国际行政贸易案件司法解释》、《反倾销行政案件司法解释》和《反补贴行政案件司法解释》。

针对国际贸易行政案件中的具体类型——反倾销、反补贴案件的审理做的具体、细化规定,属于"特别规则"。[27]

2. 实体法渊源。首先,《对外贸易法》是我国规范对外贸易法律制度的基本法律。其与《外汇管理法》和《海关法》等法律一起涵盖了我国货物进出口管理体系的各个方面,规定了我国外贸管理者与经营者的具体权利义务,初步形成了我国外贸管理的法律框架体系,使几乎所有进出口商品规制与对外磋商活动都能有法可依,[28]构成我国国际贸易行政诉讼实体法律渊源的重要基础。其次,《行政监察法》《行政处罚法》《行政许可法》等法律实体法和程序法交织在一起。它们虽然与国际贸易行政诉讼并不直接相关,但是对于我国行政机关的管理职责作出了规定,且与我国的外贸管理有一定的联系,故上述法律可以为我国国际贸易行政诉讼提供一定的参考依据。再次,我国国际贸易行政诉讼中可适用的行政法规、地方性法规数量较多。行政法规主要有:2001年颁布的《货物进出口管理条例》,2002年颁布的《生物两用品及相关设备和技术出口管理条例》,2003年颁布的《进出口关税条例》,2004年修订的《反倾销条例》《反补贴条例》《保障措施条例》《知识产权海关保护条例》,2006年国务院修订施行的《外资银行管理条例》等。与我国国际贸易行政诉讼相关的地方性法规有:2005年上海市人大制

---

〔27〕 反倾销、反补贴属于国际货物贸易领域,也是我国对外贸易监管的主阵地。为了维护对外贸易秩序和公平竞争,国务院专门制定了行政法规规范相关行政执法,并明确规定了救济途径。

〔28〕 我国《对外贸易法》确立了统一原则、平等互利原则、公平自由原则这三项基本原则;明确了我国参与国际贸易市场活动的经营主体,即对外贸易经营者规制法律制度;将货物进出口管理制度细化,以货物的自由进出口作为一般原则,将进出口货物的限制和禁止作为例外;对技术进出口进行统一规制,即通过贸易、投资或者经济合作的方式越境传播技术的行为加以规制,包括专利权转让、专利申请转让、专利实施许可、技术秘密转让、技术服务和其他方式的技术转移进行统一规制;对与贸易有关的知识产权进行保护,针对对外贸易中知识产权方面可能出现的问题,参考TRIPS项下我国享有权利和必须承担的义务作出了明确的规定;维护对外贸易秩序,发起对外贸易调查。

定的《上海港口条例》,2009 年上海市人大常委会制定的《上海市推进国际金融中心建设条例》等。上述行政法规、地方性法规在我国国际贸易行政执法中的使用频率较高,分别对应 WTO 协议的四个方面对相关行政行为进行规范,并且明确规定了救济的方式和途径。最后,行政规章在我国国际贸易行政诉讼中可以参照适用。与我国国际贸易行政诉讼密切相关的部门行政规章主要有:我国外经贸部于 2002 年公布的《反补贴问卷调查暂行规则》《反补贴调查实地核查暂行规则》等,我国商务部于 2003 年公布的《反补贴产业损害调查规定》,国家外汇管理局于 2004 年公布的《边境贸易外汇管理办法》,国家质量监督检验检疫总局以及国家认证认可监督管理委员会于 2004 年公布的《加强肉类储存冷库监督管理》,教育部、劳动和社会保障部于 2004 年公布的《中外合作办学许可证编号办法(试行)》。

综上所述,上述法律、法规和规章共同构成了我国较为完整的人民法院审理国际贸易行政案件的法律依据体系。

第三节 我国国际贸易行政诉讼的主要原则

原则是指分析和处理事物的根本准则。对于行政诉讼基本原则概念,学界也一致有不同的概括,法定性、普遍性、概括性和指导性被认为是行政诉讼基本原则的识别标准。[29] 近年来,学术界开始对我国传统

---

〔29〕 有的学者认为,行政诉讼的基本原则是指由宪法和法律规定的,反映行政诉讼的特点,对行政诉讼具有普遍指导意义,体现并反映着行政诉讼客观规定和法律精神实质的基本规则。参见应松年主编:《行政诉讼法学》,中国政法大学出版社 2002 年版,第 35 页。有的学者认为,行政诉讼的基本原则是指由行政诉讼法规定和体现的,反映行政诉讼的基本特点和一般规律,直接约束行政诉讼中的职权主体和诉讼主体之诉讼活动的重要准则。参见胡建淼主编:《行政诉讼法学》,高等教育出版社 2003 年版,第 17 页。还有的学者认为,行政诉讼基本原则是指行政诉讼总则规定的,贯穿于行政诉讼活动整个过程或主要过程,调整行政诉讼关系,指导和规范行政诉讼法律关系主体诉讼行为的重要准则。参见姜明安主编:《行政诉讼法学》,北京大学出版社 2001 年版,第 47 页。

的研究方法进行反思，从法律基本原则的发展源头进行系统化研究，重新定义行政诉讼基本原则的概念。多数学者认为，行政诉讼的基本原则是指在行政诉讼中起指导作用，反映行政诉讼性质和价值观念并为行政诉讼所特有的基本准则。[30] 其基本特征可以概括为：(1)特殊性。行政诉讼的基本原则是制定行政诉讼各项具体程序制度的依据，其内容体现行政诉讼独特的价值目标理念，是行政诉讼的特有原则。[31] (2)导向性。行政诉讼基本原则能在宏观上对行政诉讼的全过程起指导作用，它既是开展诉讼活动的基本准则，又是司法机关审理行政案件的基本依据。(3)全局性。行政诉讼的基本原则应贯穿于行政诉讼的全过程，具有全局性。这要求其在内容上既要有稳定性，又要有层次性，既不能朝令夕改，又要在不同的诉讼阶段有不同的具体原则和规则。[32]

合法性审查原则是我国行政诉讼最基本的原则。除此之外，还有保障诉讼权利原则，其内容可分为以下几项：人民法院独立行使审判权原则、当事人地位平等原则、直接言词原则、辩论原则、原告可以处分权利原则。国际贸易行政诉讼作为行政诉讼的特殊类型，除遵循行政诉讼基本原则之外，还有其自身的独特属性，其主要原则下文具体阐述。

一、司法最终解决原则

司法最终解决原则，是现代司法的一项基本原则，在行政诉讼的不同阶段分别体现为以下几个具体原则：

---

〔30〕 孙繁华：《行政诉讼基本原则新辨》，载《政治与法律》2011年第4期，第106页。

〔31〕 根据我国《宪法》、《人民法院组织法》、《民事诉讼法》和《行政诉讼法》的相关规定，诉讼的基本原则包括人民法院依法独立行使审判权原则，人民法院审理案件以事实为依据、以法律为准绳原则，当事人诉讼法律地位平等原则，公民拥有使用本民族语言、文字进行诉讼的权利原则，辩论原则，处分原则，人民检察院有权对诉讼实施法律监督原则。

〔32〕 人民法院对具体行政行为进行“合法性审查原则”是行政诉讼的原则之一，但不能上升到基本原则的地位。因为该原则只能在人民法院审理行政案件的时候发挥作用，并不能贯穿行政诉讼受理、审理和裁判的全过程。

（一）行政终局裁决有限原则

司法最终解决首先意味着除非法律有特殊或者例外规定，司法机关（法院）拥有对行政争议的最终解决权，排除了行政机关的终局裁决，即行政终局裁决有限原则。我国行政终局裁决包括三类：一是法律规定的行政终局行为，如《行政复议法》第14条对国务院终局裁决的规定〔33〕；二是特定行政机关作出的复议决定，如省级政府确认自然资源所有权和使用权的决定〔34〕；三是选择复议则复议终局的情形，如外国人对我国出入境管理作出的处罚决定不服选择行政复议的，则该复议决定是终局的。〔35〕

（二）当事人选择诉讼原则

行政复议和诉讼分别是通过行政和司法程序解决行政争议的方法和制度。对于两者的前后顺序，我国采取当事人选择为主的原则，除非法律明确规定必须先申请复议才能起诉之外，当事人可以从行政复议或诉讼中选择对其更有利的救济方式。〔36〕《税收征收管理法》第88条第1款、《海关法》第64条、《行政复议法》第30条第1款就是我国法律规定复议前置的情形，当事人不先申请复议而直接提起行政诉讼的，法院对案件不予受理。

---

〔33〕《行政复议法》第14条规定："对国务院部门或者省、自治区、直辖市人民政府的具体行政行为不服的，向作出该具体行政行为的国务院部门或者省、自治区、直辖市人民政府申请行政复议。对行政复议决定不服的，可以向人民法院提起行政诉讼；也可以向国务院申请裁决，国务院依照本法的规定作出最终裁决。"

〔34〕《行政复议法》第30条第2款规定省、自治区、直辖市人民政府确认土地、矿藏、水流、森林、山岭、草原、荒地、滩涂、海域等自然资源的所有权或者使用权的行政复议决定为最终裁决。

〔35〕《中华人民共和国出境入境管理法》第64条规定："外国人对依照本法规定对其实施的继续盘问、拘留审查、限制活动范围、遣送出境措施不服的，可以依法申请行政复议，该行政复议决定为最终决定。其他境外人员对依照本法规定对其实施的遣送出境措施不服，申请行政复议的，适用前款规定。"

〔36〕我国现行法律规定复议前置是必经程序的包括《中华人民共和国税收征收管理法》第88条、《中国人民共和国海关法》第64条、《行政复议法》第30条第1款。

（三）司法裁判的确定力原则〔37〕

这里的确定力不是形式上的确定力，而是实质上的确定力，即"凡是经由法院裁判厘清的事项，不应该一再成为当事人间新争讼的标的。以相同的事件，反复请求司法保护，应予防止"。〔38〕 行政判决确定力法典化的典型代表是《德国行政法院法》〔39〕，而我国《行政诉讼法》虽没有对行政判决确定力作出规定，但对当事人"重复起诉"和法院已对诉讼标的作出判决的情形下起诉不予受理或驳回起诉的规定，体现了这一立法精神。〔40〕

二、司法审查有限原则

司法审查有限原则是指司法权在监督行政权时，在深度和广度上必须有一个限度。〔41〕 这一原则在行政诉讼的受理、审理和裁判阶段分别体现为受案范围有限原则、原告资格有限原则、合法性审查原则和司法变更权有限原则。

（一）受案范围有限原则

受案范围是我国特有的概念，体现了国家权力本位的理念，德国、日本、美国等国家均没有这一法定概念。受案范围是人民法院受理行政案件的权限，是司法审查有限原则在行政诉讼受理阶段的体现。我

---

〔37〕 判决的确定力包括形式确定力和实质确定力，形式确定力是指法院审判程序的终结。

〔38〕 《德国行政法院法逐条释义》，陈敏等译，台湾"司法院"2002 年 10 月印行，第 1361 页。

〔39〕 《德国行政法院法》第 121 条规定："确定判决，在对诉讼标的所为裁判之范围内，拘束下列之人：1. 当事人及其权利之继受人；2. 于第 65 条第 3 项之情形，未声请参加，或未如期声请参加之人。"

〔40〕 《若干解释》第 44 条规定："有下列情形之一的，应当裁定不予受理；已经受理的，裁定驳回起诉：……（八）起诉人重复起诉的；……（十）诉讼标的为生效判决的效力所羁束的；……"

〔41〕 章剑生：《现代行政法基本原则之重构》，载《中国法学》2003 年第 3 期，第 66 页。司法最终解决原则与司法审查有限原则两者并不矛盾，体现了司法权与行政权自我约束的限度，前者保障行政权接受司法权的监督，后者则控制司法权过度干预行政权。

国行政诉讼法用专章对受案范围采取“列举加排除”的方式作了规定。虽然《行政诉讼法》第2条将行政诉讼的受案范围由原来的“具体行政行为”扩大到“行政行为”，但是具体受案范围仍受《行政诉讼法》第13条排除规定的限制。

（二）原告资格有限原则

我国行政诉讼法对原告资格采取“主观公权利保护”的理念，只要相对人主观上认为其权益受到侵害，即可提起行政诉讼。然而，在后续出台的《若干解释》将原告起诉资格修改为“法律上的利害关系”标准。这体现了行政诉讼在“主观公权利保护”和“客观法秩序维护”之间的取舍，一定程度上限制了原告的起诉资格，同时为法院对原告资格的认定和判断上预留了一定的裁量空间。

（三）合法性审查原则

合法性审查原则是对司法审查强度的要求，是司法审查有限原则在行政诉讼审理阶段的体现，是行政诉讼的特有原则和基本原则。坚持行政行为的合法性审查并不意味着绝对排斥对行政行为的合理性进行审查。合法性与合理性的界限只是程度上的区别，对于行政机关滥用自由裁量权，或者超越法定幅度范围等严重不合理的情形，本质上就是行政违法，法院有权而且必须进行审查。〔42〕

（四）司法变更权有限原则

这一原则是司法审查有限原则在裁判阶段的体现，《若干解释》第55条对其作了具体规定，它包括两方面含义：一是法院不得作出对原告不利的变更判决；二是法院不能代替行政机关作出决定，而对未予处罚的相对人直接判决处罚。〔43〕 这一原则反映了行政诉讼既保护相对人合法权益，又监督支持行政机关依法行政的功能和宗旨。

---

〔42〕《行政诉讼法》第70条规定：行政行为有下列情形之一的，人民法院判决撤销或者部分撤销，并可以判决被告重新作出行政行为：“……（六）明显不当的。”

〔43〕《若干解释》第55条规定：“人民法院审理行政案件不得加重对原告的处罚，但利害关系人同为原告的除外。人民法院审理行政案件不得对行政机关未予处罚的人直接给予行政处罚。”

三、有限职权主义原则

从诉讼模式的发展趋势来看,[44]随着市场经济体制的建立,我国以前与计划经济相符的强职权主义诉讼模式淡化,在诉讼模式不断吸收当事人主义模式的一些优点。

(一)有限职权探知原则

该原则在我国行政诉讼中体现为:第一,在诉讼结构方面,原被告与法官是分离的,法官既审原告又审被告,而不是与原告共同审查被告行为的合法性。[45] 第二,在举证责任分配方面,原告与行政机关均负有举证责任,只不过被告行政机关的举证责任大一些,任何一方不举证都将承担败诉的后果,双方当事人相互辩论、质证。第三,在证据规则方面,《最高人民法院关于行政诉讼证据若干问题的规定》中首次确立了证据交换和证据开示制度等当事人主义色彩较浓的诉讼证据制度。

(二)法官引导下的辩论原则

辩论原则是指双方当事人在法院的主持下,对案件的事实和法律问题各自陈述意见,并互相进行答辩和反驳,来争取对自己有利的裁判结果,维护自己的权益。在行政案件审理过程中,为了使当事人的辩论更加接近案件事实,主审法官将从职权依据、认定事实、行政程序、法律适用这四个行政案件审理的基本要点进行审查询问,从而归纳出争议焦点。在法官主持的辩论阶段,双方当事人可以围绕争议焦点充分阐述自己的意见,避免双方就无关或次要事项花费过多的时间。

(三)有限处分原则

行政诉讼解决的是官民矛盾,行政相对人和行政机关的处分权均会受到一定的限制,故称为有限处分原则。行政诉讼法对有限处分的

---

〔44〕 当今世界各国所采取的诉讼模式总的来说两种类型:职权主义模式和当事人主义模式。当事人主义诉讼模式是以当事人意思自治和处分权为诉讼模式的构造原则,而职权主义模式则是法院对诉讼程序的进行拥有主导权,它具体表现为职权进行主义和职权探知主义。

〔45〕 王宗光:《职权主义——我国行政审判模式的必然选择》,载《政治与法律》2001 年第 4 期,第 35—36 页。

规定表现在:第一,行政案件不适用调解是对当事人选择终结争议方式的限制;第二,对原告的撤诉申请由法院决定是职权主义色彩的体现。[46]

四、平等保护原则

平等保护原则是国际贸易行政诉讼的一项特有原则,既要体现出对本国和外国当事人的平等对待,又要体现出是按照国际贸易规则的要求平等对待。国际贸易领域的平等保护主要体现为最惠国待遇和国民待遇原则。[47] 在一国的国际贸易行政诉讼中,这种"待遇"则转化为对本国和外国当事人实行对等和同等原则。[48] 在司法实践中,具体

---

〔46〕《行政诉讼法》第 60 条第 1 款规定:"人民法院审理行政案件,不适用调解。但是,行政赔偿、补偿以及行政机关行使法律、法规规定的自由裁量权的案件可以调解。"第 62 条规定:"人民法院对行政案件宣告判决或者裁定前,原告申请撤诉的,或者被告改变其所作的行政行为,原告同意并申请撤诉的,是否准许,由人民法院裁定。"

〔47〕在国际贸易中,最惠国待遇原则通常表现为签订经济贸易条约的一方在通商、航运、关税等方面给予另一方的各种优惠、特权、豁免等,其他缔约第三方都可以要求得到相同的待遇。最惠国待遇原则的例外是普惠制原则,即发达国家对发展中国家出口的产品给予普遍的、非互惠的、非歧视的优惠关税。普惠制原则是最惠国待遇原则的补充,是实质上平等的法律精神的体现。国民待遇原则即指在他国的企业及个人到东道国进行贸易活动时,东道国应对其与本国国民一视同仁,给予其平等的民商事法律地位。在国际贸易行政执法领域,主要体现在东道国市场准入方面的特殊规定。如我国在加入 WTO 时承诺五年内开放中国的银行业,允许外资银行经营与中资银行同样的业务,包括人民币零售业务,但 2006 年修订的《外资银行管理条例》仍本着维护经济安全和金融稳定的原则,对外资进入中国银行业的准入条件作了审慎性规定,这并不违反 WTO 的国民待遇原则。

〔48〕在我国的国际贸易行政诉讼中体现平等保护原则的具体法律条文有:《行政诉讼法》第 100 条规定:"外国人、无国籍人、外国组织在中华人民共和国进行行政诉讼,同中华人民共和国公民、组织有同等的诉讼权利和义务。外国法院对中华人民共和国公民、组织的行政诉讼权利加以限制的,人民法院对该国公民、组织的行政诉讼权利,实行对等原则";最高人民法院《国际贸易行政案件司法解释》第 10 条规定:"外国人、无国籍人、外国组织在中华人民共和国进行国际贸易行政诉讼,同中华人民共和国公民、组织有同等的诉讼权利和义务,但有《行政诉讼法》第 71 条第 2 款规定的情形的,适用对等原则"。

可内化为以下内容:(1)诉权平等保护。对属于国际贸易行政诉讼受案范围的事项,成员方国内法院应及时立案受理,不得以各种理由推脱不予受理。(2)实体权利平等保护。对已经立案受理的案件,要对本国和外国当事人平等对待,不偏不倚,根据事实和法律作出公正判决。(3)程序权利平等保护。从案件的受理、听证、庭审、裁判、执行等整个过程,都能确保当事人行使诉讼权利,避免因程序瑕疵使当事人对裁判的公正性产生合理怀疑。

五、正当程序原则

正当程序原则发源于西方国家的"自然正义"的理念,之后升格成为西方国家宪法的一项基本原则。正当程序原则既是我国司法制度领域的一项基本原则,也是我国国际贸易行政诉讼的一项重要原则。该原则在国际贸易行政诉讼过程中的具体内容如下:第一,我国人民法院应该保证程序法律规则的透明和公开。程序法律必须公开透明,从而使当事人可以规划行为并预见结果。国际贸易行政诉讼中应该公开的程序法律规则不仅包括我国国内法上的程序法律规则,如行政诉讼法和行政复议法,也包括国际法尤其是 WTO 的程序法律规则,如贸易政策审议机制和争端解决机制等。〔49〕 第二,我国人民法院在审理国际贸易行政案件以及作出判决的过程中,必须充分保障当事人的知情权,包括事先告知当事人的诉讼权利,充分听取当事人的陈述、答辩与申辩,向当事人说明判决的根据与理由、告知当事人对判决或裁定不服的上诉权等。第三,我国人民法院还应当保障程序的人道性,即当事人被人道地对待,其隐私受到充分尊重。第四,我国人民法院在审理国际贸易行政案件的过程中还必须充分尊重客观事实,而绝不可根据主观臆断来审理案件。

---

〔49〕 朱淑娣、周诚:《国际经济行政法基本原则:平等保护与正当程序》,载《北方法学》2011 年第 5 期,第 101—103 页。

第四节 我国对国际贸易行政诉讼的现行规定

一、我国法律和司法解释对涉外行政诉讼的一般规定

（一）行政诉讼法对涉外诉讼部分的规定

我国行政诉讼法对涉外行政诉讼的规定只有四条内容，即适用主体、诉讼原则、诉讼程序法律适用、委托代理。这些规定是我国法院审理涉外行政案件的基本法律依据，国际贸易行政诉讼作为涉外行政诉讼的特殊类型，也应遵循上述一般规定。

1. 涉外行政诉讼的适用主体。《行政诉讼法》第 99 条对涉外行政诉讼的适用主体做了规定，外国人、无国籍人、外国组织都具有提起行政诉讼的原告主体资格。除法律有特别规定之外，国际贸易行政诉讼在管辖和程序等方面，均适用行政诉讼法的一般规定。如行政诉讼地域管辖原则上由被告所在地法院管辖，经过复议的案件，也可由复议机关所在地法院管辖。在级别管辖方面，除了海关、县级以上政府、国务院部门所作的行政行为由中级法院一审以外，其他行政案件基本上应由基层法院一审。行政行为经复议维持，复议机关为共同被告的，按照原行政行为的作出机关确定案件的管辖法院等。

2. 涉外行政诉讼的原则。在行政诉讼中，各国应本着互惠的精神，互相给予对方国家当事人以充分的诉讼权利和确定必要的诉讼义务。行政诉讼平等原则（同等、对等原则）是国际上的通例，也是国家平等原则在行政诉讼中的体现。如果外国法院对我国公民和组织的诉讼权利进行了限制，那么我国法院也应对该国公民和组织的诉讼权利予以相应的限制。实行同等、对等原则，有利于维护国家主权的尊严，有利于促进各国在司法活动中真正实现平等互惠。

3. 涉外委托代理。根据国家主权原则，一国司法制度只能在本国领域内适用，而不能延伸于国外。我们绝不能允许我国的司法实务被外国的司法制度干涉。《行政诉讼法》第 100 条规定，外国人、无国籍人和外国组织在我国可以亲自提起和参加行政诉讼，也可以委托中国

律师机构的律师代理诉讼。

（二）民事诉讼法对涉外诉讼部分的规定

由于行政诉讼与民事诉讼在诉讼程序上有很多相似的地方，为了保持条文结构的紧凑性，避免法律规范的重复，行政诉讼法对民事诉讼法中其他涉外诉讼程序部分的规定未再做规定，行政诉讼可参照适用。比如，在涉外行政诉讼的庭审过程中，外国人应使用我国通用的语言和文字，可根据自己的实际情况聘请翻译人员。[50] 外国公民和企业在办理涉外委托代理手续时，需要所在国公证机关证明，并经我国驻该国使领馆认证，或者按照我国与该国订立国际条约的规定来办理证明手续。在涉外送达方式上，我国法院可采用外交途径、委托使领馆代送、向诉讼代理人和向驻该国的代表或分支机构送达、邮寄、传真、电子邮件和公告送达，以及国际条约规定的八种方式送达。在涉外期间方面，我国法院在向外国公民和企业送达法律文书可参照的期间主要是对一审判决、裁定不服提起上诉的期间，即被送达人应当在送达裁判文书之日起三十天内提起上诉。[51]

（三）《行政诉讼证据规定》关于涉外证据规则的规定

1. 根据 WTO 的要求引进新的认证规则。WTO 多边协定对证据的告知、质辩、证据裁判主义和言辞证据提出了要求，我国为了履行入世司法审查的职责，于 2002 年颁布实施了《行政诉讼证据规定》。[52] 该规定对 WTO 的上述要求作出了相应的反映，体现了现代法治和正当程序的理念。《行政诉讼证据规定》在以下几个方面有了新的发展：(1)确立了法律真实的证明标准。只有经过法律程序，并有充分的证

---

〔50〕《民事诉讼法》第 262 条规定："人民法院审理涉外民事案件，应当使用中华人民共和国通用的语言、文字。当事人要求提供翻译的，可以提供，费用由当事人承担。"

〔51〕参照《民事诉讼法》第 264 条、第 267 条、第 269 条的规定。

〔52〕《最高人民法院关于行政诉讼证据若干问题的规定》（以下简称《行政诉讼证据规定》）经 2002 年 6 月 4 日由最高人民法院审判委员会第 1224 次会议通过，自 2002 年 10 月 1 日起施行。

据证明了的事实才能作为定案的依据。[53] (2)引入了自由心证规则。法官应对全部证据进行综合审查,并根据职业道德,运用生活经验和逻辑推理筛选出与案件相关联的证据,最终通过对证据的"三性"进行分析判断并作出决定。[54] (3)引入非法证据排除规则。对于通过不正当手段或者剥夺相对人程序性权利而获得的证据材料,不能作为定案依据。[55] (4)确立了最佳证据规则。除了沿用民事诉讼法中对最佳证据的规定之外,《行政诉讼证据规定》第57条中用九款内容对行政诉讼中各类证据冲突时,何种证据是最佳证据和优先认定力的问题作了规定。(5)引入自认和推定规则。在诉讼中,除非有相反证据以外,一方当事人对另一方陈述的事实明确表示认可的,可以认定该事实的真实性。在被告无正当事由不提供原告能够证明对其有利证据的情况下,法院可推定原告的主张成立。[56]

2. 对涉外证据的特殊要求。为了适应"入世"之后涉外行政案件逐渐增多的需要,《行政诉讼证据规定》进一步加强了涉外证据的规定,对涉外和涉港、澳、台地区的证据提出了特殊的要求。比如,对于那些在境外形成的证据,需要办理证明和认证手续,才能作为定案根据。如果违反这一形式要求,法院将对此类证据不予采信。[57] 如果当事人提供外文证据,则应当附有准确的中文译本。如果当事人提交的证据涉及国家秘密或者商业秘密,应当作出特别标识并说明,法院须对其真

---

〔53〕 参见《行政诉讼证据规定》第53条的规定。

〔54〕 参见《行政诉讼证据规定》第54条的规定。

〔55〕 参见《行政诉讼证据规定》第57条、第60条的规定。

〔56〕 参见《行政诉讼证据规定》第65条、第69条的规定。

〔57〕 《行政诉讼证据规定》第16条规定:"当事人向人民法院提供的在中华人民共和国领域外形成的证据,应当说明来源,经所在国公证机关证明,并经中华人民共和国驻该国使领馆认证,或者履行中华人民共和国与证据所在国订立的有关条约中规定的证明手续。当事人提供的在中华人民共和国香港特别行政区、澳门特别行政区和台湾地区内形成的证据,应当具有按照有关规定办理的证明手续。"

实性、合法性、关联性进行审查确认。[58]

二、我国司法解释对国际贸易行政诉讼的特别规定

审理国际贸易行政案件的“三个司法解释”分别从审判机构、适用范围、管辖法院、审理范围以及法律适用等方面对国际贸易行政诉讼制度做了规定。

（一）国际贸易行政案件的审理机构

WTO 协定和中国入世承诺中对于国际贸易行政争议的审理机构未予明确，而是提供了司法机构、仲裁机构和行政法庭三种选择。实际上，国际贸易行政争议解决的是国际贸易监管部门与进出口经营者之间的“官民”纠纷，在我国的法律框架下，行政争议理应由法院的行政审判庭审理。[59] 为了厘清社会上的一些模糊认识，《国际贸易行政案件司法解释》第 2 条、《反倾销行政案件司法解释》第 1 条、《反补贴行政案件司法解释》第 1 条再次对国际贸易行政案件的审理机构做了明确规定。

（二）国际贸易行政案件的管辖法院

“三个司法解释”均在第 5 条规定国际贸易行政案件由中级以上法院审理。[60] 这一级别管辖的设计主要考虑到海关、国务院主管部门是主要的国际贸易行政执法主体，根据行政诉讼法的相关规定，上述主

[58] 《行政诉讼证据规定》第 17 条规定：“当事人向人民法院提供外文书证或者外国语视听资料的，应当附有由具有翻译资质的机构翻译的或者其他翻译准确的中文译本，由翻译机构盖章或者翻译人员签名。”第 18 条规定：“证据涉及国家秘密、商业秘密或者个人隐私的，提供人应当作出明确标注，并向法庭说明，法庭予以审查确认。”

[59] 《行政诉讼法》第 4 条第 2 款规定，人民法院设立行政审判庭，审理行政案件。人民法院设立行政审判庭，审理行政案件。

[60] 《国际贸易行政案件司法解释》第 5 条规定：“第一审国际贸易行政案件由具有管辖权的中级以上人民法院管辖。”《反倾销行政案件司法解释》与《反补贴行政案件司法解释》第 5 条规定：“第一审反倾销（反补贴）行政案件由下列人民法院管辖：（一）被告所在地高级人民法院指定的中级人民法院；（二）被告所在地高级人民法院。”

体一旦涉诉作为行政诉讼被告,由中级人民法院审理更有利于人民法院集中现有司法资源,充实审判力量,扎实稳妥地开展审判工作。此外,国际贸易行政案件一般专业性较强、影响较大、受国内外关注度高,这也是将这类交由层级较高的法院审理的一个重要考虑因素。但是,行政诉讼法和"三个司法解释"对并不排除由高级人民法院作为一审法院。根据中高级人民法院的功能定位和分工,一般不宜由高级人民法院作为一审法院,根据行政诉讼法指定管辖的规定,高级人民法院可将由其管辖的一审案件指定给中级法院审理,既方便当事人诉讼,又有利于矛盾的属地化解。

(三)国际贸易行政案件的审查范围

中国"入世"议定书承诺的司法审查的范围是非常广泛的,将司法审查对象明确为所有行政行为。[61]《国际贸易行政案件司法解释》对照 WTO 实体法规则的相应领域,根据中国"入世"承诺,首当其冲规定了该解释所适用的行政案件的范围。[62] 在反倾销(反补贴)司法审查的范围方面,我国《反倾销条例》与《反补贴条例》列举了三种可诉的反倾销(反补贴)行政行为:国务院主管部门作出的终裁决定、[63]征收反倾销(反补贴)税的决定、对继续征收反倾销(反补贴)税或者履行价格承诺的复审决定。除了上述三种行为以外,《反倾销行政案件司法解释》与《反补贴行政案件司法解释》还对其他可诉的反倾销(反补贴)行政行为作了兜底规定。

(四)国际贸易行政案件的审查标准

人民法院对国际贸易行政行为的审查是全面的合法性审查,既

---

[61] GATT 1994 第10条第1款、GATS 第6条和 TRIPS 协定相关规定所指的法律、法规、普遍适用的司法决定和行政决定实施有关的所有行政行为。

[62] 即有关国际货物贸易的行政案件、有关国际服务贸易的行政案件、与国际贸易有关的知识产权行政案件、其他国际贸易行政案件。

[63] 《反倾销条例》第25条规定:"初裁决定确定倾销、损害以及二者之间的因果关系成立的,商务部应当对倾销及倾销幅度、损害及损害程度继续进行调查,并根据调查结果作出终裁决定,予以公告。" 商务部对倾销(补贴)及倾销幅度(补贴金额)、损害及损害程度的终裁决定,其性质均属于性质最终决定。

审查法律适用,也审查事实认定。因此,根据国际贸易行政案件的特点和《行政诉讼法》第69、70、72、77条的规定,《国际贸易行政案件司法解释》第6条[64]对该类案件的审查标准作了专门规定。人民法院除延续了对具体行政行为的职权依据、认定事实、行政程序和法律适用四个审查标准之外,还兼顾对合理性问题和行政不作为、不及时作为的审查。对事实问题主要是审查行政机关认定事实程序是否合法,证据是否确实充分;对法律问题主要审查执法权限和行政程序是否符合实体法和程序法的规定,行政机关根据案件事实适用法律是否正确。《反倾销行政案件司法解释》与《反补贴行政案件司法解释》在确认上述审查标准的同时,对事实问题的审查还确立了案卷审查原则,明确了当事人的举证责任,肯定了最佳证据规则。[65] 对法律问题审查标准的把握上,只要行政机关的解释和适用是合理的,法

---

[64] 《国际贸易行政案件司法解释》第6条规定:"人民法院审理国际贸易行政案件,应当依照行政诉讼法,并根据案件具体情况,从以下方面对被诉具体行政行为进行合法性审查:(一)主要证据是否确实、充分;(二)适用法律、法规是否正确;(三)是否违反法定程序;(四)是否超越职权;(五)是否滥用职权;(六)行政处罚是否显失公正;(七)是否不履行或者拖延履行法定职责。"

[65] 《反倾销行政案件司法解释》与《反补贴行政案件司法解释》第7条规定:"被告对其作出的被诉反倾销(反补贴)行政行为负举证责任,应当提供作出反倾销(反补贴)行政行为的证据和所依据的规范性文件。人民法院依据被告的案卷记录审查被诉反倾销(反补贴)行政行为的合法性。被告在作出被诉反倾销(反补贴)行政行为时没有记入案卷的事实材料,不能作为认定该行为合法的根据。"(案卷排他原则)第8条规定:"原告对其主张的事实有责任提供证据。经人民法院依照法定程序审查,原告提供的证据具有关联性、合法性和真实性的,可以作为定案的根据。被告在反倾销(反补贴)行政调查程序中依照法定程序要求原告提供证据,原告无正当理由拒不提供、不如实提供或者以其他方式严重妨碍调查,而在诉讼程序中提供的证据,人民法院不予采纳。"(举证责任)第9条规定:"在反倾销(反补贴)行政调查程序中,利害关系人无正当理由拒不提供证据、不如实提供证据或者以其他方式严重妨碍调查的,国务院主管部门根据能够获得的证据得出的事实结论,可以认定为证据充分。在反倾销(反补贴)行政调查程序中,利害关系人无正当理由拒不提供证据、不如实提供证据或者以其他方式严重妨碍调查的,国务院主管部门根据能够获得的证据得出的事实结论,可以认定为证据充分。"(最佳证据规则)

院就应当给予尊重，但其尊重程度要弱于行政机关对事实认定的尊重。

（五）国际贸易行政案件的法律适用

审理国际贸易行政案件会涉及国际条约的适用问题，我国在入世《工作组报告书》中就对WTO规则在中国的实施问题表明了态度，即通过修订和制定法律的方式来实施，不予直接适用。[66]《国际贸易行政案件司法解释》对该问题再次做出明确：(1)《国际贸易行政案件司法解释》第3条规定，自然人、法人或者其他组织只能以法律、法规作为依据提起诉讼，任何个人和企业不得直接援用WTO规则向法院起诉和抗辩，人民法院不得援用WTO规则作为裁判的依据。(2)《国际贸易行政案件司法解释》第7条、第8条通过正面规定的方式，体现了WTO规则不能直接适用的精神。[67]

（六）国际贸易行政案件的裁判方式

《国际贸易行政案件司法解释》仅对人民法院审理国际贸易行政案件作了原则性规定，而对该类案件的裁判方式未予明确。《反倾销行政案件司法解释》与《反补贴行政案件司法解释》区分了不同情况，对照行政诉讼法判决方式部分的规定，对反倾销（反补贴）行政案件规定了维持和撤销判决两种判决方式，对人民法院审理其他类型的国际

---

〔66〕《工作组报告书》第67条指出："中国将确保其有关或者影响贸易的法律和法规符合《WTO协定》及其承诺，以便全面履行期国际义务。为此，中国已经开始实施系统修改其有关国内法的计划。因此，中国将通过修改其现行国内法和制定完全符合《WTO协定》的新法的途径，以有效的和统一的方式实施《WTO协定》。"

〔67〕上述条文明确，人民法院审理国际贸易行政案件，应当依据中华人民共和国法律、行政法规以及地方立法机关在法定立法权限范围内制定的地方性法规，参照行政规章。

贸易行政案件也有参照意义。[68] 反倾销（反补贴）行政诉讼中没有规定判决变更的裁判方式，这是由反倾销（反补贴）税的特殊性决定的。因征收反倾销（反补贴）税的行为不属于行政处罚，如果存在税收计算显失公正的情况，不存在判决变更的问题，法院可直接判决撤销。

〔68〕《反倾销行政案件司法解释》与《反补贴行政案件司法解释》第 10 条规定的判决方式包括：1. 被诉反倾销（反补贴）行政行为证据确凿，适用法律、行政法规正确，符合法定程序的，人民法院应作出维持判决；2. 被诉反倾销（反补贴）行政行为存在主要证据不足、适用法律行政法规错误、违反法定程序、超越职权、滥用职权情形之一的，人民法院可判决撤销或者部分撤销，并可以判决被告重新作出反倾销（反补贴）行政行为；3. 依法律或者司法解释规定作出的其他判决。与之相对应的是我国现行《行政诉讼法》第 69 条、第 70 条、第 72 条、第 73 条、第 74 条、第 75 条、第 76 条、第 77 条、第 78 条的规定。

第三章　WTO 主要成员方国际贸易司法审查制度与中国国际贸易行政诉讼制度的比较研究

第一节　关于审查主体制度的比较研究

一、WTO 主要成员方国际贸易司法审查主体制度

WTO 协定在审查主体的设定上,充分尊重各国现有宪政体制,规定了法院、仲裁机构、行政机构三种主体,并对审查主体的独立性提出了要求。WTO 成员方可以根据本国国情设立相应的审查主体。从 WTO 成员方国际贸易救济实践来看,绝大多数成员方确立了国内法院对于行政决定的最终司法审查权,具体机构设置包括专门法院〔1〕和普

〔1〕　如美国的国际贸易法院和联邦巡回上诉法院,以及加拿大的国际贸易法庭和墨西哥的税收法院等。

通法院[2]两种类型，笔者以 WTO 主要成员方为例，对其司法审查主体情况作一分析介绍：

（一）美国

美国是采用专门法院对于国际贸易行政行为进行司法审查的代表性国家之一。1980 年，美国创设了国际贸易法院（The United States Court of International Trade，CIT），其前身是美国海关法院。国际贸易法院对美国商务部等国际贸易主管部门作出的国际贸易行政行为进行专属管辖，由其作为初审法院对国际贸易行政行为的合法性进行审查。[3] 国际贸易法院可以审理美国领域内任何地方发生的国际贸易行政案件，甚至还可以到国外举行听证会。不仅如此，国际贸易法院还对与国际贸易行政案件相关的交叉诉讼、反诉等享有专属管辖。

当事人对于国际贸易法院判决不服的，可以向美国联邦巡回上诉法院上诉。[4] 美国联邦巡回上诉法院是根据《1982 年联邦法院改进法》而设立的，其管辖的地域范围包括美国全境，管辖事项范围除了国际贸易行政案件以外，还包括商标、专利、版权、索赔纠纷等上诉案件。

---

[2] 如欧盟的欧洲初审法院和欧洲法院来进行国际贸易救济审查。

[3] 如根据《1984 年美国贸易与关税法》的规定，利害关系人对国际贸易委员会做出的损害初裁、对商务部及国际贸易委员会做出的终裁等，都可以向国际贸易法院请求司法审查。审查的对象不仅包括具体行政行为，而且包括抽象行政行为；不仅要审查该行为是否符合国内宪法及相关法律规定，而且要审查其是否符合国际条约、协议的规定。

[4] 如我国在美非公路用轮胎双反司法诉讼案：2011 年 12 月 19 日，美国联邦巡回上诉法院裁定美国商务部在视中国为非市场经济国家的情况下进行反补贴调查缺乏法律授权。2012 年 3 月 5—6 日，美国参众两院通过了修订《1930 年关税法》法案。2012 年 3 月 13 日，奥巴马总统正式签署“反补贴修正法案”使美国向“非市场经济国家”征收反补贴税合法化。2012 年 6 月，美国上诉法院将本案发回美国国际贸易法院重审，要求其就该法案中反补贴调查和双重计算调整分别使用不同日期是否违宪等问题进行审理。2013 年 1 月 7 日，美国国际贸易法院对该案作出重审判决，主要内容为：（一）《美国反补贴修正法案》的追溯适用并未违宪；（二）要求美国商务部对本案反补贴调查中的部分问题进行重新认定，美国商务部需于 60 天内提交新的裁决结果。

美国联邦巡回上诉法院只对当事人不服国际贸易行政案件进行法律审,而不进行事实审。

美国联邦最高法院是国际贸易行政案件的终审法院。作为美国的最高审判机关,其对上诉案件的审查非常严格,在实践中,有极少国际贸易行政案件能够上诉到美国联邦最高法院。

(二)加拿大

加拿大也采用专门法院对国际贸易行政案件进行司法审查,其具体的审查机关是于 1988 年正式成立的加拿大国际贸易法庭(Canada International Trade Tribunal,CITT)。《加拿大国际贸易法庭法》详细规定了该法庭职能、管辖范围与程序规则。加拿大国际贸易法庭既是一个兼具行政职权和司法职权的行政法院,又具有独立的法律地位,通过加拿大财长向加拿大议会负责。由于加拿大国际贸易法庭兼具行政机关与司法机关的性质,它可以在对诸如反补贴反倾销等国际贸易调查时适用行政程序,而在对国际贸易行政行为进行司法审查时适用司法程序,从而具有较高的效率与公正性。另外,由于加拿大是北美自由贸易协定(NAFTA)的成员国,涉及 NAFTA 成员国的国际贸易行政案件,只能在加拿大国际贸易法庭和 NAFTA 管辖之间任选其一。

加拿大对于国际贸易行政案件也采取三审终审制。加拿大国际贸易法庭是一审法院,联邦法院分设审判庭和上诉庭,审判庭审理二审案件,而上诉庭作出的裁判则是终审的。

(三)墨西哥

墨西哥对国际贸易进行管理的法律规定肇始于 1986 年的《墨西哥对外贸易法》及其实施细则《对付不公平国际贸易活动规则》,之后上述法规几经修改与完善。根据该法的规定,墨西哥也采用专门法院对国际贸易行政行为进行司法审查,其具体的审查机关是墨西哥的税收法院和宪法法院,而这两个法院的具体分工有所不同。在对于反倾销行政行为的司法审查过程中,墨西哥税收法院的作用体现在它可以受理进口商不服工商部驳回其行政审查的请求的诉请并作出裁决。如果当事人对于墨西哥税收法院的判决不服,则由墨西哥宪法法院作为上诉法院。[5]

(四)欧盟

在欧盟,国际贸易行政案件的审查主体是欧洲法院(European Court of Justice)和欧洲初审法院(Court of First Instance)。作为当今世界联系最紧密的区域性国际组织,欧盟的司法制度包含了欧洲法院和欧盟成员国法院的双重法院机制。与此相对应的是,贸易救济审查的两级受理制,除法律规定可由欧洲法院直接受理的案件之外,[6]成员国法院应具有优先管辖权,当然成员国法院可就有关事项请求欧洲法院先决裁定。具体就国际贸易行政诉讼而言,对欧盟机构提起的反倾销等国际贸易行政诉讼,由初审法院初审,欧洲法院终审。由成员国政府提起的上述诉讼,则由成员国法院管辖。此外,欧洲法院通过各成员国法院根据其判决作出判例,从而确认欧盟法的优先效力,取得直接适用欧盟法的效果。

1994年之前,欧洲初审法院不具有独立的法律地位。直到1994年,欧洲初审法院才拥有对反倾销案件的初审管辖权,对其不服的上诉案件由欧洲法院审理。[7] 2003年的《尼斯条约》对欧盟法院体制进行了更大的改革。首先,欧洲初审法院不仅从欧洲法院脱离而成为一个独立的审判机构,而且还拥有了绝大部分案件的初审管辖权。其次,欧

〔5〕 国家经贸委反倾销办:《墨西哥反倾销法律制度》,载《中国经贸导刊》2000年第18期,第34页。

〔6〕 欧洲法院受理欧盟各权力机关之间的纠纷,以及成员国政府和欧盟权力机关之间的纠纷,其司法审查主要是针对欧盟机构的诉讼。欧盟负责国际贸易救济的机构是欧盟委员会、欧盟理事会以及欧盟咨询委员会,其中欧盟委员会以及欧盟理事会所作出的决定具有强制性,而欧洲法院的司法审查主要就是针对欧盟委员会和欧盟理事会所作出的行政决定或裁决。成员国对上述行政决定提起诉讼,可不经欧洲初审法院,直接向欧洲法院提出。欧洲法院直接受理的诉讼属一审终审。

〔7〕 邓德棣:《欧盟反倾销的法律与实践》,社会科学文献出版社2004年版,第316—317页。

盟法院由两级受理制演变为三级受理制。[8] 具体来说,欧洲初审法院下设若干特别审判庭对国际贸易争议作为一审,欧洲初审法院对其作出的判决进行上诉审,欧洲法院进行终审,这样就形成了案件三级受理管辖制度。[9] 最后,欧洲初审法院管辖范围扩大。欧洲初审法院由原来管辖国际贸易主管部门行政行为无效、不作为以及要求损害赔偿的诉讼外,[10] 管辖范围扩展到包括特权原告人在内的所有人提起的上述各类诉讼。

(五)英国

英国没有专门法院对于国际贸易行政案件进行司法审查。英国进行司法审查的主要机关是普通法院,其肇始于17世纪英国近代资产阶级与国王斗争的过程,并且以博汉医生诉皇家医师学院案、国王诉格拉莫干郡居民案等为代表。[11] 英国普通法院的司法审查权来源于普通法,而不是议会制定法。当事人对于普通法院判决不服的,可以向英国的枢密院司法委员会上诉。

综上所述,WTO主要成员方关于国际贸易行政行为的司法审查主体呈现以下明显的特点:美国、加拿大和墨西哥等WTO主要成员方都是采取专门法院作为国际贸易行政案件的司法审查主体的;而欧盟和

---

〔8〕 赵阳:《〈尼斯条约〉对欧洲共同体法院的改革概述》,载赵海峰、卢建平主编:《欧洲法通讯》(第二辑),法律出版社2001年版,第11页。

〔9〕 根据新《欧洲共同体条约》第220条以及《尼斯条约》第2条第26项的规定,欧洲初审法院不仅成为一个完全独立的法院,而且欧共体可以依照一定的程序设立附属于初审法院的若干特别审判庭,负责就特定范围的案件行使管辖权。特别审判庭作出的判决可以向初审法院提起上诉。

〔10〕 根据《尼斯条约》第225条第1款的规定,欧洲初审法院作为一审法院对下列案件具有初审管辖权:(1)根据本条约第230条要求宣告欧委会和理事会决定无效的诉讼(无效之诉);(2)根据本条约第232条要求确认欧委会或理事会违反本条约,没有采取行动的诉讼(不作为之诉);(3)根据本条约第235条要求损害赔偿的诉讼(损害赔偿之诉)。此外,新的《欧洲共同体条约》第225条第3款规定,初审法院对欧洲法院章程中特别规定的一部分专业领域的"先行裁判"案件享有管辖权。

〔11〕 王天成:《英美法系司法审查制度的历史起源》,载《中南政法学院学报》1991年第1期,第89页。

英国作为WTO的主要成员方则是采取普通法院的司法审查模式。

二、我国国际贸易行政案件的审查主体

在我国,人民法院是行使审判权的国家机关。根据行政诉讼法及相关司法解释的规定,我国对国际贸易行政案件的审查采取普通法院的审理模式,由人民法院的行政审判庭受理和审查。[12] 行政案件的管辖是当事人在哪一级、哪一个法院起诉,由哪一级、哪一个法院受理的制度,可分为法定管辖和裁定管辖。法定管辖包括地域管辖和级别管辖,前者是不同地域法院受理第一审行政案件的权限和分工,后者是指不同级别的法院之间受理第一审行政案件的权限和分工。裁定管辖是对法定管辖的补充,是根据法院的裁定而确立的管辖,具体可分为:指定管辖、移送管辖和管辖权转移。[13]

在地域管辖方面,除法律有特别规定之外,行政案件一般是采取"原告就被告"的管辖原则,即由被告所在地的法院审理。如反倾销、反补贴的行政执法的主体是商务部、国务院关税税则委员会等部门,故该类国际贸易行政案件应归由国家部委所在地的北京地方法院管辖。对于其他涉及海关和知识产权执法的国际贸易行政案件,因其执法主体为各地方海关和知识产权行政管理部门,故该类案件应由该行政机关所在地的法院管辖。在级别管辖方面上,我国行政诉讼法对我国四级法院的管辖范围作了明确规定。如海关和国务院部门作为执法主体的案件、涉及确认发明专利权的案件,如果与国际贸易有关便可归为国

---

[12] 《行政诉讼法》第3条规定:"人民法院依法对行政案件独立行使审判权,不受行政机关、社会团体和个人的干涉。人民法院设行政审判庭,审理行政案件。"《若干解释》第6条又进一步明确:各级人民法院行政审判庭审理行政案件和审查行政机关申请执行其具体行政行为的案件。《国际贸易行政案件司法解释》第2条再次明确了国际贸易行政案件由人民法院的行政审判庭审理。

[13] 姜明安主编:《行政法与行政诉讼法》(第5版),北京大学出版社、高等教育出版社2011年版,第439页。

际贸易行政案件,由中级法院一审。[14] “三个司法解释”又在其各自的第5条专门、明确规定了国际贸易行政案件由中级以上人民法院一审。[15] 从上述规定可以看出,司法解释并未排除高级法院作为一审法院的可能性。但一般而言,从基层法院和中、高院三级法院的职责分工和功能地位来看,高级法院的主要功能在于调查研究和对下级法院进行业务指导,而不是在审判一线执法办案。因此,在司法实践中,中级法院有管辖权的案件原则上由中级法院受理,而不宜由高级法院直接受理一审行政案件。且根据行政诉讼法指定管辖的规定,高级法院可将由其管辖的行政案件指定给中级法院审理,也是有据可循的。当然对于一些影响较大或者案情特别复杂的案件,高级法院也可以直接立案受理。在上述三个审理国际贸易行政案件的司法解释颁布之后,从全国法院的受案情况来看,高级法院还尚未作为一审法院审理过相关案件。

近十几年来,从确保行政审判独立和公正的目标出发,最高法院一直非常重视行政案件管辖制度的改革和探索。先后经历了2002年的台州“异地交叉管辖”模式和[16]2007年丽水“集中管辖”模

---

〔14〕 参见《行政诉讼法》第14条、第15条、第16条、第17条的规定。《行政诉讼法》第15条规定:“中级人民法院管辖下列第一审行政案件:(一)确认发明专利权的案件、海关处理的案件;(二)对国务院各部门或者省、自治区、直辖市人民政府所作的具体行政行为提起诉讼的案件;(三)本辖区内重大、复杂的案件。”

〔15〕 《国际贸易行政案件司法解释》第5条规定:“第一审国际贸易行政案件具有管辖权的管辖。”《反倾销(反补贴)行政案件司法解释》第5条规定:“第一审反倾销、反补贴行政案件由下列人民法院管辖:(一)被告所在地高级人民法院指定的中级人民法院;(二)被告所在高级人民法院。”

〔16〕 浙江台州中院从2002年开始尝试行政案件管辖制度改革,将当地政府为被告的案件和原告、第三人为10人以上的集团诉讼案件,作为重大、复杂案件,交由异地基层法院审判。具体操作步骤是:由原告直接向中院起诉,中院审查后,认为符合立案条件的,作出立案受理并确定由被告所在地之外的基层法院审判的裁定。参见危辉星、马良骥:《探索管辖制度改革 杜绝地方行政干预——浙江高院关于行政案件管辖改革试点的调研报告》,载《人民法院报》2012年7月26日,第2版。

式。[17] 集中管辖是指将通常应由不同法院管辖的案件交由若干特定的法院管辖和审理。它在实现将案件集中在审判力量更强、地理交通更方便的法院的同时,也实现了案件的异地交叉管辖。这些试点法院的探索经验得到了最高法院的肯定,并在2008年实施的行政案件管辖司法解释中对提级管辖、交叉管辖和集中管辖做了规定。[18] 但是这些规定仅对解决个案的公正审理有一定意义,没有办法从根本上解决行政案件公正审判的问题。为此,乘着十八大司法改革东风,2013年最高人民法院发布的《行政案件集中管辖试点通知》,[19] 全国各高级法院确定1—2个中院开展集中管辖试点,集中管辖试点在全国范围内进一步铺开,新《行政诉讼法》也相应地对管辖部分进行了修改,明确将区县政府为被告的行政案件提到中级人民法院一审。如海南高院、广东高院就着重开展了提级管辖的试点,将原来属于基层法院管辖的行政案件提级到所属的中级法院管辖。山东泰安等地方中院则在试点不按照地域,而是根据案件类型来划分管辖。在上海,由于行政案件总量较为平衡,因此上海法院暂时没有实行行政案件集中管辖,而是通过加大指定管辖力度来确保司法公正。

为贯彻落实十八届三中全会"探索建立与行政区划适当分离的司

---

〔17〕 2007年9月,浙江中院在其所辖的9各区县基层法院首次开始了行政诉讼案件的探索,制定了《关于试行行政诉讼案件相对集中指定管辖制度的意见》,将全市9个基层法院的行政诉讼案件相对集中地指定由莲都、龙泉、松阳3个基层法院管辖。2010年为进一步规范集中管辖制度,丽水中院发布《关于完善行政诉讼相对集中指定管辖制度的意见》,集中指定管辖主要发生在以下几种情形:1. 各基层法院受理后认为需要由中级人民法院指定管辖的,可以报请中院决定;2. 当事人在起诉的时候提出异地管辖请求的,受案法院应将该案报请中院决定;3. 当事人以有管辖权的法院不宜行使管辖权为由或受案法院不处理为由而直接向中院起诉的,中院可以直接决定指定管辖。原告不申请指定管辖,且受案法院认为无移送之必要的,案件仍由受案法院管辖。

〔18〕 2007年12月17日,最高人民法院审判委员会第1441次会议讨论通过《关于行政案件管辖若干问题的规定》,自2008年2月1日施行。

〔19〕 2013年1月4日,最高人民法院发布了法〔2013〕3号《关于开展行政案件相对集中管辖试点工作的通知》(以下简称《行政案件集中管辖试点通知》)。

法管辖制度”的要求,2015 年 6 月 3 日,最高人民法院司改领导小组全体会议又审议通过了《关于人民法院跨行政区域集中管辖行政案件的指导意见》,对全国部分省市法院行政案件跨区域集中管辖工作作出了专门的部署。这次的跨区域集中管辖改革是以普通法院为主,同时挖掘铁路运输法院、林区法院、农垦法院、油田法院等可利用的司法资源,结合各地区实际情况,制订改革方案和配套保障措施,将行政案件全部或大部分向指定的管辖法院集中。普通法院条件有限或者可用司法资源较少的地方,可实行局部集中管辖或按照案件类型指定管辖,逐步将行政案件向跨区划法院和铁路运输基层法院集中。目前,我国已经在北京和上海设立跨行政区划法院,广州的知识产权法院也兼有跨区划法院的管辖职责。集中管辖改革要同时解决好方便当事人起诉、应诉和方便法院审理和裁判的问题:一是根据案件数量、队伍情况和区域政治、经济、文化以及交通等实际情况,确定集中管辖的布局;二是可将辖区非集中管辖的基层法院行政庭,作为集中管辖法院的派出法庭,负责部分行政案件的立案、审理工作;三是集中管辖法院可以采取巡回审判的方式,定期或不定期赴各区市县审理案件;四是二审法院也可以在各区、市、县设立派出法庭,或采取巡回审判的方式办案。集中管辖行政案件的法院可依据需要设置若干行政审判庭,法官从当地行政审判业务骨干中选任调配,也可从律师和法学专家中选任。

目前,上海法院已经开始集中管辖的试点工作。上海法院以铁路运输基层法院为依托,将全市各区县法院一审的行政案件逐步向该院汇集,实现集中管辖。上海三中院是我国首家专门审理跨行政区划案件的人民法院,其主要审理市级机关为被告和跨行政区的二审行政案件和上海市人民政府为被告的一审行政案件。[20] 今后在时机和经验成熟时,其他两个中院的行政案件可能也将逐步并入三中院。根据这种行政案件管辖权限划分,今后国际贸易行政案件将逐渐集中在跨行

〔20〕 除了跨区划行政案件外,三中院还审理重大民商事案件、重大环境资源保护案件、重大食品药品安全案件和跨行政区划检察机关提起公诉的案件。

政区划法院一审,由地方高级人民法院进行二审。

这次跨区划集中管辖试点在本次司法改革框架中也是一个过渡性的措施,因为它还未从根本上摆脱地市级政府的干预。以后,随着省以下地方法院人财物的统一管理,建立专门的行政法院也指日可待,而跨区划集中管辖试点无疑为成立专门行政法院积累了经验。只有建立行政法院才能从根本上摆脱各级政府对行政审判的干预,集中最优审判资源审理行政案件,确保司法公正。

第二节 关于国际贸易行政案件司法审查范围的比较研究

司法审查的范围又称为诉讼的受案范围,是指法院受理和审查行政行为的范围。虽然WTO仅原则性地规定了司法审查的范围,但是其主要目的是在平衡司法权与行政权的基础上,尽量扩大司法权的审查范围。无论是在英美法系国家还是在大陆法系国家,司法审查的范围都受到不同国家和地区,不同的历史发展阶段、政治制度、法律制度和传统文化的影响。WTO各成员方关于国际贸易行政案件司法审查的范围还要在符合WTO规则的基础上,信守关于WTO议定书的承诺,以下先介绍分析WTO主要成员方关于国际贸易行政行为司法审查的范围。

一、WTO主要成员方国际贸易司法审查的受案范围

(一)美国

美国法院可以进行司法审查的范围几乎包括所有的行政行为和行政立法行为,非常广泛。虽然国防外交行为、军队内部管理行为等除外,但是美国法院对于上述例外行为拥有充分的解释权。[21]

就反倾销案件而言,依据《美国法典》第19编第1915a节的规定,对于管理当局的某些裁决与管理当局记录在案的裁定属于司法审查的主要对象。具体地说,作为美国反倾销调查的两个主要执行机构,美国

---

〔21〕 王名扬:《美国行政法》,中国政法大学出版社1995年版,第16页。

商务部与美国国际贸易委员会均可以在反倾销过程中采取一些措施或者作出一些裁定，而上述措施或者裁定就属于司法审查的主要对象。美国早在1976年就根据美国贸易法的规定确定了对反倾销案件的司法审查权，之后又经过几次修改，[22]美国的反倾销制度已经趋于完善。关贸总协定关于反倾销的规定也是以美国的反倾销法为基础制定的。

(二)加拿大

加拿大国际贸易法庭对于国际贸易行政案件的司法审查权主要是针对加拿大边境服务署作出的行政裁决与政府采购案件的行政裁决。就前者而言，加拿大边境服务署不仅可以根据《海关法》作出诸如认定货物的原产地、进行税则分类、评估税值等多种行政行为，而且其还可以作出反倾销或反补贴产品适用临时税裁决，以及对补贴数量、出口价格作出裁决，而上述裁决均属于加拿大国际贸易法庭司法审查的范围。就后者来说，任何供应商认为自己在政府采购过程遭受了不公正待遇，且经过了行政复议程序，都可以向加拿大国际贸易法庭申请进行司法审查。不仅如此，加拿大法律还规定了司法审查的期限。前者一般须在庭审120天内作出裁决，后者一般须在起诉90天内作出裁决，特殊情况下可以延长，但是最长不得超过135天。

(三)澳大利亚

澳大利亚联邦法院是负责反倾销审查的主要机构，该法院主要审查澳大利亚行政机关在反倾销调查程序中所作出的任何行政裁决，其所依据的法律有《1977年行政决定(司法审查)法》和普通法上的特权令状。由于澳大利亚处理反倾销的主要部门有澳大利亚海关、主管部长与复审官三个，澳大利亚联邦法院可以对上述三个部门的行政裁决进行司法审查。[23] 一般而言，澳大利亚联邦法院只有在有明显法律错

---

〔22〕 韩立余：《美国外贸法》，法律出版社1999年版，第247—248页。

〔23〕 还有一些例外规定是，对于临时反倾销措施不服的上诉，只能依据特权令状提出，而不能依据司法审查法提出。当事人只能对海关裁决的法律方面提出异议，不能对事实争议提出异议。

误的情况下,才会介入调查程序。如果司法审查的结果改变了原行政裁决,则原审行政机关应根据法院的要求对法律的解释重新进行调查。[24]

(四)欧盟

根据欧盟《反倾销法》的规定,欧盟理事会和委员会是反倾销的主要执行机构。虽然欧盟的反倾销法规以及欧盟条约均没有直接规定反倾销司法审查的范围问题,但是欧盟法院对于司法审查的自由裁量权是很大的。但有一个例外规则,如果行政行为仅具有建议性而不能产生明确的法律效果则是不可诉的。此外,根据欧洲法院的判例以及欧盟反倾销司法审查的实践,无效之诉是欧盟法院针对反倾销等贸易保护措施使用最多的司法审查手段。无效之诉审查的内容主要包括欧盟委员会关于发起或不发起反倾销调查的决定、欧盟委员会关于接受或者拒绝接受价格承诺的决定、欧盟理事会关于征收临时反倾销税或最终反倾销税的条例等。

(五)墨西哥

根据墨西哥的《对外贸易法》及其实施细则的规定,墨西哥工商部是反倾销调查的主管部门,负责墨西哥产业安全与反倾销调查、倾销幅度与损害的裁决、处理当事人提出的申诉等事务。墨西哥工商部下设的国际贸易管理总局处理一些具体的调查事务。墨西哥联邦税收法院对于利害关系人不服墨西哥工商部做出的各种最终的裁定与各项行政复审决定的,可以进行司法审查。但有两点需要注意:第一,这里的利害关系人必须是进口商,而出口商或者是进口商的竞争者都无权提出司法审查的请求。第二,利害关系人必须要在其申请被驳回的45天内提出司法复审的请求。

综上所述,美国、加拿大、澳大利亚、欧盟与墨西哥等WTO主要成员方关于国际贸易行政行为司法审查范围的设定,呈现出“大同小异”

---

[24] 李圣敬、朱嘉宁:《WTO争端解决机制和反不公平贸易法律实务》,吉林人民出版社2001年版,第199页。

的特点。可诉的国际贸易行政行为基本上都遵循了行政法上的“成熟原则”，即只有像主管部门不启动反倾销程序的决定、有关最终征收反倾销税的决定等这些具有最终效力的裁决或者是主管部门关于行政复审的决定等才可以被提起司法审查，而主管部门关于征收临时反倾销税等临时决定则往往不具有可诉性。但是，上述 WTO 主要成员方在司法审查时间期限方面还是存在较大的差别。

二、我国国际贸易行政诉讼受案的范围

如前所述，我国国际贸易行政诉讼的受案范围不仅受到 WTO 协定和入世法律文件的外部约束，还受到我国法律制度的内部制约。WTO 协定对成员方司法审查范围的要求是最低国际标准，而我国入世承诺的司法审查范围是非常广泛的，几乎包括所有与贸易有关的行政行为。中国“入世”协议是我国国际贸易行政诉讼的直接立法依据，也是确定受案范围的重要法律根据。

“无诉即无判”，诉乃发动审判权的前提。当当事人拿着一纸诉状来到法院的立案窗口要求行政立案的时候，法院首先面临的就是行政诉讼的起诉与受理问题。起诉与受理既属于诉权保护条款，同时又属于门槛性规则。行政诉讼法在最大限度地保护当事人的诉讼权利的同时，也设定了条件限制，防止当事人权利滥用，使这两种价值之间能够得到平衡。我们这次新修订的《行政诉讼法》的一大亮点就是将立案“审查制”改为“登记制”，其核心是诉权保护，解决立案难。在新法实施之前各种媒体的前期宣传力度比较大，很多人想当然地认为行政立案就是审查当事人提交的材料全不全，将来会有大量案件涌入法院，将立案登记和登记立案画等号。这是对有案必立、有诉必理的错误解读。实际上，立案登记制并不意味着行政案件受理条件的降低，它所要摒弃的是过去的三不政策（不收起诉材料、收了不回复、不立不裁）。司法实践中，人民法院对当事人的起诉是否符合立案受理条件、是否符合行政诉讼的受案范围，还是要按照《行政诉讼法》第 49 条、第 51 条和相关司法解释的规定，来审查、判断和确定。[25] 当事人提交的材料齐全，符合立案登记条件的，立案庭登记立案后移交行政审判庭；当事人的起诉状内容欠缺或者有其他错误的，立案法官应当给予指导和释明，并一次性告知当事人需要补正的内容。不得未经指导和释明即以起诉不符合条件为由不接收起诉状。因此，笔者认为，新行政诉讼法实施后，行政案件较大幅度增长与实行立案登记制有一定的关系，但不会是唯一的，或者是最主要的原因，因为立案审查的要件并没有减少。除此之外，这里面还与行政诉讼受案范围的扩大、起诉期限的延长等因素有一定关系。中、高院受案数量的猛增则主要与相关行政案件的管辖的调整有关。[26]

我国确定国际贸易行政诉讼受案范围的法律规范包括法律、行政法规、司法解释三个层级。

1.《行政诉讼法》。该法采用了概括与列举、肯定与否定并举的混合方式对受案范围作了规定。新《行政诉讼法》第 2 条在文字表述上将行政诉讼的受案范围由原来的“具体行政行为”扩大到“行政行为”，[27] 这与《若干解释》第 1 条 “行政行为”的受案范围在法律规定

---

〔25〕《行政诉讼法》第 49 条规定：“提起诉讼应当符合下列条件：（一）原告是符合本法第二十五条规定的公民、法人或者其他组织；（二）有明确的被告；（三）有具体的诉讼请求和事实依据；（四）属于人民法院受案范围和受诉人民法院管辖”。第 51 条规定：“人民法院在接到起诉状时对符合本法规定的起诉条件的，应当登记立案。对当场不能判定是否符合本法规定的起诉条件的，应当接收起诉状，出具注明收到日期的书面凭证，并在七日内决定是否立案。不符合起诉条件的，作出不予立案的裁定。裁定书应当载明不予立案的理由。原告对裁定不服的，可以提出上诉。”

〔26〕根据《行政诉讼法》第 15 条的规定，以区县政府为被告的行政案件由原先的基层法院一审调整为中级法院一审。

〔27〕《行政诉讼法》第 2 条规定：“公民、法人或者其他组织认为行政机关和行政机关工作人员的行政行为侵犯其合法权益，有权依照本法向人民法院提起诉讼。”《若干解释》第 1 条第 1 款规定：“公民、法人或者其他组织对具有国家行政管理职权的机关和组织及其工作人员的行政行为不服，依法提起诉讼的，属于人民法院行政诉讼的受案范围。”

上做了统一。[28] 但是,这并不意味着具体行政行为之外的所有行政行为均可通过行政诉讼接受审查。从行政诉讼法的具体规定来看,第 12 条、第 53 条通过明确列举的方式,仅将部分行政终局行为、部分行政合同和部分抽象行政行为纳入受案范围。[29] 并且,《行政诉讼法》第 13 条又对外交等国家行为、奖惩等内部行政行为、规章以上的抽象行政行为、国务院最终裁决做了排除规定。[30]

2.《反倾销条例》与《反补贴条例》。这两部行政法规采取明确列举的方式对反倾销、反补贴两类国际贸易行政诉讼的受案范围做了规定。《反倾销条例》第 53 条[31]规定下列反倾销行政行为属于人民法院的受案范围:(1)反倾销终裁决定。这些决定包括商务部对损害及

---

〔28〕《若干解释》第 1 条第 1 款规定:"公民、法人或者其他组织对具有国家行政管理职权的机关和组织及其工作人员的行政行为不服,依法提起诉讼的,属于人民法院行政诉讼的受案范围。"

〔29〕《行政诉讼法》第 12 条规定:"人民法院受理公民、法人或者其他组织提起的下列诉讼:……(四)对行政机关作出的关于确认土地、矿藏、水流、森林、山岭、草原、荒地、滩涂、海域等自然资源的所有权或者使用权的决定不服的;……(十一)认为行政机关不依法履行、未按照约定履行或者违法变更、解除政府特许经营协议、土地房屋征收补偿协议等协议的……"《行政诉讼法》第 53 条规定:"公民、法人或者其他组织认为行政行为所依据的国务院部门和地方人民政府及其部门制定的规范性文件不合法,在对行政行为提起诉讼时,可以一并请求对该规范性文件进行审查。前款规定的规范性文件不含规章。"

〔30〕《行政诉讼法》第 13 条规定:"人民法院不受理公民、法人或者其他组织对下列事项提起的诉讼:(一)国防、外交等国家行为;(二)行政法规、规章或者行政机关制定、发布的具有普遍约束力的决定、命令;(三)行政机关对行政机关工作人员的奖惩、任免等决定;(四)法律规定由行政机关最终裁决的行政行为。"

〔31〕《反倾销条例》第 53 条规定:"对依照本条例第二十五条作出的终裁决定不服的,对依照本条例第四章作出的是否征收反倾销税的决定以及追溯征收、退税、对新出口经营依法申请行政复议,也可以依法向人民法院提起诉讼。"《反倾销条例》第 5 章规定的复审征税的决定不服的,或者对依照本条例第五章作出的复审决定不服的,复审决定包括:外经贸部或国务院关税税则委员会对是否继续征收征收反倾销税或履行价格承诺所作的复审决定。

损害程度、倾销及倾销幅度作出的终裁决定。[32] (2)是否征收反倾销税、追溯征收反倾销税及退税的决定、[33]对新出口经营者征税的决定。[34] (3)对履行价格承诺或继续征收反倾销税者所作的复审决定。[35] 可见,我国反倾销行政诉讼受理的是反倾销执法部门作出的终裁决定和复审决定,这些决定符合行政行为的"成熟性"标准,能够对

---

〔32〕《反倾销条例》第25条规定:"初裁决定确定倾销、损害以及二者之间的因果关系成立的,应当对倾销及倾销幅度、损害及损害程度继续进行调查,并根据调查结果分别作出终裁决定,由外经贸部予以公告。"

〔33〕国务院主管部门终裁确定的倾销是否成立,是否由此对国内产业造成了损害,以及是否征收反倾销税的决定。国务院主管部门终裁确定存在实质损害,并在此之前已经采取临时反倾销措施的,反倾销税可对已经实施临时反倾销措施期间追溯征收。国务院主管部门终裁确定存在实质损害威胁,在先前不采取临时反倾销措施将会导致后来作出实质性损害裁定的情况下已经采取临时反倾销措施的,反倾销税可以对已经实施临时反倾销措施的期间追溯征收。下列两种情况并存的,可对已经实施临时反倾销措施之前90天内进口的产品追溯征收反倾销税,但立案调查前进口的产品除外:一是倾销进口产品有对国内产业造成损害的倾销历史,或者该产品的进口经营者知道应当知道出口经营者实施倾销并且倾销对国内产业将造成损害的;二是倾销进口产品在短期内大量进口,并且可能严重破坏即将实施的反倾销税的补救效果的。国务院主管部门终裁决定确定的反倾销税低于已付或应付的临时反倾销税或者为担保目的而估计的金额的,差额部分应当根据具体情况予以退还或者重新计算税额。终裁决定确定不征收反倾销税,或者终裁决定未确定追溯征收反倾销税的,已征收的临时反倾销税应当予以退还。倾销进口产品的进口经营者有证据证明已缴纳反倾销税税额超过倾销幅度的,可以向商务部提出退税申请;商务部经审查、核实并提出建议,国务院关税税则委员会根据外经贸部的建议可以作出退税决定。

〔34〕进口产品被征收反倾销税后,在调查期间未向中华人民共和国出口该产品的新出口经营者,能够证明其与被征收反倾销税的出口经营者没有关联的,可以向商务部提出申请单独确定其倾销幅度,商务部审查并作出终局裁定。

〔35〕依照《反倾销条例》的规定,这些复审决定包括国务院关税税则委员会根据商务部建议作出的保留、修改或者取消反倾销税的决定,或者商务部作出的保留、修改或者取消价格承诺的决定。

相对人的权利产生实际影响。《反补贴条例》第52条[36]对人民法院受理的反补贴行政案件也做了类似规定。

3."三个司法解释"。这"三个司法解释"也采取列举加概括的方式规定了国际贸易行政诉讼的受案范围。《国际贸易行政案件司法解释》对照WTO协定的几个重要领域,在第1条中首当其冲地规定了与国际货物和服务贸易有关行政案件、与国际贸易有关的知识产权行政案件,[37]属于国际贸易行政诉讼的受案范围。此外,第1条第4项还对符合受案条件的其他案件做了兜底规定。第3条强调了我国国际贸易行政诉讼审查的对象是国际贸易主管部门作出的具体行政行为。[38]《反倾销行政案件司法解释》《反补贴行政案件司法解释》与《反倾销条例》《反补贴条例》规定的受案范围相呼应,在第1条对反倾销(反补贴)行政诉讼受案范围再次作了明确。[39] 司法解释除了对《反倾销条

[36] 《反补贴条例》第52条规定:"对依照本条例第二十六条作出的终裁决定不服的,对依照本条例第四章作出的是否征收反补贴税的决定以及追溯征收的决定不服的,或者对依照本条例第五章作出的复审决定不服的,可以依法申请行政复议,也可以依法向人民法院提起诉讼。"

[37] 《国际贸易行政案件司法解释》第1条规定:"下列案件属于本规定所称国际贸易行政案件:(一)有关国际货物贸易的行政案件;(二)有关国际服务贸易的行政案件;(三)与国际贸易有关的知识产权行政案件;(四)其他国际贸易行政案件。"

[38] 《审理国际贸易行政案件司法解释》第3条规定:"自然人、法人或者其他组织认为中华人民共和国具有国家行政职权的机关和组织及其工作人员有关国际贸易的具体行政行为侵犯其合法权益的,可以依照《行政诉讼法》以及其他有关法律、法规的规定,向人民法院提起行政诉讼。"

[39] 《反倾销行政案件司法解释》第1条规定:"人民法院依法受理对下列反倾销行政行为提起的行政诉讼:(一)有关倾销及倾销幅度、损害及损害程度的终裁决定;(二)有关是否征收反倾销税的决定以及追溯征收、退税、对新出口经营者征税的决定;(三)有关保留、修改或者取消反倾销税以及价格承诺的复审决定;(四)依照法律、行政法规规定可以起诉的其他反倾销行政行为。"《反补贴行政案件司法解释》第1条规定:"人民法院依法受理对下列反补贴行政行为提起的行政诉讼:(一)有关补贴及补贴金额、损害及损害程度的终裁决定;(二)有关是否征收反补贴税以及追溯征收的决定;(三)有关保留、修改或者取消反补贴税以及承诺的复审决定;(四)依照法律、行政法规规定可以起诉的其他反补贴行政行为。反倾销(反补贴)行政诉讼受案范围包括:(1)有关倾销(补贴)及倾销(补贴)幅度、损害

例》第53条、《反补贴条例》第52条规定的行政行为进行审查之外，[40]还新增了一个兜底条款，即只要是法律、行政法规允许的国际贸易主管部门作出的反倾销(反补贴)具体行政行为，均属于行政诉讼审查的范围。[41]这一规定实际上将除国务院最终裁决外的所有具体行政行为都纳入了行政诉讼的范围，[42]超出了《反倾销条例》与《反补贴条例》规定的范围。《反倾销行政案件司法解释》与《反补贴行政案件司法解释》第1条的规定，充分履行了我国根据WTO《反倾销协定》、《反补贴协定》和《入世议定书》应尽的国际义务，将《行政诉讼法》和《反倾销条例》、《反补贴条例》的内容有机地结合起来，满足了现实需要。但是，囿于司法解释低位阶的限制，其未能将国务院的最终裁决纳入审查范围，这与我国"入世"承诺审查的范围尚有一定的差距。

综上所述，我国国际贸易行政诉讼的受案范围为除国务院的最终裁决以外的，国际贸易主管部门作出的具体行政行为。利害关系人在提起行政诉讼时，可以一并要求对规章以下的规范性文件进行附带审查。

第三节　关于国际贸易行政案件审查标准的比较研究

审查标准也是司法审查制度的主要构成要素之一，在司法审查过程中具有显著的意义与作用。司法审查包括程序审查和实体审查，程序审查又包括对受案范围和原告资格两个方面内容。对国际贸易行政诉讼受案范围的把握，前节已经做了讨论。本节探讨的司法审查标准

及损害程度的终裁决定；(2)有关是否征收反倾销税(反补贴税)的决定以及追溯征收、退税、对新出口经营者征税的决定；(3)有关保留、修改或者取消反倾销税(反补贴税)以及价格承诺的复审决定；(4)依照法律、行政法规规定可以起诉的其他反倾销(反补贴)行政行为。

〔40〕参见《反倾销条例》第53条、《反补贴条例》第52条的规定。

〔41〕《反倾销条例》未明确否定列举之外的其他反倾销行政行为的可诉性。

〔42〕《行政诉讼法》第13条规定："人民法院不受理公民、法人或者其他组织对下列事项提起的诉讼：……(四)法律规定由行政机关最终裁决的具体行政行为。"

应是广义的,既包括对原告资格的程序审查标准,又包括对具体行政行为的实体审查标准。狭义的审查标准仅指,对国际贸易行政行为认定事实、行政程序和法律适用的审查,它是判断行政行为是否合理与合法的尺度。一般而言,司法审查的标准既不可过于宽松,也不可过于严格,而应该宽严有度,只有这样才能有效调节行政权与司法权之间的关系,从而在有效规制行政权的基础上,给其留下一定的空间。WTO主要成员方关于国际贸易行政行为的司法审查标准介绍分析如下:

一、WTO主要成员方关于国际贸易行政行为的司法审查标准

司法审查涉及两个最基本的问题:一个是确定案件事实,另一个是正确适用法律。对于任何行政行为的审查都是构建在对这两个问题的审查基础之上的。[43] 由于历史文化、政治制度、司法体制等差异,WTO主要成员方关于司法审查的标准呈现一定的差异:

(一)美国

总体来说,美国国际贸易法院对国际贸易行政案件的审查标准不是机械的、僵硬的,而是灵活的、多元的,即综合考虑行政管理相对人的情况、审查对象的情况、救济手段的情况等多种因素。具体来说,美国国际贸易法院以"合理性标准"审查事实问题,即审查行政机关有无独断专行、有无偏私、有无前后反复等情况来判断是否有事实根据。美国国际贸易法院以"正确性标准"审查法律问题,即审查行政机构对法律是否理解正确、解释正确、适用正确。[44]

在审查事实问题方面,美国法院对行政机关认定事实的审查有三

〔43〕 王名扬:《美国行政法》(下),中国法制出版社1995年版,第677页。

〔44〕 正确性标准是指法院全面审查行政机关所作行政行为涉及的事实和法律问题。当法院对上述问题有不同意见时,可以将自己的意见作为正确性意见替代行政机关的意见。合理性标准是指法院有限审查行政机关所作行政行为所涉及的事实问题和法律问题,只要行政机关合理地得出了事实和法律结论,法院即使有不同意见,也不能推翻行政机关所作之行政行为,用自己的意见取而代之。参见王名扬:《美国行政法》(下),中国法制出版社1995年版,第685页。

种标准:(1)实质性证据标准;(2)专横、滥用自由裁量权;(3)重新审查。第一种审查标准适用于依正式裁决程序作出的决定,第二种标准适用于依非正式裁决程序作出的决定。这两种审查标准均要求行政机关事实认定所依据的相关证据必须相当充分且一个有正常理性的人可以接受。[45] 在此标准之下,美国法院审查行政机关事实认定的标准是"合理性"标准,即仅根据行政机关的书面案件记录进行审查,而不用重新调查事实。但如果行政机关的决定"缺乏案卷记录的实质性证据支持,或者不符合法律规定",则对其认定的事实不予采纳。然而,在某些特定案件中,美国法院可以采取第三种重新审理的审查标准,即依据自己的判断重新认定事实。此种审查标准仅在极少数重大案件中才会被采用。

在审查法律问题方面,美国法院进行独立的调查并作出最终的决定。但是,美国法院也会视情况考虑行政机关的法律解释。[46] 美国法院在一般情况下采取"正确性"审查标准对法律问题进行完全审查。但是,谢弗朗诉自然资源保护委员会一案改变了美国法院对法律问题

〔45〕 王名扬:《美国行政法》(下),中国法制出版社 1995 年版,第 682 页。

〔46〕 法院在看待行政机关的法律解释时主要考虑以下因素:(1)行政机关的对支配其活动的法律长期一致的解释,对其曾经参加起草的法律的解释,在法律制定时的解释,受到法院重视的程度较高,行政机关最近的解释,和以往的解释相互冲突的解释,受法院重视的程度较低;(2)对法律负主要执行责任部门的解释受重视的程度较高,非主要执行部门对其所执行的法律的解释,受重视程度较低;(3)受到国会赞成的或受到公众信赖的解释受重视的程度较高,反之,受重视的程度较低;(4)行政机关的解释不符合通常的解释规则时,法院不会重视;(5)在专业性、技术性较强的领域,行政机关的解释受重视的程度较高,反之,当法律的意义取决于法院具有较强的专业知识的事项时,行政机关的解释不会受到重视。参见王名扬:《美国行政法》(下),中国法制出版社 1995 年版,第 706 页。

一概进行正确性审查的传统,[47]从而在一定程度上纳入了合理性的审查标准。[48]

美国反倾销司法审查对原告资格的要求是:利害关系人只有在参加了反倾销调查程序以后才有资格提出司法审查的申请,显得比较宽泛。从这个基本标准出发,美国反倾销司法审查的原告包括外国利害关系人和国内利害关系人两大类。前者又包括了美国进口商、受诉产品的外国生产商或出口商、相关的商业协会等;后者又包括了美国同类产品的生产商或批发商、相关的商业协会等。

(二)欧盟

虽然欧盟的反倾销法本身并没有规定司法审查标准的问题,但是这并不代表欧盟关于司法审查的标准完全处于空白的状态。一方面,欧共体条约对于欧洲法院的职责进行了严格的设定,可以为司法审查的标准提供原则性的规定。根据《欧共体条约》第220条的规定,欧洲法院的法官应该独立审查案件,正确解释和适用法律,并对法律问题始终负责,且不能超越法律与政策的界限。换言之,法官不能干涉行政机

[47] 谢弗朗诉自然资源保护委员会案简介:1977年美国国会通过了《清洁空气法修正案》,要求空气质量未达标的州对新的或修建的主要"固定空气污染源"实行许可制度。美国国家环境保护署为执行该《清洁空气法修正案》而于1981年10月制定的法规中,对"污染源"采用以工厂为单位的界定方式,即如果现存设施的修建或安装新的设施不增加工厂总的排放量时,就不需要申请许可证。而在该法规发布之前,美国国家环境保护署一直把一个工厂中的任一排放设施作为一个"污染源"。在谢弗朗案中,决定性的问题就是以工厂为单位界定"污染源"是否违反了《清洁空气法》。受理此案的哥伦比亚特区巡回上诉法院认为,尽管修正后的《清洁空气法》没有禁止美国国家环境保护署以工厂为单位界定"污染源",但实行污染源许可制度的总体目标在于使州迅速达到联邦空气质量的要求,以工厂为单位界定"污染源"与此总体目标相冲突。据此,撤销了该法规。

[48] 美国联邦最高法院推翻了哥伦比亚特区巡回上诉法院的判决,并确立了法院审查行政机关法律解释的新方法。美国最高法院指出,在行政机关解释制定法时,"如果对特定问题未作规定或者含糊不清,法院面临的问题就是决定行政机关的回答是否为可允许的制定法解释","法院无须提出结论,行政机关的解释为其可以予以支持的唯一解释。"即法院对法律问题的审查也用采取合理性审查标准。参见孔祥俊:《反倾销司法审查制度之比较》,载《法律适用》2003年第1期,第47页。

关依法享有的裁量权。另一方面,欧洲法院审理了大量反倾销案件,如NMB案、Ferchimex案等,[49]法院通过这些判例也进一步明确了司法审查的标准。第一,欧洲法院很重视司法的限度,也很尊重行政机关的正当权力,因此其一般只作法律审查,而不作事实审查。第二,欧洲法院既不干预也不代替欧洲反倾销主管部门所作的裁定,仅在有限的几个方面对于主管部门的裁量权进行审查和监督。[50] 第三,欧洲法院一般认为反倾销所涉及的经济问题过于复杂,其自身既无力评判,也不愿因涉入而消耗成本。

在欧盟,法院对于反倾销诉讼原告资格的审查最典型的是体现在无效之诉中,原告区分为有特权的和无特权的两种类型。前者包括了欧共体理事会和委员会、欧盟成员国;[51]后者是指与反倾销决定措施有直接的和实质关系的当事人,[52]具体包括了出口商、生产商、独立进口商、关联进口商、企业协会、消费者协会、欧共体产业等。

(三)加拿大

加拿大国际贸易法庭对于国际贸易行政案件的司法审查因当事人的起诉而开始,采取不告不理的原则。但是,任何潜在的供应商在特定条件下均可以向国际贸易法庭起诉,则体现了国际贸易法庭管辖范围的广泛性。国际贸易法庭在进行具体的司法审查时,主要考虑法律适用的问题,并且严格遵守法律程序进行。例如,国际贸易法庭对于政府采购案件的司法审查是严格依照《加拿大特别进口措施法》规定的程

---

〔49〕 在NMB案中,欧洲法院认为反倾销主管机关享有广泛的自由裁量权,司法审查必须限定在对其自由裁量权是否被滥用的范围内。因此,法院的司法审查权是有限的。在Ferchimex案中,欧洲法院也认为对于反倾销案件的司法审查权的范围是有限的,比如共同体机构是否遵守程序性规范,认定事实是否无误,是否滥用自由裁量权等方面。

〔50〕 欧洲法院从以下四个方面对反倾销主管部门的裁量权进行审查和监督:第一,是否遵守程序规则;第二,事实认定是否基本属实;第三,事实评判是否明显错误;第四,是否滥用职权。

〔51〕 参见《欧洲共同体条约》第230条第2款的规定。

〔52〕 参见《欧洲共同体条约》第230条第4款的规定。

序进行的。在具体的审理过程中，加拿大国际贸易法庭主要是通过双方当事人提交的书面材料，包括起诉状与答辩状等进行审理，为了更好地查明案情，法庭有时也会听取专家意见或者传唤证人。

（四）澳大利亚

澳大利亚联邦法院在对国际贸易行政行为进行具体的司法审查时，依据1975年《澳大利亚行政决定法》的规定和澳大利亚法院判例，审查原告起诉必须具备如下条件：原告必须具有某种利益；原告的利益受到了公行为的损害；法院救济能够矫正损害。[53] 具体到反倾销的司法审查时，原告必须是利益受到损害的进口商、出口商、行业协会、消费者协会、生产商等均不具有原告资格。此外，澳大利亚联邦法院一般只对法律问题进行审查，而几乎不对事实问题进行审查。在对法律问题进行审查时，澳大利亚联邦法院采取从严从紧的严格审查标准。

综上所述，从传统上说，英美法系国家，法院着重审查法律问题，而很少审查事实问题，而大陆法系国家的法院则对于法律问题与事实问题均进行完全审查。但是在国际贸易行政行为的司法审查问题上，英美法系国家与大陆法系国家呈现出融合的现象，两者均着重审查法律问题，很少或者几乎不审查事实问题。上述的美国、欧盟、加拿大和澳大利亚等WTO主要成员国均符合这一特点。总的来说，各国对国际贸易行政案件的原告资格的审查标准设置得较低。比如，加拿大对原告资格几乎没有要求，任何潜在的供应商都可能成为原告；在美国，只要参加过反倾销行政调查程序的当事人即具备了原告资格。相比之下，澳大利亚对原告资格的要求要严格一些，仅限于利益受到损害的进口商。

二、我国国际贸易行政诉讼的审查标准

对国际贸易行政诉讼原告资格的审查标准，本书拟在第四章第一节从微观运行的角度做专门探讨，这里不再赘述。笔者下面将着重介

---

〔53〕 朱应平：《澳大利亚司法审查原告资格探析》，载《行政法学研究》2011年第2期，第92页。

绍对国际贸易行政行为的实体审查标准。

我国对行政诉讼审查标准的规定主要体现在《行政诉讼法》第6条、第69条和第70条中。其中,第6条确立了行政诉讼的“合法性审查标准”。[54] 与此同时,第69条、第70条、第72条又规定了合法性审查的七项具体标准,[55]包括定案证据是否充分、适用法律是否正确、是否符合行政程序、有无滥用或超越行政职权的情形、处理结果是否客观公正、履责是否及时。我国《国际贸易行政案件司法解释》第6条、[56]《反倾销行政案件司法解释》与《反补贴行政案件司法解释》第6条、第10条[57]区分事实和法律问题,对国际贸易行政行为采取全面、严格的

---

〔54〕《行政诉讼法》第6条规定:“人民法院审理行政案件,对具体行政行为是否合法进行审查。”

〔55〕《行政诉讼法》第69条规定:“行政行为证据确凿,适用法律、法规正确,符合法定程序的,或者原告申请被告履行法定职责或者给付义务理由不成立的,人民法院判决驳回原告的诉讼请求。”第70条规定:“行政行为有下列情形之一的,人民法院判决撤销或者部分撤销,并可以判决被告重新作出行政行为:(一)主要证据不足的;(二)适用法律、法规错误的;(三)违反法定程序的;(四)超越职权的;(五)滥用职权的;(六)明显不当的。”第72条规定:“人民法院经过审理,查明被告不履行法定职责的,判决被告在一定期限内履行。”

〔56〕《国际贸易行政案件司法解释》第6条规定:“人民法院审理国际贸易行政案件,应当依照行政诉讼法,并根据案件具体情况,从以下方面对被诉具体行政行为进行合法性审查:(一)主要证据是否确实、充分;(二)适用法律、法规是否正确;(三)是否违反法定程序;(四)是否超越职权;(五)是否滥用职权;(六)行政处罚是否显失公正;(七)是否不履行或者拖延履行法定职责。”

〔57〕《反倾销行政案件司法解释》与《反补贴行政案件司法解释》第6条都规定,人民法院依照行政诉讼法及其他有关反倾销(反补贴)的法律、行政法规,参照国务院部门规章,对被诉反倾销(反补贴)行政行为的事实问题和法律问题,进行合法性审查。第10条也都规定,人民法院审理反倾销(反补贴)行政案件,根据不同情况,分别作出以下判决:一是被诉反倾销(反补贴)行政行为证据确凿,适用法律、行政法规正确,符合法定程序的,判决维持。二是被诉反倾销(反补贴)行政行为有下列情形之一的,判决撤销或者部分撤销,并可以判决被告重新作出反倾销(反补贴)行政行为:(1)主要证据不足的;(2)适用法律、行政法规错误的;(3)违反法定程序的;(4)超越职权的;(5)滥用职权的。三是依照法律或者司法解释规定作出的其他判决。

审查标准。

（一）对事实问题的审查

我国行政诉讼对行政机关认定的事实实行全面合法性审查，既包括对程序事实的审查，又包括对实体事实的审查。程序事实主要是指行政机关作出事实认定所遵循的行政程序，实体事实是指行政机关经过事实调查所作出的判断和结论。行政诉讼法对程序事实的审查标准为符合法定程序，即对事实问题作出认定的步骤必须符合法律规定的程序要件，不能随意将某一步骤提前或者推后。实体事实审查的标准是证据确凿、充分，这一标准规定的较为模糊，在实践中其具体认定需要运用行政诉讼证明标准。一般而言，除了限制人身自由的行政处罚案件适用"排除合理怀疑"的证明标准外，行政案件采取明显优势证明标准。该标准要求行政机关认定的事实证据是可靠的，而且要较相对人提供的证据具有绝对的优势证明力，无须排除其他可能性。这与国外其他国家的审查标准也是一致的。如在我国广东和Sigma公司诉美国商务部案中，[58]涉及计算机产品的结构价格，美国商务部采用的是巴基斯坦的数据，而我国公司认为采取印度的数据更具可比性。美国国际贸易法院认为，美国商务部对其行政决定有充分的、实质性的证据支持，我国公司和Sigma公司只有证明美国商务部没有实质性证据支持或者根本违法，才有可能胜诉，而不是提出其他更合理做法。[59]

由于国际贸易行政执法具有专业性和技术性的特点，行政机关在事实认定上更加具有专业优势。如前所述，WTO成员方较为通行的做法是法院着重对行政机关法律适用部分的审查，而在认定事实部分则采取较为宽松的审查标准，对行政机关的判断给予更多的尊重。我国对国际贸易行政案件事实问题的审查标准借鉴了西方国家的"案卷审

---

〔58〕 判决参见http://www.uscit.govl，我国广东公司系出口商，Sigma公司系美国进口商。

〔59〕 张栋、叶强：《中美反倾销司法审查制度的比较研究》，载《黑龙江省政法管理干部学院学报》2003年第5期，第95页。

查”和“最佳证据”原则。[60] 人民法院依据行政机关记入案卷的事实来判断行政行为的合法性。如果取证时当事人不配合，行政机关可根据现有事实和获得的最佳信息做出裁决。以行政程序中形成的案卷材料作为事实依据对国际贸易行政行为进行审查，体现了法院对行政机关事实认定和证据活动的尊重，也有利于行政和司法机关各自发挥其专业和资源优势，稳妥、高效地解决国际贸易行政争议。

（二）对法律问题的审查

行政机关作出行政行为适用的法律规范中，有的属于羁束性规范，行政机关没有裁量的余地；而有的属于裁量性规范，或者法律对相关事项并未作出规定，或者法律规范中涉及不确定性法律概念，行政机关在适用时需结合具体情况进行裁量。一般而言，行政机关在法律规定的幅度范围内作出何种结论更加合理属于合理性问题，依法不属于行政诉讼的审查范围。但是，如果出现裁量怠慢、裁量滥用、裁量逾越、裁量违反一般行政法原则的情况，[61] 这种裁量显然已经超出了合理性问题的范畴，上升为合法性问题，法院应当而且必须对此进行审查。

实务中，争议较多的是行政机关对“公共利益”“情节轻微”“正当

---

〔60〕《反倾销条例》第 21 条确立了“最佳证据原则”，该条规定：“调查机关进行调查时，利害关系方应当如实反映情况，提供有关资料。利害关系方不如实反映情况，提供有关资料的，或者没有在合理时间内提供必要信息的，或者以其他方式严重妨碍调查的，调查机关可以根据已经获得的事实和可获得的最佳信息做出裁决。”《反倾销行政案件司法解释》第 7 条第 2 款规定：“人民法院依据被告的案卷记录审查被诉反倾销行政行为的合法性。被告在作出被诉反倾销行政行为时没有记入案卷的事实材料，不能作为认定该行为合法的根据。”第 9 条规定：“在反倾销行政调查程序中，利害关系人无正当理由拒不提供证据、不如实提供证据或者以其他方式严重妨碍调查的，国务院主管部门根据能够获得的证据得出的事实结论，可以认定为证据充分。”《反补贴行政案件司法解释》也做了类似的规定。

〔61〕所谓裁量怠慢，是指“行政机关应行使裁量权但是未行使；所谓裁量滥用，是指行政机关根本没有遵守裁量规范的目的；所谓裁量逾越，是指行政机关没有选择裁量规范规定的法律后果。所谓裁量违反一般行政法原则，是指裁量违反平等原则、比例原则等行政法基本原则。”参见[德]穆特哈特·毛雷尔：《行政法学总论》，高家伟译，法律出版社 2000 年版，第 130—131 页。

事由"等不确定法律概念适用时,[62]人民法院能否审查的问题。有的观点认为,不确定法律概念本身就存在两个以上的"正确"判断,行政机关在特定领域中更加专业,更接近具体问题,对不确定法律概念进行裁量是行政权独立于司法权的自主领域。[63]"由于人在主观认识上的多样化和非理性化,行政机关和法院在对不确定法律概念的解释上也可能发生分歧。行政机关对其渗入价值判断的结论交由法院审查,在情感上也难以接受。"[64]也有的观点认为,适用不确定法律概念是法律适用问题,属于对行政行为的合法性问题,依法属于法院的审查范围。笔者同意第二种观点。主要理由是:立法机关虽然允许行政机关对不确定法律概念进行解释适用,但并不意味着行政机关享有独占解释权。对于法律适用问题,显然法院比行政机关更具有专业优势,法院应当拥有最终的"发言权"。

但是,某些特定的行政执法领域具有高度的专业性和属人性,其对不确定法律概念的法律适用享有排除司法审查的"判断余地"。[65]如在德国法上,行政机关对考试决定、教育领域、公务员考核、专家委员会的判断性决定、环境和经济法领域的预测性决定等,享有不受法院司法审查

---

〔62〕 所谓不确定法律概念,是指未明确表示而具有流动的特征的法律概念,其包含一个确定的概念核心和一个多多少少广泛不清的概念外围。参见翁岳生主编:《行政法》,中国法制出版社2002年版,第225页。

〔63〕 [德]哈特穆特·毛雷尔:《行政法学总论》,高家伟译,法律出版社2000年版,第135页。

〔64〕 朱新力:《行政法律规范中的不确定法律概念及其司法审查》,载《杭州大学学报》1994年第1期,第174页。

〔65〕 "判断余地"理论由德国学者巴霍夫在1955年首先提出,他认为,在行政机关通过适用不确定法律概念获得了一种判断余地,即独立的、法院不能审查的权衡领域或判断领域;行政法院必须接受在该领域内作出的行政界定,只能审查在该领域的界限是否得到遵守。但近些年来,"判断余地"理论有了新的发展,行政机关在哪些领域享有判断余地,这种判断权应归属于法院。

的判断余地。[66] 在我国，在专业性、学术性较强的教育类（学位授予类）、环境保护类、规划类等行政案件中，行政机关在个案涵摄阶段[67]的法律适用法院一般不得进行审查。但是如果涉及对不确定法律概念的解释，则法院是有权对其进行审查的。[68] 当然，如果行政机关在享有“判断余地”的领域存在判断滥用、判断逾越、判断懈怠、判断压缩为零等情形的，也应接受法院的司法审查。[69]

第四节　WTO规则在我国国际贸易行政诉讼中的适用

适用WTO规则及相关国际条约是确保WTO法律制度在各成员

〔66〕［德］哈特穆特·毛雷尔:《行政法学总论》，高家伟译，法律出版社2000年版，第137—138页；解志勇:《行政裁量与行政判断余地及其对行政诉讼的影响》，载《法治论丛》2005年第5期，第70页。

〔67〕法律适用阶段可以划分为确定事实、解释法律、涵摄、决定法律四个阶段，而不确定法律概念的适用涉及确定事实、解释法律、涵摄三个阶段。翁岳生认为，在确定事实和解释法律阶段法院具有无限审查权，法院拥有判断行政机关认定事实证据是否确凿的当然权力，法官是法律专家，其法律见解优于行政机关，对行政机关的法律解释法官可以审查。涵摄所要解决的问题是判定确定的事实是否符合已经解释的法律，原则上法官是可以审查的。但是在一些高度技术性、考试评分、高度学术性、人事上的能力判断、考绩的决定等领域，法院应尊重行政机关的判断。因为在这些领域行政机关拥有比法官更专业的知识、更丰富的经验。参见翁岳生:《法治国家之行政法与司法》，月旦出版股份有限公司1994年版，第96—97页。

〔68〕有的学者认为，判断余地授权只有在具体案件适用不确定法律概念（涵摄）时才予以考虑。参见［德］哈特穆特·毛雷尔:《行政法学总论》，高家伟译，法律出版社2000年版，第147页。我国台湾地区学者则则认为，判断余地应扩张到行政机关对不确定法律概念进行法律解释的领域。参见解志勇:《行政裁量与行政判断余地及其对行政诉讼的影响》，载《法治论丛》2005年第5期，第70页。

〔69〕判断滥用，是指行政机关故意曲解其活动的法律界限，包括未一般有效之审查及评价标准（经验法则、伦理法则等）；判断逾越，是指错误理解法律概念和法律规定中的判断余地；判断懈怠，是指行政机关没有意识到具体案件中存在判断余地，或者忽视了至关重要的观点（判断缺失）；判断压缩为零，是指在特定情况下只有一种判断是正确的。参见翁岳生主编:《行政法》，中国法制出版社2002年版，第236—237页。

方有效实施的重要途径。新《行政诉讼法》对于国际条约的适用问题没有做出规定,《审理国际贸易行政案件司法解释》仅规定了审理国际贸易行政案件应适用我国的国内法,但对以 WTO 协定为代表的国际条约的适用问题,[70]以及国内法与国际条约发生冲突时的法律适用问题未作明确规定。

一、国际条约适用的基本理论

(一)国际条约在国内适用的学说

"条约必须信守原则"是一项重要的国际法原则。它的基本含义是指缔约国必须全面地履行国际条约的各项规定,包括在国际与国内两个层面均要不折不扣地履行条约的规定。由于国际条约与国内法律分别属于两个不同的法律体系,国际条约要想在一国国内得以适用,就必须要先被该国接受成为其法律渊源的一部分。实践中,各国赋予国际条约国内法上效力的方式有不同的做法,可以分为两类:一是所谓的"一元论"(又称"纳入式"),即一国参加的国际条约自动成为该国国内法的一部分,具有直接的适用效力。二是"二元论"(又称"转化式"),即国际条约不能在一国国内直接适用,只能在立法机关通过立法转为相关国内法以后才能适用。

国际条约的适用方式又可分为三类:一是直接适用,即司法或者行政机关可以直接援引国际条约作为审理案件或者作出行政决定的依据。二是间接适用,即只能在立法机关将条约转化为国内法后,司法或者行政机关通过适用该国内法的方式达到适用国际条约效果。三是协调适用,即承认国际条约难以直接在一国国内适用,但既然已加入该条约就需要国家立法、行政、司法机关采取一切必要的行为来协调条约与国内法规定矛盾和冲突的地方。[71]

(二)我国对国际条约的适用方式

1. 直接适用国际条约。从 1978 年至 2013 年 4 月 25 日,我国共有

---

〔70〕 WTO 协定是当代对我国国际贸易最具有影响力的国际条约。

〔71〕 See O' Connell, O. P., International Law(1970. 2nd ed.), Vol. 1, pp. 43 -46.

54 部法律、108 部行政法规对国际条约在我国直接适用作出规定，主要可分为以下四种类型：(1)国内法与国际条约对同一事项规定不一致时，适用条约的规定，但我国声明保留的除外。[72] (2)法律、行政法规规定在相关事项上直接适用国际条约。[73] (3)法律、行政法规规定在相关事项上适用国内法或直接适用国际条约。[74] (4)法律明确规定遵守国际条约的规定。[75] 虽然我国大量的法律、行政法规规定国际条约可以在我国直接适用，但是从司法实践看，法院直接适用国际条约的领域较为集中，主要分布在国际民商事案件中，特别是人民法院在审理

---

〔72〕 我国有 25 部法律、13 部行政法规作出这样的规定。如《民事诉讼法》第 260 条、《企业所得税法》第 58 条、《海商法》第 268 条第 1 款、《民法通则》第 142 条第 2 款、1990 年《行政诉讼法》第 72 条、《野生植物保护条例》第 31 条、《外国企业常驻代表机构登记管理条例》第 13 条第 2 款等。

〔73〕 此类法律有 40 部、行政法规有 43 部，其中有的法律、法规除规定国际条约直接适用外，有的还特别规定并按照国内法规定办理或按对等、互惠原则办理，以及没有国际条约按国内法或外交途径办理。如《民事诉讼法》第 237 条、第 261 条、第 276 条第 1 款、第 277 条、第 280 条、第 281 条、第 282 条、第 283 条；《著作权法》第 2 条第 2 款；《专利法》第 18 条、第 20 条第 2 款；《商标法》第 17 条、第 24 条第 1 款；第 24 条、第 47 条；《海商法》第 268 条第 2 款和第 3 款、《计算机软件保护条例》第 5 条第 3 款；《著作权法实施条例》第 33 条第 2 款、第 34 条第 2 款、第 35 条；《进出口关税条例》第 10 条、《商标法实施条例》第 12 条、《集成电路布图设计保护条例》第 3 条第 3 款等。

〔74〕 此类法律有 10 部、行政法规有 7 部。如《民事诉讼法》第 267 条第 1 款、《个人所得税法》第 4 条第 9 款、《对外贸易法》第 16 条第 11 项和第 26 条第 6 项、《政府采购法》第 84 条、《海关法》第 56 条第 6 款、《海商法》第 208 条第 2 项和第 3 项、《企业名称登记管理规定》第 25 条第 2 款、《中外合作办学条例》第 34 条第 4 款、《进出口动植物法实施条例》第 2 条第 5 项等。

〔75〕 如《国防法》第 67 条、《体育法》第 9 条、《红十字会法》第 2 条。参见王勇：《理论与实践双重视角下完善我国条约司法适用制度研究》，九州出版社 2016 年版，第 9—18 页。

知识产权案件时直接适用国际条约的情况比较普遍。[76] 我国法院直接适用的知识产权国际公约主要有:TRIPS、《巴黎公约》、《伯尔尼公约》、《世界版权公约》、《录音制品公约》、《马德里协议》等。此外,在海事、海商、国际航空运输、打击刑事犯罪方面亦会涉及国际条约的直接适用。[77]

2. 间接适用国际条约。我国间接适用条约的法律法规较少,主要是因为相关条款内容较为模糊,需要一国采取立法、司法等措施履行条约,如《消耗臭氧层物质管理条例》第1条、《濒危野生动植物进出口管理条例》第1条。间接适用条约的司法解释比较典型的例子即为《反倾销行政案件司法解释》与《反补贴行政案件司法解释》第6条。间接适用国际条约需要以适用国内法的形式达到适用国际条约的效果,其在形式主要表现为:(1)国内法直接规定国际条约的内容。例如,《宪法》第18条关于外国企业在中国投资保护的规定;《对外贸易法》第6条关于根据互惠、对等原则给予其他缔约方最惠国待遇、国民待遇的规定,第7条关于任何国家和地区对我国采取歧视性的禁止或限制措施的,我国亦可采取相应的措施等规定。(2)根据国际条约内容修订国内法。例如,1992年全国人大常委会对《专利法》作出修订,使之与《巴

---

〔76〕 如在(2011)沪高民三(知)终字第104号est软件公司诉上海摩力游数字娱乐有限公司侵害计算机著作权纠纷一案中,适用《伯尔尼公约》和TRIPS对案件事实进行了认定。上海法院在审理知识产权纠纷案件时。就国际条约的适用问题已形成一定的思路,如适用《伯尔尼公约》主要解决涉外著作权侵权纠纷,适用《巴黎公约》和马德里商标注册体系下的两个公约来审理涉外的商标侵权纠纷和不正当竞争纠纷。参见王勇:《理论与实践双重视角下完善我国条约司法适用制度研究》,九州出版社2016年版,第32页。

〔77〕 如在(2009)沪海法商初字第1056号:福建嘉航海运有限公司诉上海龙宇燃油股份有限公司通海水域货物运输合同纠纷上诉案中适用了《2001年国际燃油污染损害民事责任公约》作出判决。在(2007)沪一中民五(商)终字第27号:法国航空公司诉智傲物流有限公司航空货物运输合同违约赔偿纠纷上诉案中适用《1999年蒙特利尔公约》《华沙公约》《海牙议定书》作出判决。在(2012)虹刑初字第785号:高菲、沈卫非法收购、出售珍贵濒危野生动物罪一案中,对上述两被告人定罪认定时适用了《华盛顿公约》。

黎公约》以及其他国际条约的规定和要求保持一致,对药品和化学物质等进行专利保护。2000年再次修订的《专利法》取消专利复审委员会的终局决定权,与TRIPS协定规定给予当事人司法最终审查机会的要求保持一致。

3. 协调适用国际条约。我国《审理国际贸易行政案件司法解释》第9条是最典型协调适用国际条约的规定。这一适用方式要求在法律没有规定或者法律规定存在两种以上解释时,司法机关可以在自由裁量权范围内补充和发展国内法,使其尽量与国际条约的内容相一致。这种适用方式实际上是条约间接适用的一种特殊形式。

二、国际条约适用的国外实践

(一)美国

根据《美国宪法》第6条第2款的规定,自动执行条约同于国内法,无需转化可直接适用。而对于非自动执行条约则需要通过国内补充立法,才能在国内实施。《乌拉圭回合协定法》第102节对WTO协定在美国国内法上的效力做了规定,当WTO协定与美国法冲突时,美国法具有优先适用的效力。WTO协定与美国的州法冲突时,美国则通过联邦政府(主要是贸易代表)和州政府之间的磋商和协调合作机制,对法律冲突进行政治解决。该节第c条还规定WTO协定在美国不具有直接适用的效力。[78] 但在具体实践中还是会作出与WTO协定相一致的解释和适用。[79]

(二)英国

对条约的国内适用问题,英国是典型的采用"二元论"的国家,制定法高于条约的效力。在英国,当制定法规定与条约内容不一致的时

---

〔78〕《乌拉圭回合协定法》第102节第c条规定,除美国外任何人不得依据协定的任何规定或国会对协定的批准拥有诉权或提出抗辩,不得在诉讼中以与协定不符为由对美国联邦政府或州的机构的行为或不作为提出异议。

〔79〕美国法院在反倾销案件中对成员实施性立法就尽量作出与WTO协定相一致解释和适用。参见希尔福:《国际贸易法与GATT/WTO争端解决机制》(1977年英文版),第578页。

候,执行制定法并不产生违背条约的结果。[80] 他们认为条约对国家的效力与条约在国内的适用是两个不同的问题。英王批准加入条约仅表明该条约对国家的拘束力,并不必然导致条约在国内法院的适用。条约在国内法院的适用除要英王批准之外,还须经过议会的补充立法程序。

(三)法国

法国采取"一元论"的国际法与国内法关系理论,认为国际条约与法国国内法同属于一个法律体系,且能够在法国国内直接适用。关于条约在法国国内法上的法律位阶,法国1958年宪法作出了条约的效力高于国内法的规定。但是,在法国的实践中还存在一类条约,这类条约的法律位阶高于法律但是低于法国宪法,且这类条约在法国占大多数,远远超过位阶高于法国宪法的条约。在条约的接纳方式上,法国也采取不同于美国的做法,条约一经批准或核准在法国国内法中就自动适用。[81] 但是,法国这种条约的适用方式有一个前提限制条件,即条约的其他缔约方也实施条约,否则法国就不予适用。

(四)德国

德国采取"二元论"的国际法与国内法关系理论,认为国际法与国内法是完全独立的两个法律体系。因此,国际条约要在德国国内得以适用,必须要通过德国国内法的转化才能完成。根据《联邦德国基本法》第59条的规定,德国的联邦议会和参议会是转化条约的主要机关。此外,德国还赋予联邦各州的缔约权,并在《联邦德国基本法》第32条具体规定了各州所享有的缔约权限和程序要求。此外,德国还积极推动欧洲一体化的进程,通过让渡部分主权促进欧盟条约在德国国内的有效执行。在WTO在国内适用实践中,还需区分条约是否具有"自执

---

〔80〕 万鄂湘等:《国际条约法》,武汉大学出版社1998年版,第189页。

〔81〕 万鄂湘等:《国际条约法》,武汉大学出版社1998年版,第190页。

行”的性质。[82] 从德国联邦法院的司法判例来看,法院对条约的直接适用是持否定态度的。[83]

（五）日本

根据日本宪法的规定,本国缔结和参加的国际条约具有最高效力,在本国具有执行力,且优先于国内法律。[84] 但由于日本学者对条约也做“自动执行”和“非自动执行”的区分,使条约在日本国内的执行效力大打折扣。比如日本法院从未对GATT 1947直接适用过,日本国会在批准实施WTO协定时并没有规定其是否具有直接适用性,且没有“临时适用”和“祖父条款”等限制适用条件,因而其较GATT 1947具有更多的可直接适用的可能性。

三、我国对WTO协定[85]国内适用的态度

WTO协定是规范国际贸易领域的最重要的国际条约,根据“条约必须信守原则”,“入世”后中国有义务全面履行WTO协定的各项规定。对于WTO协定的适用态度上,国内大部分学者认为以WTO协定

---

〔82〕 德国对于在需对其的加以具有“自执行”效果的标准有两项:一是条约条款具有可以直接适用于公民个人的私法内容;二是从条约规定中可以推定条约当事国有这样的意思表示。参见万鄂湘等:《国际条约法》,武汉大学出版社1998年版,第191页。

〔83〕 德国《联邦财税法院判例集》第73卷,第400页。

〔84〕 《日本宪法》第98条第2款“日本国缔结的条约及已经确立的国际法规”是“最高法规”,日本国“必须诚信遵守之”。

〔85〕 除了间接适用WTO规则以外,我国法院在审理国际贸易行政类案件时,还可以间接适用其他相关的国际经济行政类条约。例如,中国海关已经加入海关合作理事会的一些公约,即《关于建立海关合作理事会的公约》等六个公约;又如,中国加入的《1972年集装箱关务公约》;再如,中国政府与外国政府缔结的关于动植物检验与检疫条约等。由于许多国际经济行政条约涉及缔约国的国内行政管理,作为缔约国,中国的行政机关实施行政管理必须受其约束,中国的行政相对人亦有遵守这些条约的义务。

为主的国际条约不具有直接适用性,应在我国转化适用。[86] 主要理由如下:第一,WTO 协定并没有要求各成员方直接适用协定,仅要求其国内的法律和贸易政策与协定保持一致。[87] 因此,中国作为缔约方可以自主选择 WTO 协定的适用方式。实践中,为了履行 WTO 义务,在入世前后,我国修改、废止了 3000 多项与 WTO 协定和议定书项下义务不一致的行政法规和部门规章。可见,我国对 WTO 规则是采用立法转化的间接适用方式。第二,从其他 WTO 成员方的承诺和实践来看,目前只有约旦一个国家承认 WTO 法律可以自动在本国实施,绝大多数国家对于 WTO 规则采取间接适用的方式。第三,我国法院直接适用 WTO 协定也存在技术难题。比如,WTO 协定的标准文本是法文、英文与西班牙文,不包括中文,法院适用起来存在很大的困难。WTO 协定的专业术语和关键词语缺乏统一的解释制度,WTO 协定中有些地方过于模糊、笼统等。

从我国法律文件的具体规定来看,我国入世《工作组报告书》承诺通过修改和制定国内法的形式来确保 WTO 规则在国内的实施。[88] 这表明我国对 WTO 规则采取不直接适用的态度。随后,《国际贸易行政案件司法解释》又通过正面规定的方式明确,人民法院审理国际贸易行政案件依据法律、行政法规、地方性法规,并参照行政规章。[89]

---

〔86〕 我国对国际条约采取"纳入"适用主要基于以下三点理由:第一,条约在中国国内法上的接受具有直接性的特点,即条约在我国国内法上拘束力的取得是条约在我国缔结完成以后就获得的,而不是经过国内的特别立法所获得的。第二,条约在中国国内法上的接受具有不变性的特点,即条约在中国的适用不改变条约作为国际法渊源的性质和内容。第三,条约在中国国内法上的接受具有整体性的特点,即我国是整体地赋予条约国内法的效力,而不是区分不同条约给予不同的效力。参见王勇:《条约在中国适用之基本理论问题研究》,北京大学出版社 2007 年版,第 61—62 页。

〔87〕 《马拉喀什建立世界贸易组织协定》第 16 条第 4 款规定:"每一成员应保证其法律、法规和行政程序与所附各协定对其规定的义务相一致。"

〔88〕 《工作组报告书》第 67 条指出:"中国将通过修改其现行国内法和制定完全符合《WTO 协定》的新法的途径,以有效的和统一的方式实施《WTO 协定》。"

〔89〕 参见《国际贸易行政案件司法解释》第 7 条和第 8 条的规定。

《反倾销行政案件司法解释》与《反补贴行政案件司法解释》中也作了类似的规定。[90]

上海法院审理的浙江国贸进出口公司(以下简称国贸公司)等诉上海外高桥港区海关(以下简称外港海关)补征税款决定案是一起典型的涉及WTO规则法律适用的国际贸易行政案件。[91] 贸易进口商

〔90〕《反倾销行政案件司法解释》第6条规定:人民法院依照行政诉讼法及其他有关反倾销的法律、行政法规,参照国务院部门规章,对被诉反倾销行政行为的事实问题和法律问题,进行合法性审查。《反补贴行政案件司法解释》第6条规定:人民法院依照行政诉讼法及其他有关反补贴的法律、行政法规,参照国务院部门规章,对被诉反补贴行政行为的事实问题和法律问题,进行合法性审查。

〔91〕浙江国贸进出口有限公司、贵航青年莲花汽车有限公司山东分公司诉中华人民共和国上海外高桥港区海关补征税款决定案,一审案号:(2012)沪一中行初字第24号、二审案号:(2013)沪高行终字第4号。案情简介:自2010年10月起,国贸公司代理莲花汽车公司先后分十五批次从马来西亚进口莲花1.6升Persona小轿车零件,其中一批于2010年11月14日进口,并以小轿车零部件的商品编号向货物入境地的上海外港海关申报。外港海关经审核按小轿车零部件的税率计征关税和进口环节增值税后,放行货物。后外港海关通过内部核查发现上述货物的商品归类存在疑问,于2011年5月27日向莲花汽车公司发出《归类补充申报通知书》,要求提供货物说明书等商品技术资料、合同、协议等及进口部件清单,以说明货物成分及比例、具体规格、车型、排量、功能、用途及加工程度。莲花汽车公司当日收到通知书,于同年6月3日提交了《情况说明》及货物清单等,说明其进口的货物为小汽车散件。货物清单显示进口的汽车零部件包括发动机、自动变速箱、车门板、座椅、车轮总成等。2012年3月20日,外港海关根据《中华人民共和国进出口税则》归类总规则二(一)的规定,认定国贸公司申报进口小轿车的散件已符合小轿车完整品的基本特征,应以成套散件归入税号8703.2341.90项下,并应当缴纳25%的关税和17%的增值税。因申报商品归类编码错误,导致少缴关税人民币195,582.68元、增值税33,249.06元,故根据《中华人民共和国进出口关税条例》第51条的规定,决定补征上述税款,并向国贸公司制作送达了《海关补征税款告知书》,要求其在收到告知书之日起15日内办理补缴税款手续,并告知如未在规定期限内办理补税手续,将填发税款缴款书。后国贸公司未在规定期限内办理补税手续,外港海关于2012年4月5日向国贸公司、莲花汽车公司发出海关进口关税专用缴款书和增值税专用缴款书,决定补征上述税款。国公司贸不服,申请行政复议,并申请对"19号公告"进行审查。上海海关复议维持该补征税款决定。国贸公司仍不服,起诉要求撤销被诉补征税款决定。参见王岩:《WTO规则不能直接作为国际贸易行政案件的法律适用依据——浙江国贸进出口有限公司、贵航青年莲花汽车有限公司山东分公司诉中华人民共和国上海外高桥港区海关补征税款决定案》,载《人民司法》(案例)2014年第2期,第61—64页。该案还被评选为2014年度上海法院精品案例,并被收入2014年《上海法院案例精选》(行政篇)第351—355页。

国贸公司与海关执法部门因货物征税税率产生分歧,故而引发本案诉讼。国贸公司认为,进口货物为汽车散件,并以此进行纳税申报。外港海关通过内部核查发现进口货物已符合汽车完整品的基本特征,根据我国《进出口税则》应以成套散件征收关税和增值税税率分别为25%和17%。而国贸公司少缴关税人民币195,582.68元、增值税33,249.06元,外港海关故依据《进出口关税条例》作出补征税款的决定。在一、二审中,进口商均援引中国入世承诺进行抗辩,指出入世议定书中明确"不对汽车的成套散件和半成套散件设立关税税号。如中国设立此类税号,则关税将不得超过10%",因此,外港海关以汽车成套散件25%税率补征税款,依据不足。二审法院合议庭认为,国贸公司未就上述承诺提供证据加以证明,且根据我国现行规定,WTO规则不能在国际贸易行政诉讼中直接适用,个人和企业不能援用WTO规则向法院起诉和抗辩,[92]故对国贸公司的上述主张未予采信,二审判决维持了一审判决和外港海关补征税款的决定,驳回了国贸公司等的上诉。

四、国内法与WTO规则冲突时的法律适用

与国际贸易行政诉讼联系较多的是GATT、GATS、TRIPS、《反倾销协定》、《补贴与反补贴协定》、《海关估价协定》等多边贸易协定。从这些协定的具体内容来看,很多条款并未规定实质性内容,主要可归为以下几类:程序性规定;[93]要求新组织、新制度条款;[94]倡导性的原则性条款。[95] 人民法院在案件审理的过程中,发现我国法律规定与

---

〔92〕 2002年8月29日,最高人民法院副院长李国光在最高人民法院公布《关于审理国际贸易行政案件若干问题的规定》新闻发布会上的讲话。

〔93〕《反倾销协定》《补贴与反补贴协定》中有关"调查的发起和后续程序"以及"裁决的公告和说明"。

〔94〕 如有关透明度方面要求设立一定的联络点或者是组织机构用以保证法律法规的公布,或者要求建立一种机制来保护某种特定的权益。

〔95〕 WTO规则中存在大量的不确定的法律概念,如"尽可能地""合理地""同情地考虑"等。

WTO协定不一致时，应对协定条款的性质进行具体区分，采取不同的处理方式：

1.适用国内法。对于那些涉及国家经济主权、司法主权、国家利益等实体性条款，如果存在我国国内法与WTO规则相冲突的情况，人民法院应依据国内法律法规作出裁判。对于要求建立新组织、新制度，以及不确定的、倡导性的原则性条款，我国可以根据本国国情酌情建立完善。在新制度尚未通过立法确立之前，人民法院在案件审理时，应严格按照我国现行法律规定进行裁判。

2.进行与WTO精神一致的解释。在我国国内法的规定与WTO协定的内容不一致，或者我国尚未进行该项立法时，人民法院应遵循一致性解释原则，根据WTO规则的精神将国内法解释成符合WTO规则的方式来直接适用国内法，从而保证WTO规则在国内的实施，这也是国际上通行的做法。这种方式是解决国内法与WTO规则冲突的主要方法和途径。我国《国际贸易行政案件司法解释》第9条也对这一WTO的适用方式做了明确规定。[96] 如在杭州金菱印花有限公司诉上海吴淞海关行政处罚决定上诉案中，[97]在对杭州金菱公司走私事实的认定上，吴淞海关运用了上海海关缉私局在刑事侦查阶段通过海关总署根据《中日海关互助协定》获取的“日本天间公司出口涉案的22票纸品中的5票纸品向海关申报的价格”信息。该信息与其他书证和鉴定结论相互印证，能够确认杭州金菱公司存在低报货物价格的走私行为。在本案一审中，吴淞海关也将其作为行政处罚认定事实清楚的证据提供。针对上述证据，杭州金菱公司根据《行政诉讼证据规定》第16

---

〔96〕《国际贸易行政案件司法解释》第9条规定：“人民法院审理国际贸易行政案件所适用的法律、行政法规的具体条文存在两种以上的合理理解，其中有一种解释与中华人民共和国缔结或者参加的国际条约的有关规定相一致的，应当选择与国际条约的有关规定相一致的解释，但中华人民共和国声明保留的条款除外。”

〔97〕一审：(2016)沪02行初16号，二审：(2016)沪行终641号。

条抗辩称，域外形成的证据需要办理相应的证明手续才能作为定案根据。[98] 但从《行政诉讼证据规定》对涉外证据的形式要求来看，我国对涉外证据提出的程序要求主要是从保证证据的真实性和有效性方面考虑的，同时还要兼顾到国际条约的规定和要求。且《中日海关互助协定》除规定通过中日海关互助获取的信息不得用于刑事诉讼之外，并未对该信息在行政诉讼中使用的形式要求作出特别规定。杭州金菱公司以低报价格的方式偷逃税款的事实从吴淞海关的询问笔录、保单投保金额对应数理、高价和低价发票的司法鉴定等书证和鉴定结论可以得到确认。吴淞海关提供的这份从日本海关调取的信息是一份补强证据，且该信息系由海关总署通过官方途径获得，其真实性和客观性能够得到证实。在我国司法解释的规定与国际条约的要求不完全一致的时候，根据"一致性解释"原则，可以认定吴淞海关提供的5票纸品的价格信息无需再经过公证、认证或者办理其他证明手续，杭州金菱公司就此提出的异议，不能成立。[99] 此外，南京恒生电脑公司诉玄武区工商局行政处罚案也体现了这一解释原则的运用。[100]

---

〔98〕《行政诉讼证据规定》第16条规定，当事人向人民法院提供的在中华人民共和国领域外形成的证据，应当说明来源，经所在国公证机关证明，并经中华人民共和国驻该国使领馆认证，或者履行中华人民共和国与证据所在国订立的有关条约中规定的证明手续。

〔99〕茆荣华、王岩：《海关行政处罚程序转换及域外证据采信》，载《人民司法》（案例）2017年第8期，第99—102页。

〔100〕该案中玄武区工商局所引用的法律条文明文规定的处罚手段为："没收非法所得，没收物品，处非法出版物总定价五倍以下的罚款。"其中没有"责令改正"这一形式。因此电脑公司认为工商局对其"责令改正"无法律依据，应予撤销。但根据TRIPS协定第44条规定，司法当局有权责令当事人停止侵权，TRIPS协定第46条还规定，"为有效制止侵权，司法机关有权在不予任何补偿的情况下，责令将已被发现侵权的货物清除出商业渠道，以避免对权利持有人造成任何损害"。虽然我国现行的法规未明确规定可"责令改正"，但根据我国对WTO规则的"一致性解释"适用原则，法院可以通过将国内法解释成符合TRIPS协定的方式适用国内法，从而保证国内法与TRIPS协定的一致。因此，可以认为，工商局作出"责令改正"的要求并不违反法律原则精神，也符合TRIPS协定。

3. 直接适用WTO规则。这种情形仅适用于WTO的程序性、技术性的条款，当我国对该程序事项尚未规定，当事人因此事项提起国际贸易行政诉讼，人民法院可以按照我国入世工作组报告中对于过渡期的承诺，[101]直接适用WTO规则进行裁判。这一做法主要考虑，程序性事项一般不涉及一国的司法主权，且我国入世法律文件中已有明确要求，该做法应视为我国履行WTO协定和议定书承担的义务的重要表现。当然，从司法实践来看，当事人更高注重自身实体利益保护，对行政程序的关注度还不高，这类案件尚未出现过。在我国对"条约间接适用"的主流框架下，对直接适用WTO规则的情形还应严格把握，谨慎使用。在具体适用时也应局限于说理论证部分，并尽量将其内化为我国法律的原则精神，而不宜直接作为司法裁判的法律依据。

---

[101] 《中国入世工作组报告》对"入世"过渡阶段有一些特别考虑，如第68条规定："中国代表确认，行政法规、部门规章和中央政府的其他措施将及时颁布，以便中国的承诺在有关时限内得以充分实施。如果行政法规、部门规章或者中央政府其他措施在此种时限内不能到位，这一条可以理解为在过渡时期，如果我们行政立法的修改、清理尚未完成，行政机关可以直接适用WTO规则或议定书所作的承诺。"

第四章　几类典型国际贸易行政诉讼的实证分析

第一节　与国际货物贸易有关的行政案件受、审理中的若干问题探析

与国际货物贸易有关的行政案件，简言之，是指对外贸易经营者对我国贸易主管部门在国际货物进出口贸易和过境贸易执法中作出的具体行政行为不服，从而向我国法院提起行政诉讼，要求对其国际贸易权益进行救济的行为。该类案件在司法实践中较为有代表性的是反倾销（反补贴）和海关估价行政案件。下面笔者分别以反倾销（反补贴）行政案件〔1〕和海关估价行政案件为例，对其受案范围、原告资格、举证责任规则等问题进行研

〔1〕对该类案件提起的诉讼称为反倾销（反补贴）行政诉讼，是指反倾销（反补贴）调查中的"利害关系人"不服进口国反倾销（反补贴）主管部门采取的反倾销（反补贴）措施的决定，进而向法院提起诉讼，要求撤销或重新裁定的行为。

究和探讨，以期收到以管窥豹、以点带面的效果，对我国国际贸易行政诉讼上述审查要件的把握能够有所帮助。

一、与国际货物贸易有关的行政诉讼的受案范围

下面我们选取反倾销行政诉讼为例，对与国际货物贸易有关的行政诉讼受案范围做一探讨。根据我国反倾销行政法规及审理该类案件司法解释的相关规定，反倾销行政诉讼的受案范围仅限于反倾销执法机关作出的复审决定和最终裁定。[2] 这与WTO《反倾销协定》将成员方做出的所有反倾销行政行为（包括抽象行政行为）都必须纳入"独立、公正"审查范围的要求，以及我国在"入世"议定书中承诺的所有行政行为的审查范围不符，主要表现在以下两个方面：

（一）绝大部分抽象行政行为未纳入受案范围

自我国行政诉讼制度建立以来，抽象行政行为一直被排除在人民法院行政诉讼的受案范围。[3] 这一制度设计主要是考虑到我国司法机关不能进行违宪审查的宪政体制。但是，将行政立法以外的其他规范性文件纳入行政诉讼的审查范围与我国的宪政体制并不冲突，新《行政诉讼法》的一大亮点即确立了抽象行政行为的有限审查原则。[4] 这一修法举措初步建立起了有中国特色的抽象行政行为的审查机制，实现了行政诉讼与复议受案范围的对接，[5] 也是我国履行入世承诺、缩小与WTO司法审查制度差距的重要体现。WTO规则要求所有的争议都由司法最终解决，就行政诉讼而言，行政机关作出的所有

---

〔2〕 反倾销执法机关即国务院主管部门，包括国家外经贸部、国家经贸委、国务院关税税则委员会。

〔3〕 抽象行政行为分为两大类：一类是行政立法行为，即有权行政机关制定行政法规和行政规章的行为；另一类是不具有法源性的规范性文件的行为，即有权行政机关制定或规定除行政法规和规章以外的具有普遍约束力的其他规范性文件的行为。

〔4〕 《行政诉讼法》第53条规定："公民、法人或者其他组织认为行政行为所依据的国务院部门和地方人民政府及其部门制定的规范性文件不合法，在对行政行为提起诉讼时，可以一并请求对该规范性文件进行审查。前款规定的规范性文件不含规章。"

〔5〕 我国《行政复议法》第7条将行政立法以外的国务院各部门、县级以上地方各级人民政府及其工作部门、乡镇人民政府制定的规范性文件纳入到了行政复议的范围。

行为都应纳入司法审查的范围，这也是国际上通行的做法。随着我国法治的完善和发展，今后还应有条件、有步骤地将行政立法行为纳入我国国际贸易行政诉讼的受案范围。只有这样才能避免因我国欠缺对该类行为的审查机制，而陷入当事人将纠纷提交 WTO 争端解决机制解决的被动局面。[6]

（二）部分行政机关终局裁决行为未纳入受案范围

新《行政诉讼法》取消部分行政终局行为，并增加原具体行政行为经复议维持的复议机关为共同被告的规定，均体现了司法最终解决原则的立法精神。[7] 但与此同时，《行政诉讼法》第 13 条第 4 项还作了国务院最终裁决不可诉的除外规定，即国务院对国务院部门或者省级政府的行政复议决定所作的裁决是最终的，不属于人民法院行政诉讼的受案范围。[8] 根据上述规定，如果利害关系人对商务部作出的反倾销终裁决定不服，在复议后选择申请国务院裁决的，则国务院作出的裁决是终局的，当事人不能再对该裁决另行提起诉讼。这一规定阻断了此种情形下国际贸易参加者进一步寻求司法救济的途径，也与

---

〔6〕 DSB 受理的第一起对美国石油法规提起申诉的案件即属此类。美国环境机构因制定了带有歧视性条款的法规，而受到外国出口商的指控，最后 DSB 对美国环境机构制定的法规作出了败诉的裁决。

〔7〕《行政复议法》第 30 条第 2 款规定的省、自治区、直辖市确认土地、矿藏、水流、森林、山岭、草原、荒地、滩涂等自然资源的所有权和使用权的行政复议决定为最终裁决，不属于人民法院的受案范围。新施行的《行政诉讼法》在第 12 条第 4 项中将该最终裁决，纳入行政诉讼的受案范围。《行政诉讼法》第 26 条第 2 款规定，复议机关决定维持原行政行为的，作出原行政行为的行政机关和复议机关为共同被告。这一规定将大量复议决定纳入了行政诉讼的审查范围。

〔8〕《行政复议法》第 14 条规定："对国务院部门或者省、自治区、直辖市人民政府的具体行政行为不服的，向作出该具体行政行为的国务院部门或者省、自治区、直辖市人民政府申请行政复议。对行政复议决定不服的，可以向人民法院提起行政诉讼；也可以向国务院申请裁决，国务院依照本法的规定作出最终裁决"。这是由国务院的法律地位决定的，其即是最高国家行政机关，又是最高国家权力机关的执行机关，有权制定行政法规，发布决定、命令、指示。《行政诉讼法》第 13 条规定："人民法院不受理公民、法人或者其他组织对下列事项提起的诉讼：……（四）法律规定由行政机关最终裁决的行政行为。"

WTO 相关协定的要求和“自己不能做自己案件的法官”的法治原则存在差距。

但值得肯定的是，新《行政诉讼法》将行政机关拒绝履行法定职责的行为即否定性答复行为，通过明确列举的方式纳入了受案范围。由此，反倾销执法机关作出的不立案、否定性初裁、终止调查等拒绝进行国际贸易救济的决定，人民法院均可对其进行司法审查。[9] 然而，对于临时反倾销措施的可诉性问题，[10] 目前各国尚无统一的做法。在美国，国际贸易法院一般不对临时反倾销措施进行审查，只有当临时税与最终税的审查联系在一起时，法院才能对临时性措施的合法性进行司法审查。在欧盟，只要欧盟理事会不再采取征收最终反倾销税的措施，临时反倾销措施即为可诉的，法院可以对其进行审查。在我国，临时反倾销措施、立案决定、肯定性初裁决定均为临时的、不成熟的行政行为，未对利害关系人的权利义务产生实际影响，故不具有可诉性。

二、与国际货物贸易有关的行政案件原告资格的确定

（一）行政诉讼原告理论简介

原告资格确定问题是诉讼参加人研究领域的核心问题。从历史发展的角度来看，各主要发达国家行政诉讼原告理论大致经历了三个阶

〔9〕 虽然《反倾销条例》和《反倾销行政案件司法解释》对该类行为能否寻求司法救济未做明确规定，但是从具体行政行为可诉性特征分析来看，该类行为能够对利害关系人的实体权利和义务产生最终确定性的影响，已经完全具备了成熟行政行为的标准，应当属于行政诉讼的受案范围。

〔10〕 临时反倾销措施，是指进口方主管机构经过调查，初步认定被指控产品存在倾销，并对国内同类产业造成损害，据此可以在全部调查结束之前，采取临时性的反倾销措施，以防止在调查期间国内产业继续受到损害。临时反倾销措施有两种形式：一是征收临时反倾销税；二是要求进口商自裁决之日起，提供与临时反倾销税数额相等的现金保证金或保函。

段,即行政相对人诉讼阶段、[11]利害关系人诉讼阶段、[12]公益诉讼或民众诉讼阶段。[13] 各国对原告资格的把握呈现逐步放宽的趋势。我国《行政诉讼法》和《若干解释》确立了我国行政诉讼原告资格"法律上利害关系"标准。除此之外,日本也是采取这一标准的代表国家。[14] 实践中,对法律上利害关系的判断,我们可从以下三点进行把握:一是已经或将会产生影响;二是受到影响的是法律上的利益;三是原告不仅限于行政相对人。[15] 与"法律利益标准"相对应的是"事实利益标准",即以当事人的事实利益是否受到侵害来判断是否具有行政诉讼的原告资格。采取这一标准国家主要有有美国、英国等大多数发达国家。[16] 从各国设定原告资格标准的规定来看,均较为原则,具有不确定性,在具体判断上为司法机关预留了自由裁量的空间。比如在英国,原告的起诉标准较为统一,仅要求"当事人具有足够利益"。但实际上这一标准本身就采取了不确定的法律概念,具有较大的灵活性,法院在具体适用时可以采取解释扩大或减少限制。[17] 此外,在一些英美法系国家,行政诉讼原告资格制度还通过行政判例来得到完善和发展。比

---

〔11〕 只赋予行政行为的直接相对人以原告资格。

〔12〕 除受行政行为影响的直接相对人外,利益受该行政行为直接或间接影响的利害关系人也可获得原告资格。

〔13〕 起诉人提起行政诉讼可以不是因为个人利益,而是为国家、公共或他人利益,行政公诉与民众诉讼并行。

〔14〕 如《日本行政案件诉讼法》第9条明确规定,原告适格,取消处分的诉讼及取消裁决的诉讼,只限于就请求取消该处分或裁决具有法律上的利益者。包括即使在由于处分或裁决的效果期限的经过及其他理由而消失后,仍具有由于取消处分或裁决而应恢复的法律的利益者才可以提起诉讼。该法第10条第1款规定:"取消理由的限制,在取消诉讼中,不得以无关于自己法律的利益的违法为理由来请求取消。"

〔15〕 甘文:《行政诉讼司法解释之评论》,中国法制出版社2000年版,第62—64页。

〔16〕 英国在1982年上议院对内地税委员会案件的判决上采取统一起诉资格的观点,使"足够的利益"标准突破了只有在权利受到侵害时才能请求确认判决的做法。美国在各州法院的审判实践中大多仍只适用单一事实损害标准。

〔17〕 王名扬:《英国行政法》,北京大学出版社2007年版,第156—157页。

如,英国和美国即以判例的形式对原告资格标准进行确认,这些判例确立的规则后续会以成文法的行使予以确认来指导司法实践。[18]

（二）反倾销行政诉讼原告资格的确定

依据我国《反倾销条例》第13条、第19条、第53条和《反倾销行政案件司法解释》第2条的规定,反倾销行政诉讼的原告可推定为:提出反倾销调查的申请人、[19]进口经营者、[20]已知的出口经营者、[21]代表进出口经营者的组织。[22] 对于出口国(地区)政府是否具有原告资格的问题,目前尚存有一定的争议。依据《反倾销条例》的规定,出口国(地区)政府具备行政诉讼的原告主体资格。[23] 但是,在《反倾销行政案件司法解释》第2条列举的"利害关系人"中并未包括出口国(地区)政府,仅在文末用"其他具有法律上利害关系的"的表述做了兜底,使得人民法院在立案审查时缺乏明确的依据。从国外的实践来看,做法亦不尽一致。如美国赋予了出口国政府以原告主体资格,而欧盟法律则规定出口国(地区)政府不能作为原告提起反倾销行政诉讼。[24] 笔者认为,出口国(地区)政府还是不被赋予行政诉讼的原告资格为宜,主要理由为:其与我国反倾销执法部门作出的具体行政行为并没有直接的利害关系,而且如果其可以提起诉讼,会使案件审理复杂化,不利

---

〔18〕 典型的判例有:英国的内地税委员会案、美国的资料服务组织诉坎普案。

〔19〕 包括向外经贸委提出申请的国内产业或代表国内产业的自然人、法人或者有关组织。

〔20〕 从《反倾销条例》规定的反倾销措施的承担者分析,进口经营者应仅指承担反倾销措施义务的最直接的进口批发商,而其他的非直接进口批发商和进口零售商应排除在外。

〔21〕 包括出口国被诉产品的生产者、出口商。

〔22〕 包括商会或行业协会。

〔23〕《反倾销条例》第19条将出口国(地区)政府明确列举为"利害关系方",根据我国"法律上利害关系"标准,出口国(地区)政府应当具有原告主体资格。

〔24〕 王承斌主编:《西方国家反倾销法与实务》,对外经贸出版社1996年版,第202页。

于纠纷的解决,甚至还可能引发国际争端。[25] 况且,《反倾销协定》本身亦未给予出口成员方政府以原告资格,如果发生争议,出口国(地区)政府仍可援引《反倾销协定》中关于争端解决机构的条款,将争议提交DSB救济解决。

(三)海关估价行政诉讼中原告资格的确定

海关估价,是指进出口货物的价格经申报人向海关申报后,海关根据本国法律确定的标准和程序对完税价格进行审查确定的行政行为。实践中,与国际货物贸易有关的行政案件较为集中地体现在海关执法领域,而海关估价在各类海关行政案件中占有较大比例具有一定的代表性。《海关估价协定》第11条明确规定了进口商或其他纳税义务人为海关估价司法审查的诉权享有人,与此对应的,在我国海关估价行政法律关系中,作为纳税义务人的进出口货物的收发人是受到估价行为影响的行政相对人。[26] 同时,我国外贸经营实行审批制,一些不具有外贸经营权的企业申报进出口货物时只能委托专门的外贸公司。此时,专门的外贸公司就成为实际的收发货人,外贸公司对海关估价行政行为不服的,可以原告的身份提起行政诉讼。下面笔者以全国首起且具有典型性的海关估价行政案件为例,对上述介绍进行比较直观的解析。在肇庆外贸公司诉肇庆海关海关估价行政纠纷案中,[27] 肇庆外贸

---

[25] 韩德培主编:《国际私法》,高等教育出版社2001年版,第73页。

[26] 目前我国规范海关估价的法律、法规有:全国人大常委会制定的《海关法》、国务院制定的《进出口关税条例》、海关总署制定的《海关审定进出口货物完税价格办法》。

[27] 案情简介:2002年11月27日,肇庆外贸公司以一般贸易的方式向肇庆海关申报进口3单马来西亚产集成电路,报关单上载明的收货单位是外贸公司,买方为肇庆翱思,卖方为香港翱思。外贸公司与肇庆翱思有委托代理进出口货物的关系。肇庆海关审核报关单及附随单证,向外贸公司发出《价格质疑通知书》,呈外贸公司申报价格明显低于海关掌握的相同或类似货物成交价格或国际市场价格行情,要求其提供有关单证及说明材料。随后,外贸公司、肇庆翱思向海关提供了《进口货物价格申报单》等相关信息资料,海关也通过询问价格、价格磋商、审价谈话等方式了解价格信息。肇庆翱思称其与香港翱思为总分公司关系,双方口头约定利润由肇庆翱思与香港翱思三七分。肇庆海关还向海关总署广州商品价格信息办公室

公司是实际的收发货人，依据法律规定其具有提起本案诉讼的原告资格。而实际支付关税的买卖方，如果能够提供证据证明其与肇庆外贸公司之间存在委托代理关系，则其与系争海关估价行政行为也存在法律上的利害关系，可因此而取得原告资格。本案中，肇庆翱思与外贸公司之间具有委托代理关系，因此，肇庆翱思亦具备提起本案诉讼的原告资格。

三、与国际货物贸易有关的行政诉讼事实问题审查和举证责任规则

（一）事实问题审查规则

国际贸易行政案件因涉及大量国际贸易领域的专业知识和政策规定，因此，与普通行政案件相比，在事实问题的审查上可采取有限审查的原则。即人民法院可仅基于行政机关提供的案卷记录进行合法性审查，而不再对案件事实重新进行认定。只要行政机关提供的案卷记录能够合理地推导出行政机关最后的认定结论，法院就应当认定涉诉行政行为事实认定部分是正确的。这一审查规则即为“行政记录原则”，或称为“案卷排他原则”。2003 年施行的《反倾销行政案件司法解释》与《反补贴行政案件司法解释》第 7 条首次对行政记录原则予以规定确认，行政记录原则成为人民法院对国际贸易行政案件事实问题的审查标准。这一审查原则的确立一方面可以促使行政机关增强程序意识，遵循先调查取证，后进行裁决的行政程序；另一方面可以促使相对人增强证据意识，合法、合理地主张权利。此外，行政记录原则还有利

咨询了集成电路价格信息，价格办认为外贸公司向海关申报的成交价格明显偏低，既明显低于国内其他口岸其他企业进行同类产品的进口价格和权威网站提供的市场报价，也低于成本价。由此，肇庆海关认为买卖双方之间存在特殊关系且影响成交价格，外贸公司提供的资料不能证明买卖双方的特殊关系未影响成交价格，决定不接受申报价格。由于外贸公司未能提供使用相同货物成交价格方法、类似货物成交价格方法、倒扣价格方法和计算价格方法的相关价格资料，肇庆海关也未能掌握上述资料，肇庆海关遂使用合理方法估价，于 2003 年 5 月 20 日向外贸公司发出《海关代征增值税专用缴款书》，对集成电路征收增值税人民币 13，172.11元，并依据外贸公司的申请，于同年 5 月 28 日向外贸公司发出《海关估价告知单》，并告知不服估价的救济途径。

于行政机关和司法机关各自发挥其职能优势。[28] 在事实认定部分，法院应遵循司法自限原则，更多地尊重行政机关事实认定的专业性，充分发挥其在法律适用方面的优势。我国行政诉讼法及其解释虽然未对依照行政记录进行事实审查的原则作出明确规定，但是条文中由行政机关承担主要举证责任的要求亦从侧面体现了这种精神。在肇庆外贸公司诉肇庆海关海关估价行政纠纷案中，在审查肇庆翱思与香港翱思之间的特殊关系是否影响到成交价格这节事实上，法院对肇庆海关依据价格办的意见作出的事实认定结论也是采纳的。因为价格办是为海关提供价格信息及技术支持的专门机构，其出具的价格信息具有业务上的权威性。在程序事实的认定上，法院也是完全按照肇庆海关作出海关估价行为之前的行政案卷记录，从质疑、价格磋商、估价法定次序、告知四个程序环节进行审查。

（二）举证责任分配规则

由行政机关对具体行政行为的合法性承担举证责任是我国行政诉讼举证责任分配的一般规则。行政诉讼法确立的是结果责任意义上的举证责任，即如果行政机关不能提供充分的证据证明其行为的合法性，就要承担败诉的风险。这种举证责任的分配主要考虑到行政法律关系的特殊性——行政机关处于优势地位，其享有行政执法权所以更容易收集证据，举证能力也更强一些，由其承担举证责任更有利于案件事实的查明。如在上述海关估价行政纠纷案中，肇庆翱思与香港翱思的特殊关系是否影响到成交价格的举证责任应由海关执法部门承担。如果纳税义务人向海关执法部门提交的相关材料不能证明特殊关系的存在会对成交价格产生影响，海关也不能当然地得出对纳税人不利的结论。根据“先取证，后裁决”原则，对该节事实的认定，需要海关在执法程序中调查收集证据，查明事实之后，才能作出处理结论。在行政诉讼中，

---

〔28〕 由于反倾销行政案件的复杂性，反倾销执法机关行政执法机关相较于法院在执法力量、专业人才储备和执法经验等方面都明显胜出，在证据的收集和事实认定上均具有优势，而法院在法律适用的审查上则更具有优势。

如果海关不能就上述事实提供充分的证据加以证明，或者提供的证据是在作出海关估价行政行为之后收集到，均不能作为人民法院认为被诉具体行为合法的依据。

但是，考虑到实践中可能出现的特殊情况，行政诉讼法也对原、被告举证责任分配做了例外规定。如原告在诉讼中提出了行政程序中没提出的证据和反驳理由，行政机关可就其提供的新证据和反驳意见收集证据；被告提供的证据存在形式瑕疵，为了排除疑点可要求被告补证；此外，对于当事人没有争议，但案件事实涉及国家、公共利益或他人合法权益的案件，法院也可依法要求双方当事人提供证据等。

第二节　与国际服务贸易有关的行政诉讼中的若干问题探析

一、国际服务贸易与服务贸易领域的国际投资

服务贸易，是与货物贸易相对应的概念。一般以金融、保险、运输、旅游、电讯、会计、数据处理、技术转让、法律服务等一切非物质生产部门的交易为主要内容，与社会运转的效率关系非常密切。而“国际服务贸易”的概念源于关贸总协定的谈判决议，但未形成统一、公认的确切定义。《服务贸易总协定》（GATS）是经乌拉圭回合多边贸易谈判达成的第一部管理服务贸易的规则。GATS 将服务分为 12 个部门，[29] 其第 1 条第 1 款将国际服务贸易概括为四种方式，即跨境交付[30]、商

〔29〕 包括商务服务，通信服务，建筑和相关工程服务，分销服务，教育服务，环境服务，金融服务，健康服务，旅游服务，娱乐、文化和体育服务，运输服务，其他服务。在具体谈判中，各成员方对于准备列入承诺表的具体服务部门，可以保留自主定义的权利。

〔30〕 跨境交付（Cross – border Supply），指从一成员方境内向任何成员方境内提供服务。“跨境”仅指服务本身跨境，不涉及人员及资金的跨境，如在中国境内通过电信、邮政、计算机网络等手段实现对境外的外国消费者的服务。

业存在〔31〕、境外消费〔32〕、自然人流动〔33〕。

国际投资是指跨国公司或者跨国企业，以跨国流动或者跨国经营的方式使其资产或者资本得以增长的一种重要经济活动。在经济全球化的背景下，国际投资的资本来源越来越广泛，既包括厂房设备、土地、半成品或制成品等有形的资本，也包括专利、情报、外观设计、商标等无形的资本，还包括了股权、债券等有价证券；国际投资的主体也日益广泛，包括了政府的投资机构、跨国企业、跨国公司、银行、民间投资人等多元的国际投资主体。随着各国产业结构的不断调整，第三产业即服务业也日益发达，这就使得国际投资的资产或资本日益流向服务业以实现资本的快速增值。在这一过程当中，既需要对于服务贸易领域的国际投资进行保护，也需要对于服务贸易领域的国际投资进行法律规制，于是 GATS 就应运而生了。

GATS 虽然是国际服务贸易的指导性准则，但是成员方在制定 GATS 时并未将其仅限于贸易领域。尽管服务贸易与服务者有着密切的联系，服务提供者可以通过网络、电信等方式跨境进行服务，但是在更多的情况下，服务提供者和消费者需要在同一时空内面对面地完成交易。因此，服务贸易领域的国际直接投资应运而生，服务提供者在国

〔31〕 商业存在（Commercial Presence），指一成员方的服务提供者通过在任何其他成员方境内的商业现场提供服务，即服务提供者在外国建立商业机构为消费者提供服务，如外国公司到中国设立保险公司、银行会计师事务所、律师事务所等。

〔32〕 境外消费（Consumption Abroad）又称消费者移动，指服务提供者在一成员方的领土内，向来自另一成员方的消费者提供服务的方式，即服务消费者移动到提供者境内享用服务。如国际旅游服务、境外教育培训等。

〔33〕 自然人流动（Movement of Natural Persons），指一成员方的服务提供者以自然人身份进入另一成员方境内提供服务，如某外国律师作为外国律师事务所的驻华代表到中国境内为消费者提供服务。

外投资设厂即是一种主要的表现形式。[34] 与服务贸易有关的投资措施既是服务贸易的一种表现方式，又具有国际投资法律关系的特点，它使得 GATS 与国际投资在 WTO 多边规则下有了交会点。[35] 但是由于国际投资从根本上是服务于国际贸易的，因此在与服务贸易有关的投资领域还应遵循 GATS 的相关普遍性原则和特定性义务。[36] 与此同时，GATS 也应遵循投资自由化的原则，随着服务贸易自由化的进一步发展，与服务贸易有关的国际投资必将成为服务贸易的重心，从而实现服务投资自由化的目标。[37] 本节拟对服务贸易领域中国际投资的管理方式，以及服务贸易执法过程中涉及的行政法律问题做一探讨。

二、服务贸易领域的国际投资负面清单管理模式

目前，国际贸易协定中流行的主要有两种截然相反的义务承诺方式：一种是以 GATS 为代表的“正面清单”模式；另一种是以《北美自由

---

〔34〕 广义上的国际投资包括直接投资和间接投资，狭义上的国际投资仅指直接投资。间接投资系国际金融领域的调整范围。本书的国际投资是指跨国间的私人直接投资，此种投资方式经常伴随着投资企业的一定控制权的投资，即投资者一般以有形或无形资产投资设立实体企业，并参与企业的经营和管理。典型的表现形式就是投资设厂，即商业存在。

〔35〕 TRIMS 协议（Agreement on Trade - Related Investment Measures），即《与贸易有关的投资措施协定》是 1986 年 10 月开始的乌拉圭回合谈判的最后成果之一，成为世界贸易组织法律体系的有机组成部分。其仅适用与货物贸易有关的投资措施，不适用与知识产权和服务贸易有关的投资措施。

〔36〕 GATS 把成员方的义务分为一般义务和特定承诺义务。一般义务是 WTO 成员方普遍承担的义务，适用于服务业的各个部门。这些义务包括：最惠国待遇、透明度、发展中国家的更多参与、经济一体化、紧急保障措施和一般例外等。特定承诺义务是只有 WTO 成员方作出承诺后才承担的义务，只适用于 WTO 成员方承诺开放的服务部门，采用“正面清单”的方式予以确定。WTO 成员方可以根据本国情况对服务部门作出选择性的开放，这类义务主要体现在市场准入和国民待遇方面。

〔37〕 石静霞、陈卫东：《WTO 国际服务贸易成案研究》，北京大学出版社 2005 年版，第 245 页。

贸易协定》(NAFTA)为代表的“负面清单”模式。[38] 在GATS的“正面清单”模式下,WTO的成员可以根据自身的发展,自主选择是否开放某一服务领域,并作出承诺,对于未列入清单的领域可以暂不开放。这种模式下同样也存在一个负面清单,对服务贸易的多边规则严格规定,并在日后的发展中等被保留的部门达到开放标准后再予以开放。“负面清单”管理模式,[39] 简言之,是指“负面清单”中列明的行业为特殊监管领域,政府对外商投资项目和投资企业在这些行业采取准入措施,被视为国民待遇的例外;对于未列入“负面清单”的行业,外商投资准入享受国民待遇。

(一)服务贸易领域的国际投资“负面清单”管理模式的实践

从国际实践来看,服务贸易作为国际投资的重要领域,除主要采“正面清单”管理模式外,也以“负面清单”管理模式为辅。如在“负面清单”管理模式的创设协定NAFTA中,[40]“负面清单”在服务贸易承诺中首用,并成为协定的重要部分。以墨西哥为例,在服务贸易行业,NAFTA规定墨西哥将向美国和加拿大企业开放该国1460亿美元的服务业市场。在其所列出的负面清单上,保留了基础电信、海事活动和航空业等,而其余的服务行业几乎都承诺开放市场。NAFTA产生之后,“负面清单”管理模式引起了巨大的反响,受到许多国家的支持,在发达国家和部分发展中国家与其他国家签订的双边贸易协定以及自由贸易协议中被广泛采用,甚至超过了之前GATS的“正面清单”模式。[41] 如在2012年美国双边投资协定(BIT)范本中,美国将“负面清单”管理

[38] 就国际贸易和国际投资法而言,负面清单是一个俗称,在双边投资贸易协定中,负面清单通常是“不符措施”的代称。

[39] 实践中,常称为“准入前国民待遇”和“负面清单”管理模式。

[40] 该协定以美国为首,由加拿大、墨西哥三国共同签订,作为北美自贸区建立的基础法律文件。

[41] 截至2009年,在亚太地区,有26个自贸区协议包含了此类模式的条款,涉及美国、加拿大、澳大利亚、新西兰、日本等发达国家以及韩国、新加坡、泰国、菲律宾、越南、墨西哥等新兴工业化国家和发展中国家。

模式作为谈判协约的前提条件。东道国需要就投资市场的准入待遇进行承诺，保证其在负面清单之外的行业中，让外商投资享受到准入前国民待遇。"负面清单"模式需要政府对清单内容进行高度透明的披露，当事国需要披露政府关于投资的法律法规以及其隐含的性质、范围等。如美韩自由贸易协定中，韩国在服务业和金融业中采用了"负面清单"与准入前国民待遇管理模式。协定同时表明这些措施的实施应当基于正当性、合法性等条件，并且在设置清单列表的时候，韩国要及时向美国进行相关信息的披露。

（二）中国上海自贸试验区的实践

上海自贸试验区（以下简称自贸区）在功能定位上与香港最大的区别在于，香港重心是在金融领域，而上海主要放在服务贸易和投资领域。〔42〕上海市政府发布了《中国（上海）自由贸易试验区外商投资准入特别管理措施》，对自贸区内服务业的外商投资准入方面采取"负面清单"的管理模式。〔43〕这一管理模式最主要的革新是"简政放权"，备案管理配套实施，简化外资进入中国的手续，大大促进了投资的便利化。这也意味着政府的监管权增加了，政府在管理模式上将承担更多的义务。如在航运服务、金融服务、商贸服务、文化服务以及社会服务等领域〔44〕扩大开放（具体开放措施见书后附表一），除银行、通信服务

---

〔42〕上海自贸区的重心放在"服务实体经济，便利跨境投资和贸易"。

〔43〕目前该"负面清单"已经发布了2013年、2014年、2015年三个版本，该清单以国务院批准的《中国（上海）自由贸易试验区总体方案》《中国（上海）自由贸易试验区进一步扩大开放的措施》《外商投资产业指导目录（2011）》等为基础性法律文件。

〔44〕例如，在法律服务业中外国律师事务所驻华代表机构在为客户提供跨境法律服务时主要依据的是国务院《外国律师律师事务所驻华代表机构管理条例》及其相关规定。在实践中，外国律所代表处在为客户提供跨境法律服务时比较容易踩到"从事中国法律服务"这根红线。2014年1月27日，司法部批复同意《上海市司法局关于在中国（上海）自由贸易实验区探索密切中外律师事务所业务合作方式和机制试点工作方案》，允许外国律师和中国律师以协议和联营为客户提供"一站式"法律服务。开放举措将采取稳妥、渐进、可控的原则步步推进，最终的开放的目标为以中外合资的名义，中国律师可以以和外国律师在同一律师事务所执业，以同一律所的名义提供服务。

领域外，暂停或取消准入限制措施。对负面清单之外的领域，除国务院规定保留核准的投资项目外，改核准制为备案制。为确保这一制度的合法性，基于全国人大决定和国务院通知两个基础法律文件，[45]全国人大常委会和上海市人大常委会先后做出授权决定，在自贸区内暂停实行三资企业法及上海相关地方性法规中有关三资企业行政审批的规定，改审批制为备案制。[46] 2013年9月29日，上海市政府出台了一系列备案管理办法：《中国（上海）自由贸易试验区外商投资项目备案管理办法》[47]《中国（上海）自由贸易试验区境外投资项目备案管理办法》[48]《中国（上海）自由贸易试验区外商投资企业备案管理办法》[49]

---

〔45〕《全国人民代表大会常务委员会关于授权国务院在中国（上海）自由贸易试验区暂时调整有关法律规定的行政审批的决定》《国务院关于印发中国（上海）自由贸易试验区总体方案的通知》。国务院通知包括《中国（上海）自由贸易试验区总体方案》和《中国（上海）自由贸易试验区服务业扩大开放措施》。

〔46〕第一，《中华人民共和国外资企业法》第6条、第10条、第20条规定的三项行政审批（外资企业设立审批；外资企业分立、合并或者其他重要事项变更审批；外资企业经营期限审批）暂时停止，改为备案管理。第二，《中华人民共和国中外合资经营企业法》第3条、第13条、第14条规定的三项行政审批（中外合资经营企业设立审批；中外合资经营企业延长合营期限审批；中外合资经营企业解散审批）暂时停止，改为备案管理。第三，《中华人民共和国中外合作经营企业法》第5条、第7条、第10条、第12条第2款、第24条规定的五项行政审批（中外合作经营企业设立审批；中外合作经营企业协议、合同、章程重大变更审批；中外合作经营企业转让合作企业合同权利、义务审批；中外合作经营企业委托他人经营管理审批；中外合作经营企业延长合作期限审批）暂时停止，改为备案管理。

〔47〕沪府发〔2013〕71号文公布的《中国（上海）自由贸易试验区外商投资项目备案管理办法》规定，自贸区内项目备案的范围包括：负面清单之外的中外合资、中外合作、外商独资、外商投资合伙、外国投资者并购境内企业、外商投资企业增资等各类外商投资项目。

〔48〕沪府发〔2013〕72号文公布的《中国（上海）自由贸易试验区境外投资项目备案管理办法》规定，由自贸区管委会对注册在自贸区的地方企业实施的上海市权限内的境外投资一般项目，实行备案制管理。

〔49〕沪府发〔2013〕73号文公布的《中国（上海）自由贸易试验区外商投资企业备案管理办法》规定，由自贸区管委会对负面清单之外的外商投资企业的设立和变更进行备案管理。

《中国(上海)自由贸易试验区境外投资开办企业备案管理办法》。[50]

此外,自贸区内设立外商投资企业在工商登记方面的创新有:试行注册资本认缴登记制、“先照后证”登记制等。工商部门的管理方式也从事前审批、核准转为事中、事后备案。

三、行政备案的法律属性及救济

行政备案是一个与行政许可相对应的概念,目前我国在服务贸易的准入上,备案和许可[51]两种制度并行。行政许可赋予了相对人从事某种活动的资格或者资质,对相对人的权利义务产生了实质影响,依照我国法律规定属于可诉的行政行为。而行政备案行为在实践运行中表现为不同的属性和特征,因此,在确定行政备案行为的可诉性之前,首先需要明确行政备案的法律属性。

(一)行政备案的分类

随着行政体制改革的深化和政府职能的转变,政府部门简政放权,对过去很多审批事项转为备案制。从我国有关行政备案的法律规定和具体实践来看,行政备案具有以下特征和功能:(1)行政备案的主体是行政主体;(2)行政备案的对象是行政行为和特定民事行为,不包括立

---

〔50〕 沪府发〔2013〕74号文公布的《中国(上海)自由贸易试验区境外投资开办企业备案管理办法》规定,由自贸区管委会对注册地在自贸区的企业的境外投资进行备案管理。办法中的境外投资,是指企业通过新设、并购等方式,在境外设立非金融企业或取得既有非金融企业的所有权、控制权、经营管理权等权益的行为。该规定以“注册登记地”为标准,即只有注册在自贸区内的外商投资企业才适用此规定。如果外商投资企业注册在自贸区以外,则仍受三资企业法11项审批要求的拘束。

〔51〕 服务贸易领域的许可事项主要包括:(1)外汇管理中的行政许可,具体涉及经常项目、资本项目、金融机构外汇业务及国际收支等方面;(2)工商管理中的行政许可,涉及企业注册登记、商标管理、合同管理、市场管理(拍卖、招标)和企业年检等方面;(3)证券业管理中的行政许可;(4)银行业管理中的行政许可;(5)保险业管理中的行政许可。境外和外商投资项目核准和备案管理办法详见《境外投资项目核准和备案管理办法》《外商投资项目核准和备案管理办法》。

法行为;[52] (3)行政备案是一种具有认可、公示或审查存档功能的行为。[53] 根据行政备案的上述特征和性质,行政备案可分为三类,即许可性、确认性、监督性行政备案。[54]

1. 许可性行政备案。有的行政备案具备了行政许可的基本特征,不办理行政备案,行为人就不能获取从事某项活动的资质。例如,《对外贸易法》第9条规定,对外贸易经营者如果不向外贸主管部门办理备案登记,海关将不给其办理进出口货物报关验收手续。

2. 确认性行政备案。有的备案实质上是一种行政确认。行政管理相对人通过备案可以确定现有法律关系、法律地位,以特定公示方式将备案事项予以客观物化,并获得某些法律上的利益。例如,《商标法》第40条规定商标使用许可合同需要备案,不备案不影响其行政法上的权利义务,但其民事权利将不能对抗善意第三人。[55]

3. 监督性行政备案。有的备案是行政机关对申请人提交的备案材料的完备性、真实性等进行审查,对符合要求予以存档备查,对不符合要求的,要求申请人予以改正。这种行政备案在实践中数量最多。这种审查往往也只是形式上的审查,并未增加或减少行政相对人的权利

---

[52] 《法规规章备案条例》第3条规定:"法规、规章公布后,应当自公布之日起30日内,依照下列规定报送备案:(一)地方性法规、自治州和自治县的自治条例和单行条例由省、自治区、直辖市的人民代表大会常务委员会报国务院备案;……"国务院的这种备案行为是一种立法行为,受立法法调整,不属于行政备案的范围。

[53] 第一,认可,没有备案就不具备相应的资格。第二,确认,没有备案则其法律地位模糊,从而影响相应民法权利。第三,存档备查,满足行政机关了解社会信息的需要,以便为相应行政活动提供信息与证据。

[54] 据统计,自《行政许可法》实施以来至2009年10月底,设定备案的法律共36部,其中6部法律设定的是立法备案,两部法律设定的是许可备案,一部法律设定的是确认意义的备案,其余为告知和监督备案。两部设定许可备案的法律中,《对外贸易法》使用的是"备案登记"一词语。《银行业监督管理法》第18条设定许可意义的备案适用"审批或备案"。这说明,国家在立法层面已经开始注意将备案与行政许可、行政备案区分开来。

[55] 参见最高人民法院2002年10月颁布施行的《关于审理商标民事纠纷案件适用法律若干问题的解释》第19条的规定。

和义务,在性质上属于事实行为。[56]

(二)行政备案的法律救济

通过上述分析介绍,我们不难看出,许可性、确认性行政备案其性质等同于行政许可和行政确认,赋予或确认了相对人某种权利和资格,会对行政管理相对人的实体权利义务产生影响。相对人如果认为上述两种行政备案行为侵害其合法权益,可以通过申请行政复议或者提起行政诉讼来救济。而监督性行政备案是行政机关对相对人报送的材料进行的审查,仅系对客观事实的判断、对申请人是否满足法律规定的一种形式意义上的审查。对符合条件的材料予以备案,其效果仅也在于向社会大众展示既有权利或状态,不会产生新的权利义务,其性质为事实行为,不属于行政诉讼的受案范围。如果因该备案行为引起行政处罚等其他具体行政行为的,当事人也应以行政处罚等具体行政行为作为对象,申请行政复议或提起行政诉讼。

综上所述,对于行政备案的可诉性应结合备案行为的性质来判断,不能将其一律排除在司法审查的范围之外。在上海自贸区试点中,上海市政府出台相关管理办法对对负面清单之外的外商投资投资项目和企业实行备案管理。就项目备案而言,备案机构在收到备案申请表之后的十个工作日内出具备案意见,对符合条件的予以备案。外商投资项目办理规划、用地、环评等审批手续需凭借备案意见。[57] 可见,项目备案行为具有许可性质,如果备案机构不予备案将会导致投资项目的后续审批手续无法办理,该类备案行为应为可诉的。就企业备案而言,投资者在自贸区设立企业的,登录自贸区一口受理平台在线填报,并对备案告知事项作出承诺。在线完成申报后,备案机构应在一个工作日内予以备案,并将自贸区外商投资企业备案证明在线发送至投资者和

---

〔56〕 例如,建设部《前期物业管理招投标管理暂行办法》规定,招标人应当在发布招标公告或者发布投标邀请书的10日前,向房地产行政主管部门备案,发现招标有违反法律、法规规定的,应当即时责令招标人改正。

〔57〕《中国(上海)自由贸易试验区外商投资项目备案管理办法》第6条、第7条。

相关部门。注册资本、股权转让、质押、合并、分立、经营期限变更、提前终止等变更备案也通过一口受理平台办理变更备案手续。[58] 可见,企业备案具有监督的性质,备案机关仅对申请人提交的材料的完备性进行形式审查,备案的目的是将相关信息存档备查,以便他人或其他行政活动获得相关资讯。该类备案行为系事实行为,不会对申请人的实体权利产生影响,不具有可诉性的。2016年4月19日至2018年12月21日,国务院在上海开展"证照分离"改革试点,上海市浦东新区暂时调整11部行政法规和国务院文件规定的行政审批等事项,将许多行政审批事项调整为备案管理。[59] 这就需要我们在实践中结合这些行政法规和规范性文件的具体规定,仔细甄别区分哪些是可诉的行政备案,畅通行政相对人的司法救济渠道。(见书后附表二)

第三节 与国际贸易有关的知识产权行政诉讼中的若干问题探析

"入世"以来,我国对外贸易的规模不断扩大,与他国的知识产权摩擦成为对外贸易摩擦的新热点。我国也进一步加大了对知识产权的

---

〔58〕《中国(上海)自由贸易试验区外商投资企业备案管理办法》第4条、第5条、第6条、第7条。

〔59〕根据国函〔2015〕222号《国务院关于上海市开展"证照分离"改革试点总体方案的批复》,自2016年4月19日起至2018年12月21日,在上海市浦东新区暂时调整《中华人民共和国药品管理法实施条例》、《放射性药品管理办法》、《化妆品卫生监督条例》、《国务院对确需保留的行政审批项目设定行政许可的决定》、《国务院关于第三批取消和调整行政审批项目的决定》(国发〔2004〕16号)、《国务院关于加强出入境中介活动管理的通知》(国发〔2000〕25号)、《国务院关于第六批取消和调整行政审批项目的决定》(国发〔2012〕52号)、《国务院关于取消和调整一批行政审批项目等事项的决定》(国发〔2015〕11号)、《国务院关于对加工贸易进口料件试行银行保证金台贴制度的批复》(国函〔1995〕109号)、《国务院关于取消和下放50项行政审批项目等事项的决定》(国发〔2013〕27号)、《国务院办公厅转发国家经贸委等部门关于进一步完善加工贸易银行保证金台贴制度意见的通知》(国办发〔1999〕35号)11部行政法规和国务院文件规定的行政审批等事项。

法律保护力度。在知识产权立法方面,我国依据 TRIPS 协定的标准及时进行了立、改、废。例如,国务院制定了《集成电路布图设计保护条例》,全国人大常委会对《商标法》《专利法》《著作权法》三部主要知识产权法律及其实施条例进行了修改。我国现已形成了较为完备的知识产权法律制度,基本与国际知识产权法律制度接轨。保护知识产权对于促进对外贸易,引进国外投资,加快我国经济发展具有重要意义。本节笔者拟结合我国知识产权保护制度,对国际贸易中知识产权的司法保护,即人民法院在审理与国际贸易有关的知识产权行政案件中可能遇见的程序和实体问题进行探讨。

一、知识产权的保护机制

知识产权是一项财产权利,能为权利人带来巨大的物质利益。根据“有权利就有救济”原则,知识产权遭受侵犯时必须对其提供保护,及时制止他人的侵权行为并获得相应的损害赔偿。私权保护、行政保护和司法保护是世界上通行的三种知识产权保护方法。

私权保护是指由权利人自己或行业协会等非国家权力机关对知识产权进行保护。公权保护是与私权保护相对应的,从广义上其包括立法保护、行政保护和司法保护,本节将着重对行政和司法两种保护形式进行探讨。行政保护是指有权的知识产权执法机关依申请或主动对侵害知识产权的行为进行调查,并作出处理或处罚决定。一般而言,通过行政保护的方式对知识产权侵权纠纷作出的处理决定不是终局的,当事人可以对该行政处理决定提起行政诉讼。司法保护是指由人民法院根据知识产权权利人或者其他利害关系人的请求,通过调节、分配知识产权权利,审查行政行为,打击知识产权犯罪等形式来维护权利人的合法权益,其保护形式包括民事诉讼、行政诉讼和刑事诉讼三个领域。当知识产权遭受侵害时,权利人可以选择私权救济,在私权救济无效的情况下,再寻求行政保护和司法保护,也可直接选择行政或司法救济。

知识产权的行政和司法保护是国际上通行的做法。在行政保护方面,各国大多采用专门机关保护,即国外的知识产权行政机关大部分没有直接的执法权,主要靠警察、海关等专业执法机构来完成对知识产权的保护。除上述专门机构外，其他行政机关无权对侵害知识产权的行为作出最终行政处理或处罚决定。而对于是否构成知识产权侵权，侵权者所应承担的责任则由法院来作出裁判。例如，在美国和日本，警察和海关是主要负责知识产权执法的部门；意大利、法国、印度的警察队伍都负有打击盗版和假冒的职责；新加坡和我国香港成立了专门的知识产权执法队伍，新加坡警察署之下有专门的知识产权保护小组，我国香港海关负有知识产权执法使命。在我国，并未明确设立专门的知识产权执法机关，根据相关法律规定，版权局、商标局、知识产权局和专利局等知识产权行政执法机构均可对其查处的知识产权侵权行为进行行政处罚。〔60〕这在世界上是独一无二的，堪称中国特色。在国际贸易领域，海关是对外贸易的关口，其在对进出境货物知识产权监管和保护方面具有独特的优势。

二、我国海关知识产权保护

我国海关知识产权保护制度的建立和完善是中美知识产权贸易平衡各方利益的结果。海关知识产权保护，〔61〕又称为边境保护或边境措

〔60〕 我国知识产权单行立法中，对知识产权行政保护方式的规定体现在：《著作权法》第 47 条，《专利法》第 57 条、第 58 条，《商标法》第 53 条、第 55 条，《反不正当竞争法》第 25 条，《集成电路布图设计保护条例》第 31 条。

〔61〕 知识产权海关保护，是指海关对与进出口货物有关并受中华人民共和国法律、行政法规保护的商标专用权、著作权和与著作权有关的权利、专利权（以下统称为知识产权）实施的保护。参见《中华人民共和国知识产权海关保护条例》（2010 年修订）第 2 条。附 2014 年中国知识产权海关保护典型案例：（1）深圳海关连续查获出口假冒香烟案；（2）杭州海关会同公安机关查处出口假药案；（3）南京海关通过国际合作打击跨国销售假药案；（4）江门海关组织专项行动查处出口假冒灯具案；（5）广州海关运用大数据查获出口假冒蚊香案；（6）上海海关通过执法帮助国内企业海外维权案；（7）厦门海关通过证据开示化解侵权纠纷案；（8）天津海关以执法规范扶助出口秩序案；（9）昆明海关依据商标地域性原理查处进口侵权棉拖鞋案；（10）拱北海关依据商标混淆原则处理进口侵权食品案；（11）青岛海关查获出口侵犯专利权风扇案。

施,其最初出现在 TRIPS 协定[62]中。如果经权利人申请或者海关执法部门在执法过程中发现进出口货物侵犯了他人合法的知识产权,海关有义务采取措施制止该批货物的进出口,以保护权利人的知识产权。

我国海关知识产权保护制度主要包括以下三个方面:

(一)备案

根据《知识产权海关保护条例》的规定,海关对权利人的知识产权进行保护需以权利人将其拥有的知识产权向海关总署备案和核准为前提。[63] 知识产权情况发生变化的,权利人应自变化之日起 30 个工作日内,就变化情况再次向海关总署备案。知识产权海关保护备案制度既可对侵权行为人产生震慑作用,又便于海关及时发现侵权货物并采取补救措施。例如,在上海海关通过执法帮助国内企业海外维权案中,[64]苏州日宝公司在发现美国日宝公司存在侵权行为时曾采取私力救济,试着回购该商标或者收购美国日宝,但没有成功。当苏州日宝发现美国日宝擅自销售的产品大多从中国出口时,便向我国海关寻求保护来维护其合法权益。苏州日宝随即将其"RIBAO TECHNOLOGY"商标向海关总署备案,后来洋山海关对苏州某公司申报出口的 300 台

---

〔62〕 该协定规定了各国在国际贸易中应遵守的知识产权保护宗旨和基本原则,要求各国在其国内应制定相关法律以有效保护知识产权,明确了有关知识产权的民事、行政和刑事程序,并赋予了海关知识产权保护的相关职能。

〔63〕 根据《知识产权海关保护条例》的规定,权利人应将其拥有知识产权的法律状况、使用该权利的商品以及侵犯该权利的货物进出口等情况以书面形式向海关总署备案和核准。

〔64〕 案情简介:2014 年 5 月初,苏州科陌泰克公司向上海海关隶属洋山海关申报出口 300 台点钞机。海关查验时发现该批点钞机上标有苏州日宝科技有限责任公司"RIBAO TECHNOLOGY"商标,且出口企业并非是该商标的所有人。海关随即中止了该批货物的通关程序并将有关情况通知了苏州日宝公司。上海海关对该批点钞机的知识产权状况进行调查发现,为开拓美国市场,2007 年苏州日宝公司与美国当地销售商合作成立了美国日宝公司,专门负责在美国销售带有"RIBAO TECHNOLOGY"品牌的产品,该产品在美国及周边国家的影响逐渐扩大。美国日宝公司在苏州日宝不知情的情况下,擅自在美国抢注了该商标,并在国际市场销售并非由苏州日宝生产的商品。

点钞机中止通关。该批点钞机在未经许可的情况下使用了商标权人苏州日宝向海关备案的商标,依照我国法律规定属于侵权货物。上海海关向出口企业通报了上述情况,美国日宝与苏州日宝私下达成和解。美国日宝放弃苏州日宝商标的在美国的专用权,苏州日宝不再向海关申请扣留美国日宝的点钞机。在本案中,如果苏州日宝不向海关总署备案,海关执法部门就无法启动下一步的调查程序,更无法帮助其就受侵害的知识产权进行海外维权。

(二)扣留、调查

海关采取知识产权保护措施首先需要权利人向海关总署提出申请并提供担保。在上述两个条件具备之后,海关应扣留侵权嫌疑物品,书面告知权利人和发货人,并在自扣留货物之日起30日内完成调查。发货人认为其是合理使用,不存在侵权情形的,应向海关提出书面异议。[65] 此时海关应将该异议书面告知权利人(申请人),申请人可选择将争议提交行政程序解决,[66] 也可直接向法院起诉。[67] 权利人既不起诉,也不申请行政裁决的,海关将放行被扣押的货物。例如,在上海贝邦进出口有限公司诉中华人民共和国上海海关临时扣押产品决定案中,[68] 上海海关根据《知识产权海关保护条例》规定的职权,应日本

---

〔65〕 参见《中华人民共和国知识产权海关保护条例》第15条、第18条、第20条的规定。

〔66〕 如商标和专利权人可将争议提交商标或者专利评审委员会由其对商标和专利授权确权争议进行裁决,利害关系人对该裁决不服的,可以向人民法院提起行政诉讼。

〔67〕 权利人此时提起的诉讼应为就侵权争议提起的民事诉讼。

〔68〕 判决书文号:(2012)沪二中行初字第49号。案情简介:2011年12月16日,上海贝邦进出口有限公司向上海海关申报出口爱沙尼亚一批可调床架配件(滑轮组件)等货物。同年12月17日,经海关查验,贝邦公司出口物滚轮上装有不可拆卸的标有“NSK”商标的轴承,存在侵犯“NSK”商标专用权人日本精工株式会社在海关总署备案知识产权嫌疑。同年12月20日,日本精工株式会社确认贝邦公司出口的该批货物为侵权产品,向上海海关提出采取知识产权保护措施将该批货物扣留的申请。2012年1月13日,上海海关向贝邦公司送达了扣留封存决定书。贝邦公司认为海关扣留的货物未侵犯日本精工株式会社“NSK”商标专用权的,上海海关作出的扣押决定认定事实不清,程序违法,并向法院提起行政诉讼,请求撤销上述扣押决定并赔偿其经济损失。

精工株式会社的申请，对上海贝邦公司申报出口货物涉嫌侵权行为立案调查。上海海关经对涉嫌侵权的货物数量进行全面核查，以确定是否侵权及侵权程度，最终决定扣留其中涉嫌侵权的 4500 件滑轮组件（滚轮），其余货物予以放行，执法程序合法。海关执行扣留涉嫌侵权产品的前提是有证据证明进出口货物有侵犯备案知识产权嫌疑，且该证据须证明侵权事实明显存在。海关对侵权嫌疑货物的扣留是一种临时性行政强制措施，海关对是否构成侵权的认定也是初步，不具有最终的确定性。

（三）处理

收发货人如果未提出异议，海关应继续调查并作出处理决定。若认定为侵犯他人知识产权的，应对侵权货物予以没收。若侵犯的是著作权，直接销毁侵权物品；若侵犯的是商标权，对能消除侵权特征的物品依法予以拍卖或者用于公益事业，无法消除侵权特征的物品应直接销毁。侵犯他人知识产权构成犯罪的，相关责任人将被移送司法机关追究刑事责任。例如，青岛海关查获出口侵犯专利权风扇案中，[69] 侵权产品被海关扣押后，戴森公司向法院提起民事诉讼，海关执法部门积极配合法院扣押和销毁了侵权产品，实现了海关执法与民事司法的衔接。在杭州海关会同公安机关查处出口假药案中，[70] 由于销售假药品

〔69〕 案情简介：戴森技术有限公司在全球首创了“无叶风扇”产品，并于 2012 年经国家知识产权局授权获得了“风扇组件”的发明专利。2013 年 7 月 14 日，青岛海关接到戴森公司举报，称其发现威海海欣进出口有限公司即将在威海出口侵犯专利权的无叶风扇，请求海关采取保护措施。青岛海关立即向威海海关下达指令。威海海关经调查发现 504 台无叶风扇。经过与专利权人比对，确定了该批无叶风扇正是戴森公司举报的侵权产品。

〔70〕 案情简介：2014 年 7 月 4 日，杭州海关收到举报，称一个装有假冒其“Shalina”商标药品的集装箱将于近期从义乌出口，请求海关予以查扣。杭州海关立即向义乌海关下达了布控指令。同日，义乌海关接到义乌市巧联商品采购有限公司对同一编号集装箱的出口申报，随即对该集装箱进行重点查验，发现其中装有 6 种规格型号标有“Shalina”等多个商标标识的药膏和药剂 234 箱，共计 13.3 万支，货值约 66.4 万元。经阿米那有限公司确认，该批药品为假冒产品。

的社会危害性比较大,属海关重点查缉的侵权产品。为此,本案中义乌海关启动重大知识产权案件快速反应机制,开展了海关、公安和市场监管等部门的联合执法。公安机关最终查明上海某日化公司生产假药和他人销售该假药的犯罪事实,相关责任人现已被判处刑罚。该案实现了海关知识产权执法与公安刑事执法有效衔接。

三、知识产权的民事与行政救济程序的冲突〔71〕

我国对知识产权侵权采取行政和司法并行的双轨救济制度。例如,最高人民法院在审理商标和专利案件的司法解释中就规定,〔72〕权利人或者利害关系人既可以选择向行政机关要求保护,也可以直接提起民事侵权之诉。这就存在同一知识产权侵权行为的调查处理同时处于行政执法程序与民事诉讼程序,或者行政诉讼程序与民事诉讼程序中的可能性。同一案件在不同的执法主体或者审判组织进行处理和审查,极易出现对案件事实认定和法律适用不一致的情形。这种冲突主要表现为:第一,知识产权行政机关或复审机构作出的裁决和法院民事判决矛盾。例如,知识产权复审机构裁决专利、商标权有效,而法院认为被告使用的技术虽和原告专利技术一致,但属于公知技术,不构成侵权,实际上否定了专利的有效性;复审机构裁定专利、商标权无效,而法院民事判决认定被告侵犯了权利人的专利、商标权。第二,利害关系人对知识产权行政裁决不服提起行政诉讼,法院行政审判庭和民事审判庭对同一侵权纠纷做出的判决结果矛盾。对于知识产权诉讼中民行冲

〔71〕 知识产权诉讼中的民行冲突问题是指,知识产权民事诉讼程序与行政或行政诉讼程序的冲突。

〔72〕《最高人民法院关于审理商标案件有关管辖和法律适用范围问题的解释》第3条规定,商标注册人或者利害关系人向工商行政管理部门就侵犯商标专用权行为请求处理,又向人民法院提起侵犯商标专用权诉讼请求损害赔偿的,人民法院应当受理;第10条规定,人民法院受理的侵犯商标专用权纠纷案件,已经过工商行政管理部门处理的,人民法院仍应当就当事人民事争议的事实进行审查。《最高人民法院关于审理专利纠纷案件适用法律问题的若干规定》第25条规定,人民法院受理的侵犯专利权纠纷案件,已经过管理专利工作的部门作出侵权或者不侵权认定的,人民法院仍应当就当事人的诉讼请求进行全面审查。

突的处理和解决，最高人民法院曾先后出台一系列司法解释来统一全国法院的执法口径。

（一）第一阶段：涉及知识产权争议的一律中止民事诉讼，由行政机关先行裁决

最高人民法院在“八五通知”[73]中明确专利侵权案件中，只要一方当事人主张专利权无效，民事诉讼就应当中止，待专利权效力问题解决后再行恢复。[74] 这一处理原则主要考虑到行政机关在专利认定上的权威性，避免出现司法机关与行政机关认定结果不一致的情形。这一处理模式的缺点在于：其一，专利复审没有审理期限的限制，长期中止民事诉讼将导致大量民事案件久拖不决；其二，专利侵权行为人会利用这一审理机制的上述缺陷，在民事诉讼中通过申请专利无效来达到中止诉讼的目的，从而在漫长的复审和诉讼过程中继续实施侵权行为谋取利益。

（二）第二阶段：根据专利权纠纷的类型来决定是否中止民事诉讼

最高人民法院通过“九二解答”对“八五通知”的处理模式进行修正。[75] “九二解答”明确，法院受理外观设计和实用新型专利纠纷案件后，被告在答辩期内申请宣告该专利权无效的，原则上应当中止民事诉讼。如果在案件审理中被告提出申请宣告该专利权无效的，法院可不中止诉讼；法院受理经专利复审维持的实用新型专利侵权案件或者发明专利侵权案件，被告在答辩期间请求宣告该专利无效的法院可以

---

〔73〕 1985 年《关于开展专利审判工作的几个问题的通知》，即“八五通知”。

〔74〕 参照“八五通知”第 3 部分“诉讼程序”第 2 条。

〔75〕 1992 年《关于审理专利纠纷案件若干问题的解答》，即“九二解答”。

不中止诉讼。[76] 这一处理原则主要考虑到已经专业行政机关实体审查过的专利权，进入到诉讼阶段推翻原授予决定的可能性较小；[77] 行为人如果认为他人主张的专利权无效应在立案后第一时间提出，进入实体审查阶段再提出异议的，异议成立的可能性不是很大。

（三）第三阶段：仍以中止民事诉讼为原则，但若当事人有证据或正当理由不中止诉讼的，也可不中止诉讼

最高人民法院的“零一规定”对法院受理实用新型和外观设计专利侵权案件后，[78] 被告在答辩期内申请专利无效，法院原则上应中止民事诉讼的规定做了部分修正。在原告和被告能够提交不中止诉讼的正当理由时，可以不中止诉讼。[79] 最高人民法院在“零三规定”中再次明确，法官可根据现有证据材料判断决定是否中止民事侵权诉讼，法官认为如果不中止案件审理，将会与相关行政案件的判决结果有冲突

---

〔76〕 1992年12月29日《最高人民法院关于审理专利纠纷若干问题的解答》规定：“三、关于专利侵权诉讼因侵权人请求宣告专利权无效而中止审理的问题：（一）人民法院受理实用新型或外观设计专利侵权案件后，在向被告送达起诉状副本时，应当通知被告如欲请求宣告该项专利权无效，须在答辩期间内向专利复审委员会提出。被告在答辩期间内请求宣告该项专利无效的，人民法院应当中止诉讼。专利权人提出财产保全申请并提供担保的，人民法院认为必要时，在裁定中止诉讼的同时责令被告停止侵权行为或者采取其他制止侵权损害继续扩大的措施。被告在答辩期间内未请求宣告该项专利权无效，而在其后的审理过程中提出无效请求的，人民法院可以不中止诉讼。（二）人民法院受理的发明专利侵权案件或者经专利复审委员会审查维持专利权的实用新型专利侵权案件，被告在答辩期间请求宣告该项专利无效的，人民法院可以不中止诉讼。”

〔77〕 发明专利在授予前已经进行了实质审查，专利复审委员会对实用新型专利的复审决定是经专家评审结果，该行政行为非经法定程序不能轻易否决其效力。

〔78〕 2001年《关于审理专利纠纷案件适用法律问题的若干规定》，即“零一规定”。

〔79〕 2001年6月19日《最高人民法院关于审理专利纠纷案件适用法律问题的若干规定》第9条规定：“人民法院受理的侵犯实用新型、外观设计专利权纠纷案件，被告在答辩期间内请求宣告该项专利权无效的，人民法院应当中止诉讼，但具备下列情形之一的，可以不中止诉讼：（一）原告出具的检索报告未发现导致实用新型专利丧失新颖性、创造性的技术文献的；（二）被告提供的证据足以证明其使用的技术已经公知的；（三）被告请求宣告该项专利权无效所提供的证据或者依据的理由明显不充分的；（四）人民法院认为不应当中止诉讼的其他情形。”

的，需要有当事人申请，才可中止诉讼。[80] 可见，上述司法解释赋予法官很大的自由裁量权，同时中止诉讼会对案件当事人造成实际影响，因此，法院作出中止决定的前提条件是当事人同意中止诉讼程序。

（四）特殊情形：当事人对专利权归属有争议又不通过行政程序先行解决的，法院依据在先原则进行审理

这一精神在最高人民法院1993年审理专利案件司法解释中予以明确。[81] 2002年，最高人民法院在审理商标案件司法解释中又进一步指出，当事人对驰名商标存在异议，法院依照《商标法》第14条的规定主要依照驰名商标的基本特征和行政机关的认定结论进行审查。[82] 从上述两个司法解释的规定可以看出，最高人民法院这种审理模式的设计：一方面，对当事人选择争议解决方式的意愿给予尊重；另一方面，对于知识产权行政机关作出的行政确权或处理决定亦给予重视，在其未被撤销和推翻之前均可作为人民法院审理相关案件的重要事实依据。法院只有在确定民事判决结果不会与行政机关认定结论、相关行政案件的判决结果相违背的情况下，才会继续审理民事案件。实际上，前述司法解释也已经体现了这一精神。这种审理模式对避免不同审判组织对同一事实作出不同认定，防止民事案件久拖不决，提高审判质效具有重要意义。

---

〔80〕 2003年4月15日，《最高人民法院关于对江苏省高级人民法院〈关于当宣告专利权无效或者维持专利权的决定提起行政诉讼时相关专利侵权案件是否应当中止审理问题的请示〉的批复》，即“零三规定”。

〔81〕 1993年8月16日《最高人民法院关于在专利侵权诉讼中当事人均拥有专利权应如何处理问题的批复》中指出，双方当事人对对方拥有的专利权有异议的，可通过撤销或无效程序解决。当事人不向专利复审委员请求撤销或宣告无效的，人民法院应认定当事人享有的专利权有效，并根据在先原则确定被告是否侵权作出判决。

〔82〕 2002年《最高人民法院关于审理商标民事纠纷案件适用法律若干问题的解释》第22条规定：当事人对曾被行政主管机关或者人民法院认定的驰名商标请求保护的，对方当事人对涉及的商标驰名没有异议的，人民法院不再审查；提出异议的，人民法院依照《商标法》第14条的规定进行审查。

（五）最新发展：将部分行政机关的知识产权登记结果仅作为民事诉讼中确认是否构成侵权的事实证据，是否采纳需要法官结合其他证据进行综合判断

司法实践中，解决知识产权民行冲突的传统做法是“先行后民”，对于行政机关的确权决定或者行政诉讼的判决结果是否客观公正，民事法官不再重复审查。[83] 但是，随着实践的发展，上述传统做法在民事诉讼中有所突破。对于部分知识产权权利的认定，人民法院在查明事实的基础上可以直接作出判决，而不是必须以行政机关登记的信息结果作为案件审理的依据。如西安中院在审理一起著作权纠纷案件中，发现省版权局登记的著作权人与事实不符，最终未将版权局的登记作为认定事实的依据。[84] 但是，对此理论界和实务界基本已达成共识，上述情形应仅适用于著作权纠纷案件。因为著作权登记的性质不同于商标和专利授确权，仅具有备案性质，是否登记对其权利人是否享有著作权不受影响，权利登记可作为解决著作权纠纷的初步证据。而知识产权授确权（特别是商标和专利授确权）是经专业的评审委员会的严格、复杂程序作出的行政决定，具有公定力，其效力的认定应通过行政诉讼来解决。2015 年新修订的审理专利纠纷案件司法解释将上述五个发展阶段中重要观点做了融合吸收，在第 9 条、第 10 条、第 11 条中一并做了全面规定。[85]

综观上述知识产权民行冲突问题的处理模式和发展演变，如何更好地解决该类案件中审判效率和质量这对矛盾，是我们在知识产权审判工作中需要重点思考的问题。

四、我国成立知识产权法院是解决民行冲突问题的必然选择

知识产权诉讼中的民行冲突，实质上是人民法院内部对知识产权

---

〔83〕 这种观念是我国传统上认为知识产权效力确认属于行政职权的体现，对行政行为的质疑应当通过行政诉讼解决，民事诉讼不能对知识产权的效力作出评判。

〔84〕 西安市中级人民法院（2004）西民四初字第 38 号民事判决书。

〔85〕 2015 年 1 月 19 日最高人民法院审判委员会通过《最高人民法院关于审理专利纠纷案件适用法律问题的若干规定》。

民事、行政案件的审判权限分工问题。笔者认为,建立专门的知识产权法院,实现民事和行政审判组织一体化,是解决民行冲突的科学选择,也是实施知识产权战略和与国际接轨的最佳选择。

(一)国外知识产权法院的考察评析

在国外,知识产权主要依靠司法保护,不存在双轨制救济冲突问题。但是,司法保护中也会遇到知识产权复审裁决与法院判决不一致,以及司法审判权冲突的问题。为了解决这些问题,世界上许多国家均设立了专门的知识产权审判机构。这些审判机构在设置模式、审判范围和组织程序上虽然存在一些共性,但是由于各国的法律理念和法制传统等方面存在差异,因此,在机制的具体构建上还保留各自的独特性。有些国家在普通法院中设立专门的知识产权法庭统一审理各类知识产权案件,如加拿大、澳大利亚、意大利等。有些国家则是设立知识产权法院(或专利法院)专门审理特种类型的知识产权案件,如英国、韩国、泰国等。还有一些国家设立专门的知识产权上诉法院审理知识产权二审案件,主要代表国家为美国、日本和德国。如美国设立联邦巡回上诉法院受理地方法院的专利上诉案和专利复审决定,日本设立专门审理知识产权上诉案件的高等法院。这些国家在统一上诉管辖权之后,有效地避免了地方法院之间和法院各审判组织之间裁判不一的问题。[86]

(二)我国知识产权法院成立始末

1996年,经最高人民法院批准,上海法院最早开始了知识产权审判方式改革探索。浦东新区法院首创了“三审合一”审理模式,知识产权民事、行政和刑事案件均由知识产权审判庭审理。其后,全国其他省

---

〔86〕 日本知识产权高等法院是东京高等法院的一个支部,其管辖权包括三类:请求撤销特许厅裁判的诉讼;有关发明专利、实用新型专利、半导体集成电路以及计算机程序四种专业性较高、技术较为复杂案件的上诉管辖;其他的知识产权民事上诉案件包括外观设计专利权、商标权、著作权、邻接权、基于植物品种登记发生的品种权、用不正当竞争手段侵犯商业利益的案件,与东京高等法院民事管辖范围相一致,仅在其辖区范围内的,才能由知识产权高等法院进行上诉管辖。

市亦陆续开始改革尝试。特别是自2008年以来,国家非常重视知识产权的创新和保护,国务院在《国家知识产权战略纲要》中提出了设立"三审合一"的专门知识产权法庭的设想。随后,最高人民法院在其贯彻意见和"三五纲要"中将知识产权审判体制改革作为一项重要工作在全国范围内推进,探索建立专门的知识产权法院。[87]

上海法院一直非常注重知识产权的司法保护。作为司法改革的排头兵,上海法院紧跟国务院和最高人民法院的改革步调,对知识产权审判机制改革开展了一系列的有益探索。2008年年底,上海高级人民法院出台《关于基层人民法院知识产权审判庭统一审理知识产权民事、行政和刑事案件若干问题的规定(试行)》,在全市基层法院试行"三审合一",但中、高院受理的一、二审知识产权民事、行政、刑事案件仍归口各审判业务庭分别审理。2009年3月,上海高级人民法院下发《关于一审知识产权案件管辖的通知(试行)》,对本市一审知识产权案件进行集中管辖,设立了浦东、黄浦、杨浦和卢湾四家法院作为集中管辖法院。2011年4月,闵行法院被增设为集中管辖法院。[88] 在审判人员的配备上,基层法院"大知识产权审判庭"除了民事法官之外,还根据

---

〔87〕 2008年6月,国务院发布《国家知识产权战略纲要》,明确要求法院研究设置统一受理知识产权民事、行政和刑事案件的知识产权法庭。2009年3月17日,最高人民法院发布《人民法院第三个五年改革纲要(2009—2013)》,提出我国法院系统将要改革和完善民事、行政审判制度。建立健全符合知识产权案件特点的审判体制和工作机制,在直辖市和知识产权案件较多的大中城市探索设置统一受理知识产权案件的综合审判庭。2009年3月23日,最高人民法院发布《关于贯彻实施国家知识产权战略若干问题的意见》,研究设置专门受理知识产权民事、行政和刑事案件的专门知识产权审判庭……总结地方法院开展知识产权审判方式改革试点工作经验,探索建立知识产权上诉法院。

〔88〕 管辖依据为上海高级人民法院2011年4月下发的《关于审理一审知识产权案件管辖的规定》。

案件数量适当配备熟悉行政和刑事审判的法官。[89] 中、高院则采取跨庭审理模式，各审判业务庭在审理具体案件时可根据需要抽调相关业务领域的资深法官组成临时合议庭共同审理。[90] 2014 年 10 月，上海高级人民法院下发《关于上海高院知识产权审判庭审理知识产权民事、行政和刑事案件的规定》，在高级人民法院也采取“大知识产权审判”的模式，即由高院民三庭统一审理本院受理的知识产权民事、行政、刑事案件。在审判组织的构成上，一般由高院知识产权审判庭法官组成合议庭，疑难复杂、新类型及具有重大社会影响的知识产权行政、刑事案件可由知识产权审判庭商请行政庭、刑事审判庭派法官担任合议庭成员。

自 2009 年“三审合一”审判机制试点在全国范围铺开后，知识产权审判工作在审判专业化、审判质效提升和多方位权利救济等方面较以往又上一个新台阶。经全面总结试点经验，为了贯彻落实十八届三中全会决定，全面深化司法体制改革，2014 年，中央通过了设立专门的

---

〔89〕 由于北京没有实行“三审合一”的审理模式，为了适应专利授权确权审判的实际需要，北京高级人民法院和北京第一中级人民法院加强了队伍建设，形成了一支具有较高素质和较强审判能力的专利法官队伍。2013 年，北京第一中级人民法院知识产权庭共有 11 个合议庭，人员总数为 70 人，其中庭长 1 人，副庭长 2 人，法官 40 人。北京第一中级人民法院知识产权庭有 7 名法官具有理工科背景，有 4 名法官为博士研究生，有 80% 法官具有研究生学历。2013 年，北京高级人民法院知识产权庭共有 6 个合议庭，人员总数为 37 人，其中庭长 1 人，副庭长 1 人，法官 20 人。北京高级人民法院有 4 位具有理工科背景，有 6 名法官为博士研究生，有 90% 法官具有研究生学位。2013 年年底，为了加强专利授权确权案件的专业化审判，北京市第一中级人民法院知识产权庭分为知识产权一庭和知识产权二庭，其中专利授权确权行政案件集中由知识产权二审审理，从而确保专利授权确权行政案件进一步集中到数量更少的法官，有利于裁判标准的统一。

〔90〕 比如，审理知识产权行政案件应以行政庭法官为主，抽调一名知识产权庭的资深法官组成合议庭进行审理。上海贝邦进出口有限公司诉中华人民共和国上海海关临时扣押产品决定案，是上海法院首次运用“三审合一”审判机制审理的一起知识产权行政案件。该案是一起典型的涉及海关行政执法的、与国际贸易有关的、涉及商标权上知识产权行政案件，知识产权和行政法官各自运用自己的专业优势对案件进行了精心审理，最终案件的处理取得了良好的法律效果和社会效果，一审判决后，当事人没有提起上诉。

知识产权法院的设计方案。[91] 同年8月，全国人大常委会做出《关于在北京、上海、广州设立知识产权法院的决定》，为知识产权法院的建立提供了依据。同年10月，最高人民法院颁布《关于北京、上海、广州知识产权法院案件管辖的规定》（以下简称《知识产权法院管辖规定》），[92] 同年11月6日、12月16日和12月17日北京、广州和上海知识产权法院分别挂牌成立。[93] 知识产权法院的成立对我国具有里程碑式的重要意义，标志着中国特色的知识产权审判制度体系的初步建立。

目前，我国知识产权法院的组织机构设立和管辖分工还处于探索和完善的过程中。从案件管辖来看，北京知识产权法院专属管辖知识产权授确权类行政案件、与知识产权强制许可有关的行政案件、与知识产权授确权有关的其他行政行为引发的行政案件。广州知识产权法院既是其辖区内审理知识产权案件的专门法院，又是广东省内（除深圳市）的跨行政区划法院。上海知识产权法院最大特点是知识产权法院、三中院、铁路中院三院合一。三家法院设立一个党组，三个审判委员会和一个立案庭。案件立案受理后按照类别分归三家法院审理。知识产权法院审理涉及知识产权的民事和行政案件，市一、二中院不再受理相关案件。知识产权法院这种"二审合一"的管辖可以实现知识产权效力判断和侵权判断诉讼程序和司法标准的无缝对接，避免了在民事和行政双轨救济下造成的程序循环繁冗、诉讼效率不高、司法标准不统一等问题。而在上海基层法院，知识产权审判庭仍实行民事、行政、刑事案件"三审合一"的审判机制。据悉，上海正利用知识产权法院和

---

〔91〕 2014年6月，中央深改组通过《关于设立知识产权法院的方案》。

〔92〕 法释〔2014〕12号，2014年10月31日颁布时间，自2014年11月3日起施行。该规定共8条，主要涉及知识产权法院的案件管辖及审级关系，包括一审管辖、跨区域管辖、专属管辖、二审管辖、上诉管辖及未结案件处理等。

〔93〕 为了建立与国际接轨的知识产权体系，知识产权行政管理以集中管理为主，知识产权保护以司法保护为主，辅以行政保护和多元纠纷解决机制。浦东新区政府贯彻落实国家和上海市知识产权战略纲要，以综合配套改革试点为契机，于2014年11月16日设立了全国首家知识产权局，集专利、商标、版权行政管理和综合执法职能于一身，对促进知识产权执法统一具有重要意义。

三中院合署办公的工作模式，争取将来由三中院审理涉及知识产权的刑事案件，案件合议庭也由经过选拔的经验丰富的知产法官组成，并参与审理。[94] 这样可以继续沿用原来“三审合一”的模式。

根据《国际贸易行政案件司法解释》案件管辖的相关规定，中级人民法院是审理与国际贸易有关的知识产权行政案件一审法院。但从《知识产权法院管辖规定》的内容来看，知识产权法院受理的行政案件类型并未包括与国际贸易有关的知识产权行政案件。由此推出，该类案件仍归由普通中级人民法院行政庭来审理。

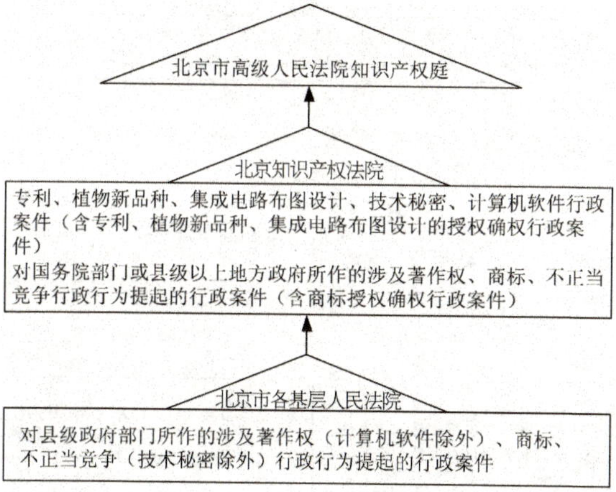

〔94〕 上海知识产权法院除了院庭长4名法官外，还有首批遴选法官10名，从事知识产权审判工作平均年限8.4年。14名法官中法学博士3名、法学硕士10名；其中2名法官系全国审判业务专家。审判组织现已实现专业化主要表现在：(1)在审判庭的设置上，内设两个审判庭，在对案件难度和数量进行调研的基础上，按照案件类型对案件管辖进行了专业化的分工。知产一庭主要审理涉及专利、垄断一审民事、行政案件以及著作权二审民事和行政案件；知产二庭主要审理涉及计算机软件、技术秘密、集成电路布图设计、植物新品种、驰名商标认定的一审民事、行政案件以及著作权以外的知识产权二审民事和行政案件。(2)形成专业化合议庭。每个审判庭内部根据案件类型集中审理相关民事和行政案件，从而提高审判质效，强化专家型法官的培养。(3)成立专项合议庭。如为顺应涉自贸区知识产权案件的发展态势，将成立涉自贸区知识产权案件专项合议庭。

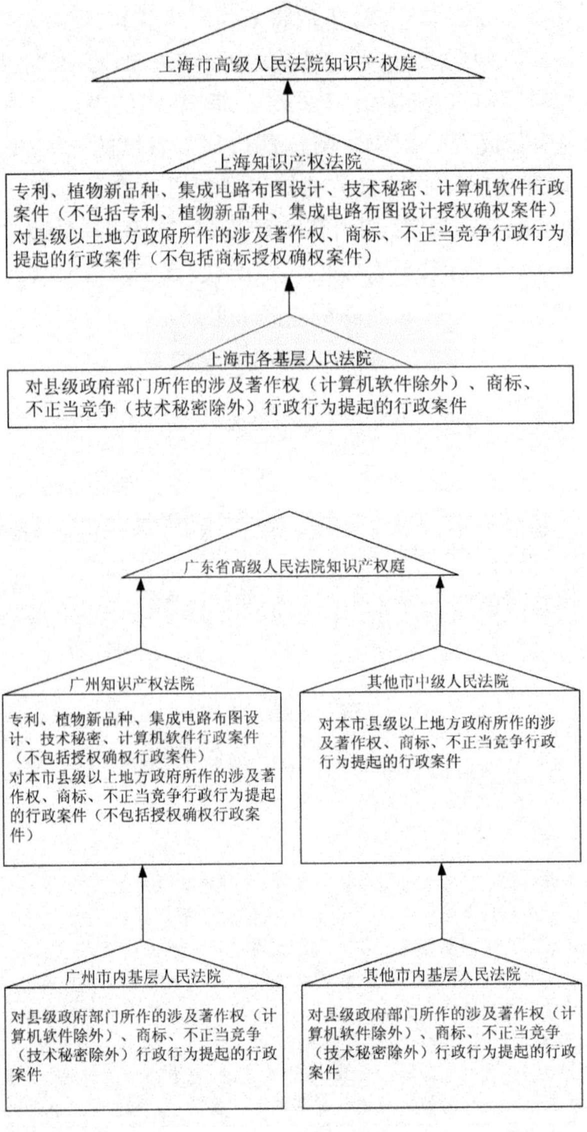

图1　北京、上海、广州知识产权法院行政案件管辖示意图

第四节　与国际贸易有关的反垄断行政诉讼中的若干问题探析

由于WTO规则与反垄断法具有不同的立法目的,[95]前者的目的是促进国际贸易的自由化,后者的目的是预防和制止垄断行为,维护竞争秩序和消费者权益。因此,WTO并未对与贸易有关的竞争政策和反垄断问题作出专门的规定,仅在GATT和GATS的个别条款中涉及垄断和独占服务提供者的问题。但是,我们必须看到竞争政策与国际贸易存在密切关系,两者都对一国的市场化有着重要影响。多哈回合谈判停止竞争政策议题谈判,并不意味着未来WTO层面永远不会重启该项谈判。反垄断法可以在域外适用的例子很多,如LCD价格操纵反垄断案[96]和松下、诺基亚等境外公司并购案,这些案件并不发生在中国境内,但是只要对中国市场有影响,我国的反垄断执法机构就可以进行调查和处罚。同样,中国企业在出口的过程中,为了避免反倾销往往又会陷入反垄断的纠纷之中。如我国维生素C厂商的共谋抬高价格、削减出口数量的行为虽然发生在中国境内,但也会在美国遭遇诉讼。[97] 由

[95] WTO规则的目的是促进国际贸易的自由化,而反垄断法的目的是预防和制止垄断行为,保护国内市场的公平竞争以及维护消费者的利益和社会公共利益。

[96] 2006年韩国、美国、日本的反垄断机构开始对三星和LG飞利浦LCD公司的价格操纵行为进行调查,称它们在2003—2004年间在LCD市场上使用了反竞争手段。

[97] 中国维生素C厂商在美国遭遇的诉讼是中国企业在对外贸易历史上所遭遇的首起反托拉斯诉讼。国内维生素C生产商彼此达成默契同意消除和限制彼此之间的竞争,采取一致行动:(1)至少自2001年12月起,商定固定、抬高、稳定或保持维生素C的价格;(2)至少自2001年12月起,商定控制并限制中国维生素C的出口数量;(3)促进、实施、执行、监控并隐瞒上述商定的价格;并且(4)以人为抬高后的价格向全美各地的消费者出售维生素C。这一共谋行为使得全球维生素C市场供不应求,从而导致价格上升。美国消费者认为其“支付了高于正常市场竞争条件下的购买价格”,故在本国提起诉讼要求法院禁止中国维生素C厂商实施出口价格卡特尔的行为,并赔偿其三倍于损害数额的赔偿金。除此之外,2005年9月7日,上述维生素C案件的原告之一,联合另外一个同样名不见经传的美国公司,在维生素C案件律师的指使下,向美国新泽西地区联邦法院起诉,指控中国五金矿产进出口总公司、中国中钢集团公司等17家企业合谋操纵镁砂和镁制品的对美出口价格。

于国际贸易中的垄断行为会给一国对外贸易秩序和消费者权益造成危害,我国《对外贸易法》第六章采用专章的形式对该类行为进行了规范。[98] 从内容看,这些规定较为原则、抽象。在我国贸易和投资迅猛发展,特别是在"一带一路"国家战略的大背景下,在保持对外贸易和竞争法律原则一致性的基础上,对反垄断执法和诉讼问题做一些具体和细化的研究具有重要意义。

《国际贸易行政案件司法解释》第1条第4项对国际贸易行政诉讼的类型做了兜底规定,而与贸易有关的反垄断行政案件无疑是"其他与贸易有关的行政案件"的显要类型。在我国,反垄断行政诉讼主要表现为两种形式:一是对行政机关的反垄断执法行为提起的诉讼(以下简称"反垄断行政诉讼");二是对行政垄断提起的诉讼(以下简称"反行政垄断诉讼")。由于行政垄断是指我国行政机关或者其授权的组织滥用行政职权排除、限制竞争的行为,[99] 因此,行政垄断通常不

---

[98] 1994年5月12日第八届全国人民代表大会常务委员会第七次会议通过,2004年4月6日第十届全国人民代表大会常务委员会第八次会议修订,自2004年7月1日起施行。《对外贸易法》第32条规定:"在对外贸易经营活动中,不得违反有关反垄断的法律、行政法规的规定实施垄断行为。在对外贸易经营活动中实施垄断行为,危害市场公平竞争的,依照有关反垄断的法律、行政法规的规定处理。有前款违法行为,并危害对外贸易秩序的,国务院对外贸易主管部门可以采取必要的措施消除危害。"第33条规定:"在对外贸易经营活动中,不得实施以不正当的低价销售商品、串通投标、发布虚假广告、进行商业贿赂等不正当竞争行为。在对外贸易经营活动中实施不正当竞争行为的,依照有关反不正当竞争的法律、行政法规的规定处理。有前款违法行为,并危害对外贸易秩序的,国务院对外贸易主管部门可以采取禁止该经营者有关货物、技术进出口等措施消除危害。"

[99] 行政垄断是指行政机关和法律、法规授权的具有管理公共事务职能的组织滥用行政权力,在某些行业或领域排除、限制其他竞争者的行为或状态。行政垄断有广义和狭义之分。广义的行政垄断,是指行政机关和法律、法规授权的具有管理公共事务职能的组织凭借行政权力扶植或支持一定范围的经营者使其限制竞争形成垄断状态,包括合法的行政垄断和非法的行政垄断。合法的行政垄断,是指对国有经济占控制地位的关系国民经济命脉和国家安全的行业以及依法实行专营专卖的行业,国家通过法律、行政法规的规定,限制、排除其他市场竞争者的某些垄断行为或状态。狭义的行政性垄断,就是受《反垄断法》调整的,行政机关和法律法规授权的具有管理公共事务职能的组织滥用行政权力排除、限制竞争行为或状态。

会发生在国际贸易中。本书研究的“与贸易有关的反垄断行政诉讼”应特指第一种形式的“反垄断行政诉讼”。笔者拟对人民法院在审理该类案件中可能遇到的实体和程序问题做一探讨。

一、与国际贸易有关的反垄断行政诉讼的被告〔100〕

与国际贸易有关的反垄断行政诉讼，是指在国际货物、服务、知识产权等贸易中的经营者对我国反垄断行政执法机关作出的行政处理决定不服提起行政诉讼，人民法院依法审理该类案件并作出裁判，保障经营者国际贸易权益的活动和制度。依照《反垄断法》〔101〕，我国反垄断机构分为反垄断委员会和国务院反垄断执法机构两个层次。其中，国务院反垄断执法机构具体负责反垄断执法，而反垄断委员会不具体执法，主要负责组织、协调工作，因此不能成为反垄断行政诉讼的被告。〔102〕 商务部、国家发展改革委员会、工商总局是主要的反垄断执法机构。根据工作需要，上述三个机构还可以授权省、市级人民政府相应部门进行反垄断执法。经营者或利害关系人对上述反垄断执法机构作出的行政行为不服提起行政诉讼，应以做出行政行为的机构为被告。

〔100〕 《反垄断法》第3条和第6条规定了四种垄断行为，即垄断协议；排除、限制竞争的经营者集中；滥用市场支配地位；滥用行政权力排除、限制竞争。反垄断执法涉及的主要法律、法规包括：《反垄断法》《中华人民共和国价格法》《中华人民共和国反不正当竞争法》《国务院关于禁止在市场经济活动中实行地区封锁的规定》《价格违法行为行政处罚规定》《国务院关于经营者集中申报标准的规定》；指南类：《国务院反垄断委员会关于相关市场界定的指南》；三定方案包括：《国务院办公厅关于国务院反垄断委员会主要职责和组成人员的通知》《国家发展和改革委员会主要职责内设机构和人员编制规定》《商务部主要职责内设机构和人员编制规定》；司法解释：《最高人民法院关于审理因垄断行为引发的民事纠纷案件应用法律若干问题的解释》。

〔101〕 2007年8月30日第10届全国人民代表大会常务委员会第29次会议通过，2008年8月1日起施行。

〔102〕 反垄断委员会由国务院设立，《反垄断法》第9条规定了反垄断委员会的职责：具体负责组织、协调、指导反垄断工作，研究拟订有关竞争政策；组织调查、评估市场总体竞争状况，发布评估报告；制定、发布反垄断指南；协调反垄断行政执法工作；等等。

(一)垄断协议和滥用市场支配地位执法中的行政主体[103]

根据执法权限分配,国家工商行政管理总局和经授权的省级工商行政管理局负责垄断协议和滥用市场支配地位这两种垄断行为的反垄断执法工作。价格垄断协议的调查处理由国家发展和改革委员会负责。具体执法程序包括:工商管理部门在接到举报材料后,核查后作出立案查处的决定,并采取相应的调查措施;涉嫌垄断行为经调查核实后认定构成垄断行为的,工商管理部门应依法作出处罚决定。[104] 上述垄断行为中涉及价格部分的调查处理由国家发展和改革委员会和经授权的省级价格主管部门负责。[105] 因此,因垄断协议和滥用市场支配地位这两种垄断行为而引发行政诉讼的,其行政诉讼的被告为国家工商总局或经授权的省级工商局。[106] 因价格垄断引发的行政诉讼,应以国家

---

〔103〕 垄断协议,是指两个或者两个以上的经营者(包括行业协会等经营者团体),通过协议或者其他协同一致的行为,实施固定价格、划分市场、限制产量、排挤其他竞争对手等排除、限制竞争的行为。滥用市场支配地位,又称为滥用市场优势地位,是企业获得一定的滥用市场支配地位以后滥用这种地位,对市场的其他主体进行不公平的交易或排斥竞争对手的行为。滥用市场支配地位的表现形式有:不正当的价格行为、差别对待(主要指价格歧视)、强迫交易、搭售和附加不合理交易条件、掠夺性定价、独家交易(又称排他性交易)。这两个领域反垄断执法涉及的主要部门规章包括:《工商行政管理机关禁止垄断协议行为的规定》、《工商行政管理机关禁止滥用市场支配地位的规定》、《工商行政管理机关查处垄断协议、滥用市场支配地位案件程序规定》、《工商行政管理机关制止滥用行政权力排除、限制竞争行为程序规定》、《规范价格行政处罚权的若干规定》、《价格行政处罚案件审理审查规则》、《价格行政处罚证据规定》、国家发改委《关于反价格垄断执法授权的决定》、《反价格垄断行政执法程序规定》。

〔104〕《工商行政管理机关查处垄断协议、滥用市场支配地位案件程序规定》第10条、第22条的规定。

〔105〕 职权依据为《反垄断法》第12条、《国家发展和改革委员会主要职责内设机构和人员编制规定》、国家发改委《关于反价格垄断执法授权的决定》发改价检〔2008〕3509号。

〔106〕 国家工商总局和经授权的省级工商局的职责权限分工,参见《工商行政管理机关查处垄断协议、滥用市场支配地位案件程序规定》第3条的规定。

发改委或经授权的省级价格主管部门为被告。[107]

（二）排除、限制竞争的经营者集中执法中的行政主体[108]

经营者集中的效果是双重的：适度的集中有利于提高经营者的竞争力，发展规模经济；过度的集中就会形成经营者的市场支配地位，限制竞争，损害效率。后者这种排除、限制竞争的经营者集中才属于反垄断法规制的垄断行为。商务部是受理和审查经营者集中申报的执法机关，审查程序分为：（1）依法申报经营者集中的审查程序。商务部经核查后认为申报义务人提交的材料符合法定要求的，作出立案决定；经初步审查后，商务部应做出是否进一步审查的决定；经进一步审查后，商务部认为构成垄断行为的，在听取经营者抗辩意见后，依法做出是否禁

〔107〕 国家发改委与省级价格管理部门的职责权限划分参见国家发改委《关于反价格垄断执法授权的决定》。省级价格主管部门对本行政区内的价格垄断行为具有行政处罚权，对于跨省、自治区、直辖市的价格垄断案件由国家发改委指定牵头办案或者联合办案，重大案件由国家发改委直接查处。如江苏省物价局对奔驰公司价格垄断行政处罚案中，奔驰公司与江苏省内经销商达成并实施了限定E级、S级整车及部分配件最低转售价格的垄断协议，违反了《反垄断法》第14条的规定，排除、限制了相关市场竞争，损害了消费者利益。江苏省物价局认为，奔驰公司在达成并实施垄断协议的过程中，起到了主导和推动作用，依据《反垄断法》第46条、第49条规定，对奔驰公司处以上一年度相关市场销售额7%的罚款，计3.5亿元。对在奔驰公司组织下达成并实施垄断协议的经销商处以上一年度相关市场销售额1%的罚款，其中对主动报告达成垄断协议有关情况并提供重要证据的经销商，依法免除或者从轻处罚。对南京、无锡、苏州三地的奔驰经销商共计罚款786.9万元。

〔108〕 经营者集中，是指经营者通过合并、资产购买、股份购买、合同约定（联营、合营）、人事安排、技术控制等方式取得对其他经营者的控制权或者能够对其他经营者施加决定性影响的情形。在排除、限制竞争的经营者集中领域的反垄断执法，涉及的主要部门规章包括：《关于经营者集中申报的指导意见》《关于经营者集中简易案件适用标准的暂行规定》《未依法申报经营者集中调查处理暂行办法》《关于评估经营者集中竞争影响的暂行规定》《关于实施经营者集中资产或业务剥离的暂行规定》《经营者集中审查办法》《经营者集中申报办法》《金融业经营者集中申报营业额计算办法》《关于外国投资者并购境内企业的规定》《商务部实施外国投资者并购境内企业安全审查制度的规定》《商务部实施外国投资者并购境内企业安全审查制度有关事项的暂行规定》《国务院办公厅关于建立投资者并购境内企业安全审查制度的通知》。

止经营者集中的决定。[109] (2)未依法申报经营者集中的审查程序。有初步证据证明存在未依法申报嫌疑的,商务部即应立案调查;经初步调查后,决定是否需要进一步调查;经进一步调查认定经营者未依法申报而实施集中的,可给予其罚款处罚。[110] 因此,商务部是因排除、限制竞争的经营者集中而引发的行政诉讼的被告。

二、反垄断行政执法程序与民事诉讼程序的竞合与冲突

解决反垄断行政与民事救济竞合冲突问题,是解决反垄断民事和行政诉讼程序交叉竞合问题的前提。从《反垄断法》第 50 条的规定来看,该法并未明确规定行政前置是提起民事诉讼的前提条件,亦未禁止利益受损方直接提起民事诉讼。[111] 学术界对此曾有两种不同的观点:一种观点认为,只有先经过行政程序,由反垄断执法机构对是否构成垄断行为进行认定之后,当事人方可提起民事诉讼;如果上述认定结论正处于行政复议或诉讼程序,需根据复议或诉讼结果再启动或者恢复民事诉讼。这种观点与新加坡的做法较为相似,[112] 主要考虑到了垄断认定的专业性和政策性,由专门机构认定可避免标准和结论上的混乱。[113] 另一种观点认为,利害关系人可不经行政程序,直接提起民事诉讼,[114] 主要理由是:(1)这是法治国家民主司法的要求;(2)行政前

〔109〕 参见《经营者集中审查办法》第 9 条、第 10 条、第 14 条的规定。

〔110〕 参见《未依法申报经营者集中调查处理暂行办法》第 7 条、第 8 条、第 13 条的规定。

〔111〕 《反垄断法》第 50 条规定,经营者实施垄断行为,给他人造成损失的,应依法承担民事责任。

〔112〕 新加坡的做法是:在行政程序结束之前,私人不能提起诉讼,如果存在复议,则必须等到最终的复议结果;如果没有发现违法,则不能提起民事诉讼。

〔113〕 史际春著:《反垄断法理解与适用》,中国法制出版社 2007 年版,第 305 页。德国、日本、新加坡等国家规定行政前置程序,如《日本垄断禁止法》第 26 条第 1 款规定了损害赔偿请求权的诉讼主张限制,非于公正交易委员会做出有关的劝告审决、同意审决、审判审决或者责令缴纳课征金的审决后,受害人不能对此主张诉讼上的权利。

〔114〕 同美国做法,无须行政前置程序。依据美国法律规定任何因反托拉斯法所禁止的事项而遭受财产或营业损害的人,可在被告居住的被发现或有代理机构的地区向该地区法院提起诉讼。

置不符合国际惯例，由利害关系人直接起诉更为合理、有效；(3)有利于推进反垄断法的有效实施，受害人与行为人身处同一行业，对垄断行为比垄断机构更敏感、更熟悉，民事诉讼能够弥补执法不足，节约行政成本。[115]

笔者赞同第二种观点。根据“法无禁止即可为”的原则，垄断行为人既可以选择请求行政机关介入调查处理，又可不经行政程序直接提起民事诉讼，即反垄断行政和民事双轨救济机制。这种双轨救济机制在2012年最高人民法院审理反垄断民事案件司法解释中做了明确的规定。[116] 从国外立法情况来看，取消“行政前置”是发展趋势，许多规定前置条件的国家后来也取消了这一限制。[117] 但是《反垄断法》考虑到不同垄断行为的性质和对国家经济的影响程度也做了例外规定，如《反垄断法》第53条第1款针对经营者集中设定了三种复议前置的情形，即反垄断执法机构作出的禁止经营者集中决定、对经营者集中不予禁止的决定、附条件允许经营者集中的决定，利害关系人必须先经过行政复议，穷尽所有行政救济手段，才可提起行政诉讼。当事人直接起诉的，人民法院不予受理。对上述三种行为之外的行政处罚、行政许可、行政强制措施、行政决定等，相对人可以自由选择或行政复议或行政诉讼。

---

〔115〕 史际春：《反垄断法理解与适用》，中国法制出版社2007年版，第305—306页。

〔116〕 2012年6月1日施行的《最高人民法院关于审理因垄断行为引发的民事纠纷案件应用法律若干问题的规定》第2条规定：“原告直接向人民法院提起民事诉讼，或者在反垄断执法机构认定构成垄断行为的处理决定发生法律效力后向人民法院提起民事诉讼，并符合法律规定的其他受理条件的，人民法院应当受理。”换言之，当事人既可以直接向人民法院提起民事诉讼，又可以在反垄断执法机构作出构成垄断行为的行政决定之后，再向人民法院提起民事诉讼。

〔117〕 私人提起民事诉讼起初是不被纳入反垄断法实施的主流框架中的。但随着“公法的实施也可保护私益”“公共事务通过私人执行”等理论与实践的推广，以及私人诉讼的推动，越来越多的国家开始允许并鼓励私人提起反垄断民事诉讼。欧盟、澳大利亚、日本和韩国等原来不主张反垄断私人诉讼的地区和国家也开始和美国一样积极支持私人诉讼。

在反垄断民事和行政双轨救济制度下难免存在民事诉讼与行政救济程序竞合的问题。如当事人能否对反垄断执法机构正在调查的涉嫌垄断的行为，或者行政程序认定不构成垄断的行为提起民事诉讼？当事人已经在先提起民事诉讼，能否再启动行政程序要求向反垄断执法机构就涉嫌垄断行为进行调查？

针对上述两种程序的衔接问题，既然《反垄断法》允许行政调查程序与民事诉讼程序双轨并行，因此，不管在行政程序中，还是在民事诉讼程序中，权利人均可依法另行启动民事诉讼或者行政程序充分寻求救济。[118] 对于两种程序同时并行，民事诉讼应否中止的问题，笔者走访了部分法官，主要存在两种不同的意见。一种意见认为，行政程序不是提起反垄断民事诉讼的前提，原则上可不中止民事诉讼。但是在实践中法院应区分不同情况，作出是否中止民事诉讼程序的决定。对于一些行政程序刚刚启动，案情简单且当事人有充分证据证明自身损害的垄断行为，法院不应中止民事诉讼。而对一些判断行为违法性难度较大，或者行政程序已经进展到一定程度的案件，法院可视情况决定是否中止。此时，法院可通知反垄断执法机关或者反垄断法执法机关在法院许可的情况下主动就查明的事实、反垄断法的适用或其他必要事项提供意见。另一种意见认为，反垄断执法机关对是否构成垄断的事实认定部分更加专业，从程序协调以及节省资源的角度而言，为了避免行政机关和法院对同一事实作出不同的认定结论，法院应中止民事诉讼程序。民事诉讼程序需等到行政复议或诉讼等行政救济程序全部终结后再恢复。

笔者认为，由于反垄断领域的专业性、政策性和技术性较强，行政机关在这方面的储备了较多的专家和技术人才，拥有一定的办案经验，能够及时掌握相关信息，因此对行政执法事实认定上更具有优势。相比之下，法官由于受人、财、物等客观条件的限制，且在案件数量和审判

---

〔118〕 有的学者以是否依据反垄断执法机构做出的调查结论提起民事或者行政诉讼，区分为跟进诉讼和单独诉讼。

力量对比悬殊的情况下,立案受理相关民事案件分析甄别后,再作出是否中止程序的决定,不仅耗费了较多的资源和精力,也不利于纠纷的及时解决。相反,法院立案受理当事人起诉之后,发现行政救济程序正在进行立即中止案件审理,等待行政救济程序全部完结后,再恢复相关民事案件的审理。这样不仅可以避免因信息不对称或者相关业务知识理解认知不一致导致的与行政机关处理结论上的冲突,而且有利于主审法官快速抓住争议焦点和审判要点,对重点和焦点问题展开全面审查,从而稳妥、正确地作出裁判结论。

三、反垄断民事诉讼和行政诉讼程序的竞合和冲突

垄断行为会同时引发民事和行政法律关系,其纠纷的解决也会呈现民事和行政诉讼关联、交织的状态,这类案件在司法实践中被称为“民行交叉案件”。[119] 比如在行政调查程序终结后,因同一垄断行为,受损害者以垄断行为人为被告向法院提起民事诉讼,而在该民事诉讼之前、之后或者同时垄断行为人又以反垄断执法机构或复议机关为被告提起行政诉讼。这里存在民事和行政诉讼程序孰先孰后的问题。在反垄断民事诉讼中,经营者的行为是否构成垄断是正确解决民事争议的前提。此时,反垄断执法部门作出的是否构成垄断的认定结论就成为民事诉讼的先决问题。

大陆法系国家和我国台湾地区对于行政行为先决问题的解决,可归纳为以下几种方式:一是对于无效行政行为,民事诉讼可以否定其效力。二是除无效行政行为以外,对其他行政行为的审查主要可概括为以下三种做法:(1)法、德、奥等多数国家的做法:民事法院均无权对行政行为的效力问题作出判断,只能中止民事诉讼,由当事人向行政法院

---

〔119〕 民行交叉案件,是指在案件审理过程中,同时存在需要解决的行政争议和民事争议,两种争议的内容具有关联性、处理结果互为因果或互为前提的案件。

提起行政诉讼或者将行政行为的效力问题移交给行政法院解决。[120] (2)日本的做法:在行政行为的效力被撤销之前,法院在民事诉讼中不得作出与该行政行为效力相矛盾的判决。[121] (3)我国台湾地区的做法:行政行为的效力问题在进入民事法院之前是否已经诉至行政法院,这是民事法院是否可以审查行政行为效力的判断前提。如果行政法院已经先于民事法院受理该争议,则民事法院应当中止民事诉讼,否则民事法院可以径行对行政行为的效力作出判断。[122]

在我国大陆地区,如果行政行为的效力构成民事诉讼解决的前提,对这一问题的解决思路是原则上应先中止民事诉讼。主要理由为:每个审判业务庭的审判权限不同,法律亦未规定民事诉讼可对行政争议附带审查的情形,行政行为的合法性只能由行政诉讼来判断。[123] 而且反垄断执法机构作出的是否构成垄断的处理决定,是行政机关对有关事实进行全面调查,并结合相关专业知识进行综合判断得出的结论。该行政行为具有公定力,非经法定程序不能否定其效力。因此,在审理反垄断民行交叉案件时,还应遵循"谁前提,谁优先"的原则,当作为先决问题的行政行为处于行政诉讼程序时,应先中止民事诉讼程序,等行

---

〔120〕 在大陆法系,大多数国家在普通法院之外设立行政法院处理行政诉讼案件,而普通法院则负责审理民事案件。在法国,对于暴力行为以外的行政行为,无论是行政条例还是行政处理,普通法院均无权判断其合法性,必须由行政法院裁决。在德国,民事法院遇到行政诉讼的先决问题时,必须中止民事诉讼,将有关先决问题送交行政法院裁判。主要理由是管辖权的相互尊重。参见王名扬:《法国行政法》,中国政法大学出版社1988年版,第595页。

〔121〕 [日]室井力主编:《日本现代行政法》,吴微译,中国政法大学出版社1995年版,第95页。

〔122〕 台湾"行政诉讼法"第12条规定:"民事或行政诉讼之裁判,以行政处分是否无效或违法为据者,应依行政争讼程序确定之。前项行政争讼程序已经开始者,于其程序确定前,民事或刑事法院应停止其审判程序。"

〔123〕 《行政诉讼法》倒是对部分行政裁决案件可以采取行政附带民事诉讼的审查方式做了明确规定。《行政诉讼法》第61条规定:"在涉及行政许可、登记、征收、征用和行政机关对民事争议所作的裁决的行政诉讼中,当事人申请一并解决相关民事争议的,人民法院可以一并审理。"

政争议解决后，再恢复民事案件的审理。[124] 而在实践中困惑最大的是：民事诉讼发生时，行政行为尚未进入行政程序或行政诉讼程序，行政行为的合法性尚存在接受行政机关内部和司法审查的可能性。此时，法院的民事审判庭应该如何处理法律未有明确规定。因此，相关程序如何衔接还应谨慎研判，审判实践中遇到此类案件，人民法院还应多做释明工作，引导当事人先解决行政争议为宜。

综上所述，笔者认为，因垄断引发的民事和行政诉讼程序交叉竞合问题的解决，我国可以借鉴法、德、奥等国家的相关制度，法院应当中止民事诉讼程序，由当事人就相关先决问题请求有权行政机关或提起行政诉讼先行解决，待先决问题解决后，再重新恢复民事诉讼程序。[125]

---

[124] 例如，宋治安诉无锡锅炉厂一分厂专利侵权民事案件，载最高人民法院公报编辑部编：《最高人民法院公报典型案例全集》，警官教育出版社 1999 年版，第 743 页。

[125] 如前所述，由于反垄断执法专业性、技术性很强，反垄断执法机构所作的决定和认定的事实具有较强的权威性。在经营者集中这专业性更强、对国民经济影响更大的领域内，我国《反垄断法》还专门规定了复议前置程序。在司法领域，国外立法广泛承认反垄断执法机构所作的事实认定对于法院具有拘束力。在我国，除有相反证据证明外，法院对反垄断执法机构所作认定的事实也是给予尊重的。

第五章　我国国际贸易行政诉讼制度完善的构想

第一节　将国际贸易行政终局行为纳入国际贸易行政诉讼受案范围的设想

行政终局行为，是指根据法律规定必须由行政机关作出最终决定或裁决的行为。在我国现行的法律制度中，对于特定的行政争议，当事人一旦选择行政裁决的，则这些行政裁决是终局的，不能再到法院提起行政诉讼。[1] 这一制度的设立使部分

---

〔1〕《行政诉讼法》第 13 条规定："人民法院不受理公民、法人或者其他组织对下列事项提起的诉讼：……（四）法律规定由行政机关最终裁决的行政行为。"《若干解释》第 5 条规定："法律规定由行政机关最终裁决的具体行政行为"中的"法律"，是指"全国人民代表大会及其常务委员会制定、通过的规范性文件"。目前，我国规定行政终局的法律条文有：《中华人民共和国公民出境入境管理法》第 15 条、《中华人民共和国外国人入境出境管理法》第 29 条第 2 款、《行政复议法》第 14 条和第 30 条第 2 款。

行政行为可以不受司法监督，存在行政权滥用的可能性，也与司法最终解决原则这一民主法治原则以及 WTO 规则的基本要求相背离。同时，行政终局裁决是缺乏法理支撑的，况且我国"入世"时承诺的司法审查范围是非常广泛的，原则上排除了行政行为的终局性。因此，为了使我国国际贸易司法救济范围与 WTO 要求保持一致，以便更好地履行入世承诺，将行政终局行为纳入行政诉讼受案范围，是我国行政诉讼制度完善和发展的方向。

一、我国关于行政终局行为的规定与 WTO 要求之间的具体差距

WTO 的很多重要法律文件均规定了司法审查原则，其中的《反倾销协定》和《补贴与反补贴措施协定》均明确规定"最终裁定的行政行为"应当接受司法审查。[2]《海关估价协定》《服务贸易总协定》对进口商、其他纳税人和服务提供者上诉权和救济权作了非常广泛的规定。[3] TRIPS 协定规定任何知识产权行政决定均应接受司法审查。[4]

---

〔2〕《反倾销协定》第 13 条规定："国内立法包括反补贴措施规定的每一成员均应设有司法、仲裁或行政裁决机构或程序，其目的特别包括迅速审查与最终裁定的行政行为有关……根据该条规定，当事人对国家主管机关所作的最终裁决或者行政复议结果不服，有权向司法机关提起诉讼，请求对该案重新作出裁决。"《补贴与反补贴措施协定》第 23 条规定："国内立法包括反补贴措施规定的每一成员均应设有司法、仲裁或行政裁决机构或程序，其目的特别包括迅速审查与最终裁定的行政行为有关……"

〔3〕《海关估价协定》第 11 条规定："每一成员的立法应规定在确定关税价格方面，进口商和其他纳税人有进行上诉而不受处罚的权力；可向海关内部某一部门或向一独立机构行使上诉而不受处罚的最初权利，但是每一成员的立法应该规定可向司法机关提出上诉而不受到处罚的权利。"《服务贸易总协定》第 6 条第 2 款(a)项规定："每一成员应维持或尽快设立司法、仲裁或行政裁决机构或程序，在受影响的服务提供者请求下，对影响服务贸易的行政决定迅速进行审查，并在请求被证明合理的情况下提供适当的补救……"

〔4〕《与贸易有关的知识产权协定》第 31 条规定："与此种使用有关的任何决定的法律效力应经过司法审查或经过该成员上一级主管机关的独立审查；任何与就此种使用提供的报酬有关的决定应经过司法审查或该成员上一级主管机关的独立审查。"第 32 条规定："对任何有关撤销或宣布一专利无效的决定应可进行司法审查。"第 41 条第 4 款规定："诉讼当事方应有机会要求司法机关对最终行政裁定进行审查……" 第 62 条第 5 款规定："第 4 款'下所指的任何程序中的行政终局裁决均应由司法或准司法机关进行审查……'"

最为重要的是,我国在《入世议定书》中承诺的司法审查范围与WTO的国际贸易救济范围基本一致,与国际贸易有关的所有行政行为均应在司法审查范围之中。[5]

从我国国内立法情况来看,我国采取了一系列立法和修法举措,行政终局的适用范围大大缩小。例如,2000年修改的《专利法》《商标法》取消了专利和商标评审委员会复审决定的终局性,专利或商标申请人对复审决定不服的,可以向法院提起行政诉讼。我国修改之前的《中国公民出境入境管理法》和《外国人入境出境管理法》规定,中国公民和外国人在出入境过程中受到公安机关拘留和罚款处罚的,当事人选择走申诉程序的,则上一级公安机关的裁决是终局的。[6] 2012年修改的《中华人民共和国出境入境管理法》取消了上述规定,[7]当事人对复议裁决不服的,亦可提起行政诉讼要求对其进行审查。此外,国务院还制定了一系列国际贸易领域的行政法规,如《反倾销(反补贴)条例》《货物进出口管理条例》《技术进出口管理条例》等。上述行政法规均明确规定了国际贸易主体不服主管部门作出的行政行为时既可以选择行政复议,也可以直接提起行政诉讼。但是,我们必须看到,我国仍有少数法律规定对于一些行政行为实行行政终局,不接受司法审查,

---

[5] 我国加入世界贸易组织《议定书》第2条(D)节第1段规定:“中国应设立或指定并维持审查庭、联结点和程序,以便迅速审查所有与GATT1994第10条第1款、GATS第6条和《TRIPS协定》相关规定所指的法律、法规、普遍适用的司法决定和行政决定的实施有关的所有行政行为……”第2条(D)节第2段规定:“审查程序应包括给予须经审查的任何行政行为影响的个人或企业进行上诉的机会,且不因上诉而受到处罚。如初始上诉权需向行政机关提出,则在所有情况下应有选择向司法机关对决定提出上诉的机会……”

[6] 原《中国公民出境入境管理法》第15条和《外国人入境出境管理法》第29条规定,受公安机关拘留(罚款)处罚的公民(或外国人)对处罚不服的,在法定期限内可向上一级公安机关提出申诉,也可直接提起诉讼。一旦选择申诉,则上一级公安机关作出的裁决为最终裁决。上述两条是对选择性行政终局的规定,此处的申诉相当于行政复议。

[7] 由中华人民共和国第十一届全国人民代表大会常务委员会第二十七次会议于2012年6月30日通过,自2013年7月1日起施行。

具体情况如下：

1. 当事人对国务院部门或省级政府行政复议决定不服，如果选择国务院裁决的，则国务院裁决是终局的。[8] 学界对于国务院终局裁决是否与WTO规则相冲突有三种观点：第一种观点认为，与WTO规则不相抵触。主要理由为当事人在有选择权的前提下，仍选择由国务院裁决，是对国务院的信任和对终局裁决的服从。[9] 这一观点未得到普遍认可，反对的主要理由为：既然法律赋予当事人选择权，就应尊重其选择权，保留其进一步救济的权利，这也符合穷尽行政救济原则的要求，况且法律并未禁止国务院成为行政诉讼的被告。第二种观点认为，国务院的行为可视为国家行为，我国司法惯例和宪政体制是排除对其进行司法审查的。根据WTO规则不改变成员方宪政体制的原则，应当维持现状保留国务院裁决的终局性。反对意见认为，我国宪法规定由人民法院统一行使审判权，包括国务院在内的一切国家机关都应依法行使权力。因此，对国务院的行为进行司法审查不违背我国的宪政体制，这也是WTO协定的要求。[10] 第三种观点认为，保留国务院终局裁决与WTO规则存在冲突。尽管国务院是我国的最高行政机关，但是WTO规则与我国的"入世"议定书并未将一国最高行政机关的行政行为排除出司法审查的范围。因此，我国国务院作出的行政行为不应排除在司法审查范围之外。笔者认为，首先，我国宪法并未对国务院能否成为行政诉讼的被告作否定性规定；[11] 其次，国务院对国务院部

---

[8] 《行政复议法》第14条规定："对国务院部门或者省、自治区、直辖市人民政府的具体行政行为不服的，向作出该具体行政行为的国务院部门或者省、自治区、直辖市人民政府申请行政复议。对行政复议决定不服的，可以向人民法院提起行政诉讼；也可以向国务院申请裁决，国务院依照本法的规定作出最终裁决。"

[9] 王亚琴：《入世与完善我国行政诉讼权利救济制度若干问题的思考》，载《世界贸易组织动态与研究》2002年第11期，第17页。

[10] 如《服务贸易总协定》第1条第3款(a)项明确指出成员的措施包括中央机构采取的措施，并未排除国家最高行政机关作为司法审查的对象。

[11] 目前也仅有《行政复议法》第14条对国务院可能成为行政诉讼的被告作了排除性规定。

门和省级政府的复议决定所作终局裁决并非国家行为。因此,人民法院对国务院终局裁决进行司法审查不存在法律障碍,可以考虑对《行政复议法》第14条进行修改。但是将国务院终局裁决纳入司法审查的范围,并不意味着国务院可以成为广泛的被告。由于国务院是我国最高行政机关,根据宪法规定的职责权限分工,其并不具体负责行政执法,故基本上也没有什么机会能够涉诉。

2. 国务院或省级政府对行政区划的勘定、调整的行政复议决定是终局的。[12] 此次新实施的行政诉讼法将省级政府的征收决定和对自然资源的所有权、使用权的复议决定纳入了受案范围,可以说距离WTO规则对成员国司法审查的要求又进了一步。行政区划的勘定、调整决定虽不会对贸易活动产生直接的影响,但其不能接受司法审查的情况仍与WTO司法终局的总体要求还存在差距。此外,在实践中,还可能存在一些隐形或事实上的行政终局行为。法律虽然没有对该类行为的终局性做出明确规定,但是根据立法精神或某种事实状态可以做出推定,如《税收征收管理法》第88条的规定。[13] 这些隐形的行政终局行为也剥夺了相对人的救济权利,违背了WTO的司法最终解决原则。

二、行政终局行为可诉的理论依据和实践基础

(一)可诉的理论依据

1. 基于制约并保障行政权正确行使的合理需要。行政权是国家的一项重要权力,其本质属性是管理权,即国家管理各项社会事务的权力。虽然行政权可以裁决一些社会纠纷,但是不能无限制地加以扩大,更不能将行政权作为纠纷的最终裁决权,否则必然导致行政权的滥用,

---

〔12〕《行政复议法》第30条第2款规定,国务院或者省、自治区、直辖市人民政府对行政区划的勘定、调整或者征用土地的决定为最终裁决。

〔13〕如根据《税收征收管理法》第88条规定,纳税人、扣缴义务人、纳税担保人同税务机关在纳税上发生争议时,必须先依法缴纳相应税款或者提供担保,才可申请复议或诉讼。而不缴纳相关款项就无法申请复议或者诉讼的规定,剥夺了上述人员通过司法审查寻求救济的权利,就事实上成为了行政终局行为。

从而侵害相对人的合法权益。虽然我国不像西方国家那样实行司法权、立法权和行政权相互制衡的制度,但是我国也强调对行政权要进行监督和制约。司法权本质上是一种裁判权,司法机关享有纠纷的最终裁决权,正是基于监督并且限制行政权的合理需要,以防止行政权被滥用。

2. 符合司法最终裁决的需要。司法是维护社会公平与正义的最后一道防线。纵览当今世界的法治发达国家,无一例外地均贯彻执行司法最终裁决的原则。可以说,司法最终原则是衡量一个国家法治水平的重要指标。正是因为行政机关享有纠纷的最终裁决权容易导致行政权的滥用,而且 WTO 规则也规定了成员方要对国际贸易行政行为履行司法审查的义务,所以取消行政终局裁决彰显了司法最终裁决的重要性。

（二）可诉的实践基础

从国外法治较为发达的国家来看,大多数国家均实行司法终局,都为行政行为提供了司法上诉的途径。比如,日本宪法将行政申诉作为司法审判的前置程序,并规定行政机关不能作为终审机关。从日本司法审查范围来看,除了对于统治行为、政治性或经济性政策适当性评判,以及学术性评判以外,其余的行政行为均可以进行司法审查。法国关于行政行为司法审查的标准在经历了几个阶段的发展演变之后最终确立了多元的标准。根据这一标准,法国将大部分的行政行为纳入司法审查的范围。在英美法系国家,如英国,普遍设立了具有准立法和准司法性质的独立机构以及行政裁判所,凡是影响公民权益的行政行为,除了国防、外交等行为以外,几乎都纳入了司法审查的范围。就美国来说,美国可以审查的行政行为的范围也非常广泛,除了某些具有高度的专业性和技术性的行政行为以外,[14]其余的行政行为几乎均可以纳入

---

〔14〕 根据《美国联邦行政程序法》第 701 条规定:国会可以在不违背宪法规定的限度内在法律中规定对某一事项排除司法审查;行政机关的自由裁量行为不受法院的司法审查,包括外交国防类的行为不受司法审查,纯属于行政机关内部的事物包括,总统任命高级助手和顾问不受司法审查。

司法审查的范围之中。虽然在某些具有高度的专业性和技术性的行政领域,行政机关在事实认定上比法官更加专业,但是在这些“余地排他”领域,法院仍享有对行政执法法律适用是否正确的最终判断权。从审查的范围来看,英美法系国家不仅审查行政行为的合法性,还对其合理性进行有限审查。[15] 因此,取消行政终局裁决权是符合法治发展潮流的。

三、关于将国际贸易行政终局行为纳入行政诉讼受案范围的建议

(一)对《行政复议法》第14条、第30条第2款国务院最终裁决的修改建议

对该条的修改第一种观点认为,仅将国务院作出的与国际贸易有关的裁决纳入行政诉讼的审查范围,其他裁决仍保留其终局性;[16] 第二种观点认为,全面取消国务院裁决的终局性,接受司法的最终审查。[17] 笔者认为,第一种观点比较理想,既可以履行入世义务,又不会对现在的法律框架造成太大的震动。但是,“与国际贸易有关”是一个较为抽象和概括性的概念,具体哪些案件符合法院受案的标准和条件还需要法院进一步解释和明确。且这种修法方式也只是权宜之计,全面取消行政终局才是WTO的要求和我国行政法治发展的大方向。第二种观点是一种较为彻底的解决方法,既可以全面提高我国的法治水平,使WTO法律规则在国内得到实施,又可以避免当事人将争议提交

---

〔15〕 如美国联邦行政程序法规定,对于专横的、反复无常的、滥用自由裁量权等行为,法院也有权审查。

〔16〕 孔祥俊先生认为,对国务院部门或者省、自治区、直辖市人民政府具体行政行为不服的,如果该行为属于我国承诺给予司法审查的与世界贸易组织规则有关的行政行为,那么即使国务院作出的最终裁决,也应给当事人提起司法审查的机会。参见孔祥俊:《建立与WTO要求相适应的司法审查制度》,载《中国法学》2001年第6期。

〔17〕 因为在国际贸易领域内发生的纠纷,即使国务院作了终局裁决,当事人也可以提交DSB解决,DSB根据WTO规则作出裁决,可能会对我国产生不利影响。参见王海英、袁敏:《论司法审查制度与WTO协议的衔接》,载《烟台大学学报》(哲学社会科学版)2003年第2期。

WTO 争端解决机制再次对我国判决进行评判的尴尬。因此,笔者选择了上述两种观点的折衷办法,既考虑到我国国务院作为行政诉讼的被告并不存在法律制度的障碍以及将其纳入司法审查范围是大势所趋,又立足于我国目前行政审判的现实能力。我们可采取逐步推进的方式,先将部分与国际贸易或者 WTO 规则有关的裁决纳入诉讼的范围。[18] 这样既可与 WTO 规则和入世承诺保持一致,又不会给目前的审判格局体系造成较大影响。然后再以此为基础,逐步将国务院对其他领域作出的终局裁决纳入司法审查的范围。

(二)对《行政复议法》第 30 条第 2 款规定的省级政府作出行政区划的勘定、调整复议决定终局的修改建议

虽然这一具体行政行为与国际贸易活动没有直接的联系,不会直接影响 WTO 义务的履行,但是这并不意味着这种行为不会对国际贸易权益产生间接影响。比如,外商投资对地区的投资环境非常重视,如果行政区划调整后导致地区整体经济实力下滑,或者投资政策发生变化,就会对投资者的利益造成影响,应当为其提供救济的渠道。从理论上讲,上述规定使得行政权超越了司法权,由行政机构来审查自身作出的行政行为,违反了"自己不能做自己官司的法官"的基本法治原则。建议今后立法机关在取消与国际贸易有关行政行为终局性的同时,可以同时考虑对《行政复议法》中的行政终局行为的可诉性问题进行"一揽子"解决。

此外,对一些确实有设定行政终局必要的隐性行政终局裁决,在修法时可以明确的法律规定将其显性化,以彰显其合法性。能够尽可能纳入行政诉讼范围的,在具体规定时应将选择司法救济途径明示化,即在法律条文表述中告知行政相对人复议或诉讼权利的同时,进一步明

---

〔18〕 如国际贸易参加者如果对商务部所作出的反倾销或反补贴的最终决定不服,在经过行政复议后,如果选择向国务院申请裁决,按照现行法律规定国际贸易参加者对国务院的裁决不能再另行提起国际贸易行政诉讼。我们可以考虑逐步将该部分裁决纳入司法审查范围。

确相对人如果对复议决定不服的,可在法定期限内提起行政诉讼。

第二节 扩大国际贸易行政诉讼对抽象行政行为的审查范围

在我国,抽象行政行为包括行政立法和不具有法源性的规范性文件。[19] 由于司法机关不享有违宪审查权,且 WTO 义务的履行不要求成员方改变宪政制度,因此行政立法暂时不纳入行政诉讼的审查范围不违背 WTO 的要求。但是,对其他规范性文件的司法审查无需宪法授权,将其纳入审查范围是我国履行入世承诺的客观要求。[20]

一、我国对抽象行政行为的审查现状与 WTO 要求存在差距

由于西方行政法理论中没有抽象和具体行政行为的区分,因此 WTO 协定中对行政决定的审查是包括具体和抽象行政行为在内的全面审查。从 WTO 协定的具体规定可以看出,其对抽象行政行为的审查范围是非常广泛的。[21] 在我国,传统行政诉讼法理论是完全排除抽象行政行为的可诉性的,直到 2015 年 5 月新实施的行政诉讼法吸收了《若干解释》的成功经验,将审查对象扩大到"行政行为",暗含了将所

〔19〕 抽象行政行为是指国家行政机关针对不特定的人和不特定的事制定的具有普遍约束力的行为规则的行为。行政立法行为是指有权行政机关制定行政法规和行政规章的行为。不具有法源性的规范性文件是指其他具有普遍约束力的决定、命令等。参见罗豪才主编:《行政法学》(新编本),北京大学出版社 1996 年版,第 137 页。

〔20〕 我国在《中国入世议定书》第 2 条(D)段第 1 款中对司法最终审查原则作出了承诺,将包含抽象行政行为在内的"所有行政行为"纳入司法审查的范围。

〔21〕 WTO 协定中对抽象行政行为进行审查的规定有:GATT1994 第 10 条第 3 款(b)规定,各国均应建立贸易救济机构对与海关有关的行政行为进行审查;GATS 第 6 条对影响服务贸易抽象行政行为的救济审查做了规定。此外,《反倾销协定》第 13 条、《补贴与反补贴措施协定》第 13 条、《海关估价协议》第 11 条均规定对行政决定进行审查。

有抽象行政行为纳入诉讼范围的可能性。[22] 但是最终行政诉讼还是采取了渐进式的修法方式，确立了对除法律、行政法规和规章以外的规范性文件的附带性审查机制，与行政复议的范围保持了一致。[23]

新行政诉讼法对规章以下规范性文件的审查设置了诸多限制，主要表现在：

1. 对文件制作主体作了限定。根据《行政诉讼法》第 53 条的规定，可以请求审查的规范性文件必须是国务院部门和地方政府及其部门依照法定权限和程序制定的。国务院部门不仅包括国务院组成部门，还包括其他中央国家机关。地方政府及其部门包括地方各级政府、县以上政府所属的工作部门、省以下实行垂直管理的部门、县以上政府设立的派出机关。

2. 对审查的启动方式和文件涉及的内容作了限定。行政相对人要启动对规范性文件的司法审查，必须以对行政行为提起诉讼为前提，即只能在对具体行政行为起诉时附带提起，不得提出单独、直接的审查要求。要求审查的文件必须是作为被诉行政行为的行政职权、程序、事实认定等依据的规范性文件。与具体行政行为没有直接关联，以及涉及奖惩任免、工作计划等内部事务或技术性的文件，相对人也不能一并提出审查请求。

3. 对相对人提出审查请求的时间点作了限定。行政相对人必须在提起行政诉讼的同时提出审查请求。如果未能在起诉时提出，则至迟在一审开庭前提出。当事人在法庭调查结束之前提出对规范性文件审

---

〔22〕《行政诉讼法》第 2 条规定："公民、法人或者其他组织认为行政机关和行政机关工作人员的行政行为侵犯其合法权益，有权依照本法向人民法院提起诉讼。"这里的"行政行为"内涵外延丰富，包括抽象、具体、内部、外部、法律行为、事实行为、单方行为、合同行为等各类行政行为。

〔23〕《行政诉讼法》对抽象行政行为的审查范围可在《行政诉讼法》第 2 条、第 12 条、第 13 条、第 53 条的规定中可以得到印证。目前，我国各地均已出现要求附带审查"红头文件"的案件，如四川某一律所在向工商部门申请变更登记遭到拒绝后，向法院提起行政诉讼要求撤销工商部门的上述行政行为，并依法履责，同时提出了要求对行政行为作出的依据——司法部 20 多年前制定的文件的合法性进行审查。

查要求的，法庭应重点审查其迟延请求是否存在正当理由。如果没有正当理由，法庭对当事人提出的附带审查的请求不予接受。

4. 采取合法性兼有限合理性的审查标准。规范性文件合法性的审查应主要从以下三个方面进行把握：(1)制定主体职责权限的合法性。着重审查制定主体是否适格，有无或制定权限，是否超越制定权限。(2)制定内容的合法性。规范性文件的内容不得与宪法、法律、法规、规章相冲突，也不得与上级行政机关制定的规范性文件相抵触。(3)制定程序的合法性。规范性文件的制定程序一般包括：规划、起草、征求意见、审查、通过、公布等。通常情况下，法院不对当事人提出的合理性请求进行审查，如果发现内容明显不当的，仅限于向行政机关发送司法建议，而不能在裁判文书中评说。

5. 审查的结果并非直接效力的确认。人民法院经审查认为规范性文件合法有效的，可以在裁判文书中引用作为裁判说理的依据。[24] 经审查发现规范性文件违法的，法院只有违法判断权，而不能直接宣布其无效，但可以向制定机关发送司法建议。[25] 一旦确定规范性文件违法，法院可以对其排除适用，并在裁判文书中阐明理由。

综上所述，虽然这次行政诉讼的修改将抽象行政行为从“排除审查”扩大到“有限审查”，可以说是一项重大进步和突破，但是，在现代法治国家，司法权对行政权的监督应该是全面的，建立抽象行政行为的全面审查机制是其应有之义。可见，我国目前的司法审查现状与 WTO 的要求还存在一定的差距。

---

〔24〕 2000 年《若干解释》第 62 条第 2 款规定，人民法院在审理行政案件时，可在裁判文书中引用合法有效的规章及其他规范性文件。2004 年《关于审理行政案件适用法律规范问题的座谈会纪要》中指出，经法院审查合法、有效的行政规定，在认定具体行政行为合法性时应承认其效力，并可以再裁判文书中适当进行评述。2009 年《最高人民法院关于裁判文书引用法律、法规等规范性法律文件的规定》第 6 条规定，经审查认定为合法有效的行政规定，可以作为裁判说理的依据。

〔25〕 《行政诉讼法》第 64 条规定：“人民法院在审理行政案件中，经审查认为本法第五十三条规定的规范性文件不合法的，不作为认定行政行为合法的依据，并向制定机关提出处理建议。”

二、抽象行政行为的可诉性探讨

（一）纳入司法审查的必要性分析

1. 权力制约机制的必然要求。立法、行政和司法三种权力相互制约是法治原则的基本要求，我国的民主集中制也不排斥国家机关之间的平衡和制约。从当今世界发展趋势来看，行政权力呈扩张趋势，没有监督的权力必然导致滥用。除了立法和行政机关内部监督以外，司法权固有的判断权属性，在监督和制约行政机关依法行政方面发挥着重要的作用。

2. 权利保障机制的客观需要。抽象行政行为具有反复适用性和普遍约束力，如果行为的本身不具有合法性，那么它的社会危害性不管从广度上还是在深度上，都要比具体行政行为更大一些。因此，加强对抽象行政行为的监督，将其纳入司法审查的范围，可以及时消除错误行政行为作出的根源，杜绝行政机关依据同一规范文件作出行政行为长期、反复、持续侵害管理相对人利益的事情发生。

3. 维护法制统一的必然选择。在我国，各级行政机关均有权在自己的责任范围内制定有关规范性文件，因此存在"法出多门"，制定程序不规范，立法技术和质量不高，甚至重复立法、越权立法的现象。一些地方执法或者行政部门经常以制定、下发"红头文件"等规范性文件的形式违法设置行政许可、处罚或收取费用等来谋取私利，不仅对相对人的利益造成了侵害，而且严重破坏了我国的法制统一。

此外，将抽象行政行为纳入司法审查的范围，也是我国履行"入世"承诺的重要步骤。如这一法律问题在成员国国内不能得到有效的解决，则该争议将提交 WTO 争端解决机制，届时法律问题将演变为外交和政治问题。[26]

---

〔26〕 如 2004 年 3 月，美国就我国国务院发布《关于鼓励软件产业和集成电路产业发展的若干政策》和财政部、税务总局联合下发《关于进一步鼓励软件产业和集成电路产业发展税收政策的通知》，向 WTO 提出申诉，认为对集成电路企业及产品的增值税退税政策违反了 WTO 规则。2006 年 3 月，欧盟、美国和加拿大就我国海关总署、国家发改委、财政部和商务部联合制定的《构成整车特征的汽车零部件进口管理办法》提出申诉，认为对超过一定比例的零部件按整车征收关税的做法违反了 WTO 规则。

(二)纳入司法审查的可行性分析

1.符合国际发展趋势。对抽象行政行为进行司法审查是法治发达的国家的普遍做法。比如,德、法等大陆法系国家均设立专门的行政法院对抽象行政行为进行审查,而日本的最高法院、高等法院和地方法院均有司法审查权。在英美法系国家中,英国采取由普通法院采取事后附带性审查的方式对行政管理法规进行监督。而美国则分两个层级来进行审查:由违宪审查来实现对行政立法的审查,各级法院负责对相关行政命令的审查。上述国家对抽象行政行为审查的理论和实践为我国今后的修法和改革提供了有益的经验借鉴。

2.符合我国的宪政体制。我国宪法规定,任何公民都可以对国家机关和国家工作人员违法失职行为进行检举、控告,并有权要求赔偿。[27] 在我国,宪法虽不是法院司法审查的直接和具体依据,但应该而且必须是最高和最终依据。[28] 人民法院对抽象行政行为的审查,是监督和规范行政权有效方式,也是保障公民、法人和其他组织宪法权利的重要途径。

3.法院具备了对抽象行政行为进行审查的现实能力。我国行政诉讼法颁布之初,未赋予司法机关对抽象行政行为进行审查的权力,主要考虑到行政诉讼制度刚刚建立,许多制度还不成熟,在具体审查上不好把握。行政诉讼法实施多年以来,法院受理行政案件的数量越来越多,案件涉及的类型和领域不断拓展,司法权对行政权监督的范围和力度也越来越大。行政复议法对规范性文件的附带审查机制已运行数年,积累了一定的实践经验。在审判力量配备上,全国各级法院长期以来都非常重视审判队伍建设,采取多种举措培养和提高在编法官的专业素养和司法能力,审判队伍建设得到长足发展,具备了对各类疑难、复杂案件进行审查的能力。

---

〔27〕 这里的国家机关既包括行政机关,也包括立法和司法机关;违法失职行为既包括具体行政行为,也包括抽象行政行为。参见我国《宪法》第41条。

〔28〕 罗豪才主编:《中国司法审查制度》,北京大学出版社1993年版,第447页。

三、将行政规章纳入行政诉讼审查范围的构想

国内对于抽象行政行为应全部还是部分纳入到审查的范围，有三种观点：第一种观点认为，根据WTO普遍审查的原则，所有抽象行政行为均应纳入司法审查；第二种观点认为，与WTO有关的政府行为仅限于国际贸易领域，仅将与贸易有关的抽象行政行为纳入审查的范围即可[29]；第三种观点认为，仅将包括规章在内的、与贸易有关的规范性文件纳入审查范围即可。[30] 笔者认为，上述三种观点各有其考虑的侧重点。从与WTO总体要求和与国际发展趋势对接的角度看，应对所有抽象行政行为进行审查；但从我国法治发展现状来看，对抽象行政行为的审查还应分阶段、分步骤稳妥开展。

从近期目标来看，笔者同意第三种观点。根据我国行政诉讼法的规定，规章以下与国际贸易有关的规范性文件已经在审查的范围之内。立法法已经对法律、行政法规、自治条例、单行条例的立法审查做了规定，[31]而且由司法机关来审查法律、行政法规等涉及我国宪政体制，在目前阶段不宜一步到位。而对于行政规章，立法法未对其做立法审查的规定，[32]而且在具体适用中，规章只能“参照”适用，并不具有规范依据的地位，这为其今后司法审查的范围留有空间。因此，笔者认为将规章纳入行政诉讼的审查范围，既可以履行我国入世承诺，又可以为后续进一步发展和完善行政诉讼制度提供缓冲期。主要理由为：在国际贸易行政管理实践中，行政规章是落实WTO协定的最广泛和具体的法律文件，也最容易引发矛盾争议。我国法律规定规章冲突由国务院裁决，这只是行政机关内部的审查。而相比之下，司法审查更具中立性

---

〔29〕 甘文：《WTO与司法审查》，载《法学研究》2001年第4期，第136—137页。

〔30〕 夏金莱、叶必丰：《对WTO体制下国际贸易行政诉讼的思考》，载《法学评论》2003年第3期，第68—69页。

〔31〕 参见《立法法》第63条、第68条、第72条、第99条、第100条、第101条的规定。

〔32〕 但依据《立法法》第98条第（四）项对规章的备案审查做了规定，如果发现有不适当的部门规章和地方政府规章，国务院有权改变或撤销。第95条对地方性法规、规章之间不一致时的裁决权限作了规定。

和公正性,更有利于保障经贸安全和政治稳定。现对我国法院对行政规章审查的模式设计如下:

(一)级别管辖

我们可以参照美国和韩国的专门法院和普通法院审理相结合的一元制复合审查模式,来完成对行政规章的审查。如在美国,国际贸易行政案件由专门的国际贸易法院一审,法院在审理时可以一并对规章的违法和违宪性进行审查,[33]并可以直接全部或部分撤销。当事人不服一审裁判,可以向联邦上诉法院提出上诉。联邦最高法院审查联邦或州的立法是否违宪,不管其初审或者复审的案件均是最终裁判。在韩国,[34]国会立法由宪法法院审查,规章等规范性文件由行政法院一审,最高法院则是对各种行政命令违宪、违法审查的终审法院,是二审法院。

笔者认为,现阶段我国对行政规章的审查模式还是采取对规范性文件的审查方式——附带性审查为宜,即相对人须与具体行政行为一并提起,要求审查的条文必须与被诉行政行为具有直接关联。具体审查模式设计如下:(1)在普通行政案件中,附带审查的部门规章或地方政府规章其管辖法院还应根据被诉具体行政行为的被告,结合行政诉讼法级别管辖的规定来确定。因此,可由相应的地方基层法院或中级法院一审,对应的上级法院负责二审。[35] (2)在国际贸易行政案件

[33] 美国联邦最高法院曾通过马伯里诉麦迪逊案的判决指出,美国联邦最高法院有权宣布某个法律违宪而不被采用。

[34] 全国法院分为三个层级即宪法法院、最高法院和行政法院。

[35] 此次司法改革的重要内容之一就是法院财政独立,基层法院财政将纳入中央财政预算,改变了地方基层法院依赖地方政府财政的现状。因此,由地方基层法院对地方政府规章进行审判,可以摈弃以往地方保护的观念。如果认为还存有影响司法公正的因素,在具体实践中,也可以采取异地交叉管辖的审理模式,或者跨区划行政案件集中管辖。这也是司法改革的另一重要内容,为贯彻落实党的十八届四中全会决定,2014年12月28日和12月30日,上海、北京分别成立了跨行政区划法院,即上海市第三中级人民法院、北京市第四中级人民法院。此次,跨行政区划法院的设立主要是要克服行政审判中的地方保护主义,排除地方对审判工作的不当干扰,解决当事人"争管辖"和诉讼"主客场"问题。

中，附带审查的行政规章由专门审理该类案件的地方国际贸易法院一审，由对应的地方高级法院负责二审。对地方高级法院作出的生效行政裁判可向最高法院设立的巡回法庭申请再审。[36]

（二）审查的强度和处理方式

对行政规章的审查主要还是合法性审查，不管是普通法院还是国际贸易法院，在对行政规章进行附带审查时，如果发现行政作为依据的规章有违宪、违法和违反上位法等不合法情形的，不能直接作出撤销该规章或者确认规章无效判决。法院只能对该规章不参照适用或不作为行政行为合法的依据，并向制定机关提出处理建议。无论对行政规章审查的结果是合法还是违法，判决方式仍取决于对具体行政行为的审查结果。具体行政行为合法的，判决驳回原告的诉讼请求；具体行政行为不合法或者明显不适当的，可根据具体情形作出撤销判决或者确认违法判决。

当然，如果对抽象行政行为的审查不采取上述附带性审查的方式，或者今后将所有抽象行政行为均纳入诉讼范围，那么首先需要解决行政公益诉讼的问题。[37] 从与 WTO 接轨的长期目标来看，今后在条件成熟的情况下，可考虑将所有抽象行政行为纳入司法审查的范围。但是这项内容涉及我国的宪政体制，因此还应谨慎规划，从长计议。

---

〔36〕 根据 2015 年 2 月 1 日施行的《最高人民法院关于巡回法庭审理案件若干问题的规定》，巡回法庭是最高人民法院派出的常设审判机构，受理对地方高级人民法院作出的已经发生法律效力的行政或者民商事判决、裁定、调解书申请再审的案件。目前全国设立两个巡回法庭。第一巡回法庭设在广东省深圳市，巡回区为广东、广西、海南三省；第二巡回法庭设在辽宁省沈阳市，巡回区为辽宁、吉林、黑龙江三省。最高法院还可根据审判工作需要增设巡回法庭，并调整巡回法庭的巡回区和案件受理范围。

〔37〕 因为个人就抽象行政行为提起诉讼往往涉及公众的普遍利益，自己本身没有诉的利益。

第三节 将行政指导等非强制性行政行为[38]纳入国际贸易行政诉讼受案范围

经济全球化要求国家和市场贸易投资自由化、宏观经济调控国际化。在风云变幻的国际市场竞争中，由于市场主体自身占有资源的局限性，国内企业无法与实力雄厚、人力和信息资源充足的跨国集团相抗衡，迫切需要政府为其提供各类相关的具体服务。如在美日胶卷案中，日本政府即通过行政指导行为，引导本国企业做出符合自身情况的决策，使其在国际经贸中取得优势地位。作为一种新型的管理手段，行政指导已成为政府积极管理和引导社会经济活动的重要方式。本节拟对WTO背景下的行政指导等非强制行政行为的可诉性做一探讨。

一、行政指导的概念及性质

（一）行政指导的概念

行政指导这一概念首先出现于“二战”后的日本，在欧美国家其多被称为非强制行政行为。[39] 我国行政指导理论受日本影响较大，是随着市场经济体制的建立，在政府职能转变的过程逐步建立起来的。目

[38] 根据行政主体行使行政权的方式不同，可将行政行为分为强制性行政行为和非强制性行政行为两类，强制性行政行为是由一定的行政主体依其职权，主动发出的以强制行政相对方服从、接受为特征的行政行为；而非强制性行政行为是与强制性行政行为相对的一个概念，它是行政主体与行政相对人双方之间通过建立合作、协商关系来共同管理社会公共事务，不以强制行政相对方服从、接受为特征的行政行为，主要表现为：行政指导、行政合同、行政奖励、行政扶助、行政信息服务等行为。

[39] 莫于川等：《法治视野中的行政指导》，中国人民大学出版社2005年版，第5页。

前学界对于行政指导的概念表述颇多，[40]但从这些不同表述中，我们可将其共同点概括为：第一，行政指导是一种柔性的行政管理方式，具有很强的灵活性和任意性。第二，行政指导不具有强制约束力。大家的主要分歧在于对行政指导性质的认识，有以下几种代表观点：(1)非

---

〔40〕 林纪东认为："行政指导，谓行政机关就其所掌之事务，对于特定之个人、公私法人或团体，以非强制之手段取得相对人之同意与协力，以达到行政目的之行为。"参见林纪东：《行政法》，三民书局1994年版，第434页。林江山认为："行政指导，亦称行政辅导，通常指作为政府的行政机关，在其职权责任范围内，或结合其承担的具体任务，采用提出希望、建议、劝告、告诫、敦促等方式，谋求行政相对方的响应乃至主动配合，以最终实现其所期望的行政目的或状态之行为。"参见林江山编：《行政法新编》，五南图书出版股份有限公司1973年版，第407页。莫于川认为："行政指导是行政机关在其职能、职责或管辖事务范围内，为适应复杂多样化的经济和社会管理需要，适时灵活地采取符合法律精神、原则、规则或政策的指导、劝告、建议等不具有国家强制力的方法，谋求相对人同意或协力，以有效地实现一定行政目的之行为。简言之，行政指导就是行政机关在其职责范围内为实现一定行政目的而采取的符号法律精神、原则、规则或政策的指导、劝告、建议等不具有国家强制力的行为。"参见莫于川等：《法治视野中的行政指导》，中国人民大学出版社2005年版，第10页。罗豪才认为："行政指导是指行政主体在其职责、任务或其所管辖的事务范围内，为适应复杂多变的经济和社会生活的需要，基于国家的法律原则和政策，在行政相对方的同意或协助下，适时灵活地采取非强制性手段，以有效地实现一定的行政目的，不直接产生法律效果的行为。"参见罗豪才主编：《行政法学》，北京大学出版社1996年版，第275页。胡建淼认为："所谓行政指导，是指国家行政机关在其所管辖事务的范围内，对于特定的行政相对人，运用非强制性手段，获得相对方的同意或协助，指导行政相对人采取或不采取某种行为，以实现一定行政目的的行为。"参见胡建淼主编：《行政法学》，法律出版社1998年版，第412页。杨海坤认为："行政指导就是国家行政机关在其所管辖失误范围内，对于特定的人、企业、社会团体等，运用非强制性手段，获得相对人的同意或协助，以实现一定行政目的的行为。"参见杨海坤：《中国行政法基本理论》，南京大学出版社1992年版，第355页。应松年认为："行政指导是指行政机关为实现所期望的行政状态，谋求相对人响应而依照法律政策所采取的非权力行政执法活动。"参见应松年主编：《行政行为法》，人民出版社1992年版，第187页。

权力性事实行为;[41](2)非权力性行政职权行为;[42](3)非强制性权力性事实行为;[43](4)权力性行政行为;[44](5)非强制性行政行为说。[45] 参照我国法律规范的相关规定,笔者将行政指导的含义概括为:行政机关在其职权范围内,通过建议、提醒、规劝、约谈等非强制性方式,引导公民、法人和其他组织自愿作出或不作出某种行为,来实现行政管理目标。[46]

(二)行政指导的法律属性

1.行政指导的权力性之争。在确定行政指导是否具有权力属性之前,首先要弄清楚行政指导是否具有强制性,以及其强制性与权力性是

---

[41] 这种观点认为,行政指导是一种不发生或不直接发生法律后果的事实行为。同时,由于行政指导没有法律上的强制力,相对人可以接受也可以不接受,行政机关不能因为相对人不接受而实施法律上的强制措施,因而行政指导是非权力性的。参见罗智敏:《试论行政指导》,载《行政法学研究》1999年第3期。

[42] 这种观点认为,行政指导的本质是一种非行政权的行为,承受行政指导的行政相对人是否接受指导取决于其自愿,而不同于行政权固有的命令与服从的强制性。同时,行政指导仍然是以调整行政关系为其基本内容的一种与行政相关的行为,这就决定了行政指导与行政行为之间具有密不可分的关系。参见姜明安主编:《行政法与行政诉讼法》,北京大学出版社1999年版,第247页。

[43] 这种观点认为,权力性与强制性没有必然的逻辑联系,权力性并不等于强制性。不能因为行政指导没有法律上的强制力就断言它是非权力性的行政活动。从形式上看,行政指导是非强制性的,而更重要的是,在行政指导的背后有行政权力作为后盾。因此,不应当受制于日本行政法的限制而应承认行政指导是权力性的行政活动。参见吴华:《论行政指导的性质及其法律控制》,载《行政法学研究》2001年第2期。

[44] 这种观点认为,凡是行政行为均属于权力性的,行政指导的做出以及指导赖以发挥实效的诸种措施都是基于行政权力。那种认为行政指导是非权力性的观点在逻辑上是错误的。参见包万超:《转型发展中的中国行政指导研究》,载罗豪才主编《行政法论丛》(第1卷),法律出版社1998年版,第287—288页。

[45] 这种观点认为,行政指导具有目的性,且间接地引起法律后果,因而不是事实行为;同时,行政指导有事实上的强制力,影响了相对方的权利义务关系,当然是具有法律意义,因而行政指导是行政行为。同时,鉴于行政指导往往都是以非强制性的方式作出的,因此应当将其定位为非强制性行政行为。参见郭润生、宋功德:《论行政指导》,中国政法大学出版社1999年版,第58—59页。

[46] 参见《工商行政管理机关行政指导工作规则》第3条。

否具有必然的联系。对于第一个问题,从理论或应然层面来说,行政指导具有非强制性,它是我国行政管理体制改革由“管理行政”向“服务行政”转变的产物。但是从现实或实然角度来讲,传统“官本位”思想较重,行政管理相对人在趋利避害的心理下往往会违背自己的意愿遵从行政指导,这使得行政指导具有了事实上的强制力。对于第二个问题,有的学者认为有行政权力就必然具有强制性。[47] 这实际上是对权力的狭隘理解,权力表达的方式是多样的,既可以是“强制行政”,也可以是“柔和行政”,而在民主政治日益发展的今天,权力的柔和性表现得更加突出。综上所述,行政指导作为一种行政机关行使行政权的行为具有权力性,但它的显著特征是非强制性,即必须是相对人自愿参加,采用的是建议、规劝等柔和方式。[48] 相对人在具体实施上通常会采纳行政机关的建议,行政指导因此具有了事实上的强制力。[49]

2. 行政指导的性质之争。早期的日本行政法学理论认为,行政指导不产生法律上的效果,没有法律约束力,属于事实行为。但是随着实践的发展,日本以及包括我国在内的其他国家逐步改变了这一观点。行政指导能否产生法律效果,应区分不同的情况来判断。通常情况下,行政指导具有单方性,行政机关一经将其观点或意思表达出来,该行为就成立了,是否产生法律效力取决于相对人是否接受该建议并采取相

---

〔47〕 日本学者曾就如此表述:“相对人认为行政指导合情合理,便服从之;反之,认为行政指导有悖于情理,也可以不服从。这是因为行政指导是行政机关的非权力性行为,不像行政行为那样具有强制性。相反,行政指导的非强制性,也进一步证实了行政指导的非权力性”。参见杨建顺:《日本行政法通论》,中国法制出版社 1998 年版,第 540 页。

〔48〕《工商行政管理机关行政指导工作规则》第 4 条规定了行政指导的基本原则为:合法、自愿、公平、公开、合理、效率。第 12 条第 2 款规定了行政指导的方式:建议、辅导、提醒、规劝、示范、公示、约谈及其他不违背法律、法规、规章规定的行政指导方式。

〔49〕 如 2014 年 7 月 16 日工商总局网监司在浙江省召开阿里巴巴集团行政指导座谈会,目的在于指导、督促阿里巴巴集团加强自律,净化网络购物环境,维护消费者、经营者合法权益。这是一起典型的行政指导案件。

应措施。如果相对人通过明示或默示的方式接受了指导意见,并依照该意见进行了相关活动,则行政指导即发生法律效力。此时,行政机关与相对人之间形成了行政法上的权利和义务关系,对双方当事人都具有法律上的拘束力。

通过上述分析我们可以看出,行政指导具有权力性和非强制性的法律属性。

二、行政指导的可诉性探讨

(一)我国对行政指导可诉性的态度

从我国现有的法律规定来看,新《行政诉讼法》第 2 条暗含了行政指导可以通过行政诉讼进行审查的可能性,但在后续对《若干解释》进行修订时,并没有因此而对第 1 条第 2 款第 4 项作出改动,行政指导行为仍被排除在人民法院的审查范围之外。这可能与我国目前理论界和实务界对行政指导的性质尚未达成共识有一定的关系,现在纳入时机未到,但行政诉讼法已经为今后《若干解释》的修改和该类行为的纳入诉讼范围预留了空间。目前,我国学界有相当一部分学者受到传统行政行为理论的影响,认为行政指导没有强制性,不是传统的行政行为,不宜纳入行政诉讼的受案范围。[50] 有的学者从行政指导的致害后果考虑,认为其应随着我国行政诉讼法律制度的完善,逐步纳入诉讼范围。[51] 还有的学者将行政指导界定为事实行为,相对人基于该指导行为造成损害的,可通过提起赔偿之诉救济。但也有的学者认为,行政指导是一种新型的行政行为,将其纳入诉讼范围不存在理论和制度上的

〔50〕 如胡建淼教授认为:"从世界各国的行政法律制度上看,大多国家没有把行政指导纳入行政复议和行政诉讼轨道之内,也没有把它纳入行政赔偿范围之内。这是一种合理的通则。在中国,行政指导同样不适用行政复议、行政诉讼和国家赔偿救济。"

〔51〕 如莫于川教授认为:"无论从法、理、情还是现实生活中的诸多案例及其效果来看,应以具有损害后果和一定的联系因素为判断标准,通过完善行政诉讼法律规范将行政指导行为逐步纳入司法审查的范围,并通过立法和司法及其解释,尽快将行政指导纳入我国的司法审查范围。"

障碍。[52]

（二）国外对行政指导可诉的态度

在行政指导制度产生的早期，世界上大部分国家均未承认其可诉性。但是，随着理论和实践的不断发展，一些国家已将其纳入司法审查范围，形成了一些诉讼案件，这对完善行政指导制度起到了积极的作用。如日本法院开始突破性地受理了一些行政指导诉讼案件，确认其可诉性。比较有代表性的是1950年的“农协会员诉省港税务署长行政指导案”。美国和韩国分别在其本国的《联邦行政程序法》和《行政程序法》中对行政指导做了规定。美国自20世纪70年代以来，司法实践中出现了大量的行政指导诉讼案例。韩国则从行政指导的一般原则、构成要件、具体运行的行政程序做了细化规定。而在德国，根据相关法律规定，行政指导诉讼由行政法院专门受理。

（三）行政指导纳入行政诉讼范围的可行性、必要性分析

1. 行政指导可诉的可行性。第一，行政指导是一种行政权的行使方式，有权力就必须有监督。只有将行政指导纳入到司法的监督之下，才能确保其沿着宪政和法治的轨道健康发展。第二，由于行政指导具有非强制的属性，它的实施需要相对人自愿接受，而这种“自愿”的基础是信赖，因此信赖保护原则是行政指导可诉的理论依据。第三，行政诉权是公民享有的一项基本权利，行政指导权的行使有没有侵犯相对人的权益需要进入司法程序才能做出最终判断。因此，行政诉权的实现与保护是行政指导可诉的权利依据。

2. 行政指导可诉的必要性。实践中，在相对人不接受、不配合实施行政指导去完成行政管理目标时，行政机关经常会以行政指导的名义去实施一些强制性行政行为。此时，行政指导行为可能被异化为行政

〔52〕 如宋功德教授认为：“行政指导必然要归类于行政行为，这仿佛已是不争的事实。随着行政诉讼受案范围的日渐拓展，行政指导必将被纳入行政诉讼范畴。”“我们有理由认为，由于行政指导正成为或必将成为现代政府施政的中心。因此，行政指导亦必将成为司法权制约行政权的核心，司法审查行政指导将是司法审查的中心所在。”

处罚、行政合同、行政命令等行为。同时,由于行政指导的规范化、制度化程度低,常常会出现不公平、不公正、不公开等侵害相对人合法权益的现象。随着社会经济的发展,行政指导在管理经济生活中占据着越来越重要的地位,行政指导法制化、规范化问题也已成为一个亟须解决的问题。并且《若干解释》中行政指导不可诉的规定已经和 WTO 体系中非违法之诉对行政指导审查的实践,以及我国入世的承诺存在冲突。因此,建立和完善行政指导的法律救济制度,将行政指导等非强制性行政行为纳入行政诉讼范围,既是保障公民权益和规制政府权力的双重要求,又是行政指导现实发展的必然选择。

三、我国行政指导审查模式的设计方案

行政诉讼的审查对象修改为"行政行为",行政合同这一非强制性行政行为也已经明确规定在受案范围内。目前,行政指导纳入诉讼范围的最大障碍就是《若干解释》中的排除性规定。建议最高人民法院能够针对实践中存在的问题,对该项修改引起重视,在广泛调研和研判的基础之上,及时对《若干解释》中行政指导不可诉的规定予以修改。在行政指导纳入诉讼的制度设计上,除保留传统行政行为的共同之处外,还应具有其特殊规则。具体设计如下:

(一)司法审查的范围和审查标准

依据指导的对象是否特定,行政指导可分为特定的和普遍的两种类型。普遍的行政指导即为我们通常所讲的抽象行政行为,因其适用范围的广泛性和对象的不特定性,相对于特定的行政指导在破坏广度和强度上更甚。从 WTO 要求和法治发展趋势来看,普遍的行政指导亦应逐步纳入我国行政诉讼的审查范围,人民法院具体可参照前述对抽象行政行为的审查方式对其合法性进行审查。人民法院在对特定的行政指导行为进行审查时,在坚持合法性审查标准的同时,还需兼顾合理性问题的审查。在实际工作中,承办法官要以行政争议的实质性解决为指引,采取调判结合的方法,能调则调,当判则判,避免出现案件久拖不决的和稀泥式的调解。

（二）行政诉讼判决的类型

1. 对无瑕疵的行政指导。行政指导完全是双方真实意思表示，且不存在强制性，行政指导的程序也符合法律规定的，应当判决驳回原告的诉讼请求。如果在行政机关无过错，仅因意外事件或者不可抗力而致行政相对人的权益受损，可对该行政指导行为作出确认合法的判决，并对行政相对人给予适当补偿予以救济。

2. 对违法、不当的行政指导。行政指导违法的情形包括超越职权、滥用职权、内容违法等。行政指导一经作出便不具有可撤销内容，因此，当法院审查证实行政指导的违法时，只能做出确认违法的判决。对于明显不当的行政指导，其危害性相当于违法的行政指导，因不具有可撤销内容，也应确认违法。当违法或不当的行政指导行为被确认违法后，行政相对人因信赖该行为而造成的利益损害，应由作出指导行为的行政机关给予赔偿。

3. 对被异化的行政指导。行政指导一旦被异化后，其在性质上就不再是真正意义上的行政指导。我们应先根据该行为的性质和特征作出定性和判断，再依照行政诉讼法和该类行为的审查要件，从职权依据、事实认定、行政程序和适用法律四个方面进行合法性审查，从而作出相应的判决。

（三）国家赔偿诉讼的审查要件及标准

今后在对《若干解释》相关条款进行修改之后，也应对《国家赔偿法》相应配套条款进行修改，将行政指导亦纳入国家赔偿的范围。行政机关是否应当承担赔偿责任，法院应着重从以下几个方面进行审查：(1)行政机关实施的行政指导行为是否违法或不当；(2)行政相对人有无实际损失；(3)该损失与行政指导之间是否存在因果关系。行政机关承担责任的大小可视其主观过错程度来考量：(1)行政机关未经仔细甄别发布失实消息的，应赔偿相对人因此而受到的直接损失；(2)行政指导本身的内容违法，行政机关除应赔偿行政相对人因此造成的直接损害以外，还应赔偿其因信赖利益而造成的其他间接损失。

第四节 关于我国设立国际贸易法院的构想

一、美国的国际贸易法院简介

1926年,美国国会成立了美国联邦海关法院,并使其成为解决国际贸易纠纷的重要司法机构。美国海关法院的成立,大大减少了美国地方法院之间的管辖权冲突,但是又出现了提供司法救济不够充分的问题。尽管美国海关法院在1970年进行了大幅度的司法改革,但是这一问题仍未获得根本的解决。于是美国不少人士提议创立一个与国际贸易密切相关的专门性的法院,这样既能满足国际贸易类案件不断增长的需要,又能对国际贸易的不当行政行为进行更加有效地司法审查。1980年10月,美国又根据刚通过的《海关法院法》,将美国海关法院改组成为国际贸易法院。

美国国际贸易法院的管辖权包括了国际贸易行政行为的司法审查权以及与美国进出口贸易有关的一切民事案件的管辖权。这种做法不仅消除了美国国际贸易法院与美国地方法院的管辖权冲突,而且还非常有利于美国国际贸易法院对于国际贸易行政案件进行有效且专业的司法审查。此外,美国还制定了《美国国际贸易法院诉讼规则》,以更好地规制国际贸易行政案件的审理程序,使法院得以有效运作。

从司法实践来看,美国国际贸易法院发挥了很大的作用。一方面,美国国际贸易法院的专业性很强,完全契合国际贸易行政案件专业性很强这一特点。美国国际贸易法院的法官或是资深法官或是国际贸易领域的专业人士,从而均具有丰富的审判经验与国际贸易法律知识,因而美国国际贸易法院能够更加专业地审理国际贸易行政案件。例如,美国国际贸易法院的法官在反倾销行政案件时,不仅对于反倾销法律问题非常精通,而且对于国际贸易行政案件所涉及的技术问题也了如指掌,包括对于反倾销所涉及的同类产品、销售量、国内产业、市场份额、正常价值等均十分了解。另一方面,美国国际贸易法院有一套严格的法律程序，且完全契合国际贸易行政案件的审理特点，从而有效提高了法官审理国际贸易行政案件的水平。

二、我国设立国际贸易法院的必要性

我国现行法院体制不能充分满足变化着的涉外行政诉讼，特别是国际贸易行政诉讼发展的需要，因此设立专门的国际贸易法院很有必要性，理由如下：

（一）现有的国际贸易行政案件审理机构专业性有待提高

国际贸易行政案件与普通行政案件相比，存在专业强、影响大的特点，这就对审判队伍提出了更高的要求。审理国际贸易行政案件的法官不仅要有丰富的审判经验和法律知识，还要掌握国际贸易、财务、税收、审计以及 WTO 等方面的专业知识。但是长期以来，我国法官队伍主要对于刑法、民法、行政法、经济法、知识产权法等法律领域有比较深入的了解，而对于国际公法以及国际经济法规则知之甚少，精通外语的法官在法院成了稀缺人才，审理国际贸易行政案件的法官队伍无法保证其足够的专业水平。在审判组织上，我国国际贸易行政案件的一审虽然由中级法院的行政审判庭负责，但是审判庭内并未根据该类案件的性质，选拔出具有相当资历和经验的法官组成专项合议庭进行审理，而是将该类案件与普通行政案件不加区分混在一起，由各个合议庭打统仗。在这种情况下，很难保证国际贸易行政案件审理的专业性，极易出现同案不同判等适法不统一的情况，因此建立更加专业性的审判庭和法院的需求十分迫切。

（二）国际贸易行政诉讼受案范围扩大增加了法院办案的压力

根据我国“入世”承诺，新修订的行政诉讼法对受案范围做了重大调整。如将部分抽象行政行为、行政协议、行政垄断等纳入审查的范围，大大缩小了适用行政终局的情形，这势必会导致我国国际贸易行政诉讼受案范围同时扩大。而与此同时，我国国际贸易进出口总额不断增长,国际贸易摩擦日益广泛复杂。[53] 随着经济体制改革不断向纵深发展,国务院在上海、广东、天津、福建四地批准设立了自贸试验区,顺应了全球化经济治理新格局,为对接国际贸易投资规则创造了条件,大大促进了我国的对外贸易活动。与之相对应地,人民法院受理的国际贸易行政诉讼案件数量必将呈上升趋势,势必会进一步增加人民法院的办案负荷。

(三)现有的国际贸易行政诉讼机制影响审判效率

我国几乎各个法院均承担着繁重的审判任务,案多人少是法院系统长期面临的问题。在原有常规行政案件受案总量不断增长的同时,又有大批可能涉及抽象行政行为审查的国际贸易行政案件涌入法院,使法官们难堪重负。加上国际贸易行政诉讼的专业化、复杂化,大多涉及反倾销、反补贴、知识产权以及国际条约的适用等,使得法官在具体案件的事实审和法律审中均费时费力且效果不佳,直接导致国际贸易行政案件审理期限的延长,案件审理质效不高。

我国现有的国际贸易行政诉讼机制还亟须完善提高,这影响了我国对国际贸易行政案件的审理过程甚至是裁判结果。如果我们借鉴美国模式,建立一个专门审理国际贸易案件的法院,不仅能够集中各方面的专业人才,充分提高审判机构的专业化水平,而且能够针对国际贸易行政案件自身的特点,制定一套更有针对性的实体法与程序法规则,从而使我国既能公平公正地审理国际贸易行政案件,又能大大提高审判的效率。

三、我国设立专门的国际贸易法院的可行性

在中国设立专门的国际贸易法院已经具备了相当的可行性,主要

---

〔53〕 中国已经连续12年成为全球遭受反倾销不公正待遇的国家,针对中国的贸易保护措施从传统的反倾销发展到反补贴、安全标准、质量标准、环境标准等技术贸易壁垒以及卫生、防疫、市场秩序等其他非关税壁垒,特别是有些国家或地区利用我国入世议定书中的"非市场经济"(第15条)、"特殊保障措施"(第16条)和《中国入世工作组报告》中的"纺织品特殊保障措施"(第242段)等条款肆意使用只针对中国的保护措施,使得贸易争端领域不断延伸,我国的外贸环境形势依然十分严峻。

表现在以下几个方面：

（一）建立专门的国际贸易法院的法律依据

我国《宪法》第124条第1款和《人民法院组织法》第2条为我国设立专门法院提供了法律根据。[54] 从实际操作设置来看，我国已设立海事、[55]铁路、[56]军事[57]等方面的专门法院多年，在实现审判专业化和排除地方干涉方面具有先天的优势。2014年年底，我国又设立了北京、上海和广州三家知识产权法院，专门审理二审和部分一审知识产权民事和行政案件。目前的行政跨区域集中管辖也是在为今后建立行政法院积累经验、蓄积力量。可见，在我国设立专门的国际贸易法院既有宪法根据，又有实践运行经验。

（二）政法高校人员培养了大批涉外经贸法律人才，为建立专门的国际贸易法院提供了人员准备

"入世"后，我国各高等院校更加重视国际法领域专业人才的培养，不断优化课程设计，注重理论到实践的无缝衔接，培养出一大批既懂国际法又懂外经贸法律规则的法律人才。同时，人民法院也非常重视法官专业素养和司法能力的提高，除了法院内部定期的菜单式培训外，还根据司法实践需要制定相关政策鼓励、支持法院干警在职攻读硕士和博士研究生。在国际贸易行政诉讼领域，旨在培养一定数量精通外语、熟悉WTO规则及相关国际条约，娴熟掌握涉外案件审判技能的专家型法官。在我国司法改革的大背景下，全国各级法院也在根据自身实践需要，从法学教授和优秀律师当中遴选专业人才进入法官队伍。

---

〔54〕《宪法》第124条第1款规定："中华人民共和国设立最高人民法院、地方各级人民法院和军事法院等专门人民法院。"《人民法院组织法》第2条规定：我国的审判权由最高法院、地方各级法院和军事法院等专门人民法院来行使。

〔55〕目前全国设立了十家海事法院，即北海、大连、广州、海口、宁波、青岛、上海、天津、武汉、厦门海事法院专门审理一审海事、海商案件。

〔56〕目前，全国设立郑州、北京、广州、南宁、上海、成都、沈阳等17个铁路中级人民法院，58个铁路运输基层法院。

〔57〕军事法院是设在军队里面的审判机关，主要审理军内人员（包括现役军人、军内在编职工以及军队管理的离休、退休人员）犯罪的案件。

这些举措为建立国际贸易法院提供了扎实的人员基础。

(三)美国模式为我国建立国际贸易法院提供了很好的范本

在我国全面深化经济体制改革的大背景下,国际贸易活动日益频繁,国际贸易行政案件数量总体呈上升趋势。自贸试验区设立并全国铺开后,国际贸易行政案件数量必将大幅上涨,势必给审理的法院造成很大的压力。这与美国国际贸易法院的产生和发展的背景是相似的。随着国际贸易不断地深入发展,新的问题也不断出现,我们应在充分考虑中国国情的基础上,吸收借鉴但不盲从照搬美国经验,对我国的国际贸易法院进行审慎规划设计,稳妥有效地加以推进。

四、我国设立国际贸易法院的具体构想

(一)在部分国际贸易行政案件较多的省市设立国际贸易法院

以上海、北京为例,上海自 2001 年至 2014 年共受理和审结国际贸易行政案件 337 件,均集中在海关执法领域,案件类型主要分布在国际货物贸易和与贸易有关的知识产权执法。(见书后附表三)北京国际贸易行政案件受案较多的主要体现在专利授权确权行政案件中。据统计,2013 年北京一中院一审审结的 694 件专利授权确权行政案件中,当事人为外国人的 249 件,约占全部案件的 35.9%。二审案件中涉外案件比例与一审基本相同。外国当事人主要来自美国、日本和德国等科技实力较强的国家,以发明专利案件专利权人为外国人的情况为主。(见书后附表四)反倾销、反补贴行政执法进入司法领域的案件很少。从上述情况可以看出,虽然国际贸易行政案件与普通行政案件的总量来比,尚不可同日而语,但其属重大疑难案件,在案件审理时所耗费的时间、精力、资源可能是一件普通行政案件的 3 倍,甚至更多。反倾销、反补贴执法领域的行政案件较少的原因很多,其中当事人对我国目前对该类案件司法审查的能力顾虑,也应该是一个重要的考虑因素。他们可能更愿意将案件提交 DSB 解决,或者化解在行政程序之中。因此,综合上述考虑和分析,笔者认为,我们可以借鉴美国的做法和我国对专门法院的设计及实践,结合我国自贸试验区试点的省市,在国际贸易行政案件较多的地区设立国际贸易法院作为试点。比如,我们可以先考虑在北京、上海和广州三个城市设立国际贸易法院，审理涉及国际贸易的民事和行政案件。[58] 高级人民法院行政审判庭内部应组建审理国际贸易行政案件的专项合议庭。试点一段时间后，在总结经验的基础上，可考虑在天津等其他国际贸易行政案件也相对较多的地区设立国际贸易法院。

（二）国际贸易行政案件的管辖分工设计

我国现阶段国际贸易行政案件的一审法院包括普通中级人民法院、知识产权法院、跨行政区划法院。如果成立国际贸易法院专门审理国际贸易行政案件，案件的管辖分工就存在交叉重叠的情况。比如，与贸易有关的知识产权行政案件应归由知识产权法院管辖，还是国际贸易法院管辖？如果今后成立了专门的行政法院，行政法院、知识产权法院、国际贸易法院之间案件管辖应如何分工、协调？

由于我国目前尚处于改革探索试点阶段，今后成立各专门法院在组织机构、人员配备、管辖分工和受案范围等方面还需要广泛调研、谨慎论证。笔者提供几种设计方案以供参考：

1. 涉知识产权的行政案件全部归由知识产权法院审理，国际贸易法院审理其他与贸易有关的民事和行政案件，行政法院审理除上述两类案件之外的，其他传统行政案件。[59] 理由是：知识产权法院是专门审理知识产权民事和行政案件的法院，审判人员都是经过精挑细选，不仅具有深厚的专业功底、熟悉知识产权国际条约，而且拥有丰富的知识产权审判经验。因此，由知识产权法院受理和审查与贸易有关的知识产权行政案件完全驾轻就熟。

2. 所有国际贸易行政案件均由国际贸易法院审理，知识产权法院审理原属于其管辖范围的民事和行政案件。设立国际贸易法院的初衷

〔58〕 其级别相对于中级人民法院，国际贸易行政案件的一审由其审理，二审由与其对口的高级人民法院行政审判庭审理。

〔59〕 行政法院的层级相当于中级法院，审理由其管辖的一、二审行政案件，基层的一审行政案件实行集中管辖。

就是履行“入世”义务，借鉴国外优秀成果，成立专门审理涉及国际贸易的民事和行政案件的法院。如果将部分与贸易有关的知识产权分割出去交由知识产权法院审理，则不能保持国际贸易法院受理案件的完整性，无法全面了解和掌握国际贸易行政案件的运行情况，不利于全面发现国际贸易执法中存在的问题。

（三）我国国际贸易行政诉讼实体和程序规则的完善

我国的国际贸易行政诉讼实体法律规则，大多是位阶较低的行政法规。这些法律规则既不适合作为长期稳定的裁判依据，也无法依此进行有效的司法审查。随着我国国际贸易行政案件数量的急剧增加，现有的实体法规则越来越难以满足审判的需要。因此，制定一套完善的且符合 WTO 协定的国际贸易行政诉讼的实体法律规则非常必要。制定完善的实体法规则，既能使我国法院在审理国际贸易行政案件时有法可依，又能使相关程序法的制定有更明确的依据。此外，有关国际贸易行政诉讼实体法的制定应该是多层次的，既包括法律和行政法规，也包括地方法规和司法解释等。我国当下应该重点完善外贸法、海关法、与贸易有关的投资和知识产权法律等。

我国目前关于国际贸易行政诉讼的程序法规则主要是行政诉讼法以及最高人民法院的“三个司法解释”。我国新修订的行政诉讼法仅在第九章对涉外行政诉讼作出了非常原则、简单的规定，[60] 没有对国际贸易行政诉讼的程序做出具体规定，故无法发挥专门性的指导作用。而“三个司法解释”是在我国“入世”之初制定的，内容也较为原则、简

〔60〕 2014 年修订的《行政诉讼法》第九章涉外行政诉讼仅有三条，即第 98 条规定：“外国人、无国籍人、外国组织在中华人民共和国进行行政诉讼，适用本法。法律另有规定的除外。”第 99 条规定：“外国人、无国籍人、外国组织在中华人民共和国进行行政诉讼，同中华人民共和国公民、组织有同等的诉讼权利和义务。外国法院对中华人民共和国公民、组织的行政诉讼权利加以限制的，人民法院对该国公民、组织的行政诉讼权利，实行对等原则。”第 100 条规定：“外国人、无国籍人、外国组织在中华人民共和国进行行政诉讼，委托律师代理诉讼的，应当委托中华人民共和国律师机构的律师。”

单。在实际运行了14年后，最高人民法院也未对“三个司法解释”进行修订与补充，以更好地指导我国的国际贸易行政诉讼。反观美国的《1890年关税法》《1922年关税法》《1970年海关法》《1979年贸易协定法》等一系列法规，对国际贸易法院审理国际贸易案件进行了非常细化的实体与程序规定，[61]美国国际贸易行政诉讼法律制度的完备程序是非常值得我国学习的。笔者认为，我国应该以完善行政诉讼法以及最高人民法院的“三个司法解释”为重点和切入点，对国际贸易行政诉讼的程序规则进一步细化和完善。

---

〔61〕 如《美国法典》第28篇则规定了美国国际贸易法院审理案件时所依据的法律《美国法典》第28篇 § 1581(a)规定：美国国际贸易法院应对依据《1930年关税法》§ 515提起的关于任何部分或全部不服否决其异议的民事诉讼有专属管辖权。

附表一

中国(上海)自由贸易试验区服务业扩大开放措施

一、金融服务领域

1. 银行服务(国民经济行业分类:J 金融业——6620 货币银行服务)	
开放措施	(1)允许符合条件的外资金融机构设立外资银行,符合条件的民营资本与外资金融机构共同设立中外合资银行。在条件具备时,适时在试验区内试点设立有限牌照银行。 (2)在完善相关管理办法,加强有效监督的前提下,允许试验区内符合条件的中资银行开办离岸业务。
2. 专业健康医疗保险(国民经济行业分类:J 金融业——6812 健康和意外保险)	
开放措施	试点设立外资专业健康医疗保险机构。
3. (国民经济行业分类:J 金融业——6631 货币银行服务)	
开放措施	(1)融资租赁公司在试验区内设立的单机、单船子公司不设最低注册资本限制。 (2)允许融资租赁公司兼营与主营业务有关的商业保理业务。

二、航运服务领域

4. 远洋货物运输（国民经济行业分类：G 交通运输、仓储和邮政业——5521 远洋货物运输）	
开放措施	（1）放宽中外合资、中外合作国际船舶运输企业的外资股比限制，由国务院交通运输主管部门制定相关管理试行办法。 （2）允许中资公司拥有或控股拥有的非五星旗船，先行先试外贸进出口集装箱在国内沿海港口和上海港之间的沿海捎带业务。
5. 国际船舶管理（国民经济行业分类：G 交通运输、仓储和邮政业——5539 其他水上运输辅助服务）	
开放措施	允许设立外商独资国际船舶管理企业。

三、商贸服务领域

6. 增值电信（国民经济行业分类：I 信息传输、软件和信息技术服务业——6319 其他电信服务，6420 互联网信息服务，6540 数据处理和存储服务，6592 呼叫中心）	
开放措施	在保障网络信息安全的前提下，允许外资企业经营特定形式的部分增值电信业务，如涉及突破行政法规，须国务院批准同意。
7. 游戏机、游艺机销售及服务（国民经济行业分类：F 批发和零售业——5179 其他机械及电子商品批发）	
开放措施	允许外资企业从事游戏游艺设备的生产和销售，通过文化主管部门内容审查的游戏游艺设备可面向国内市场销售。

四、专业服务领域

8. 律师服务（国民经济行业分类：L 租赁和商务服务业——7221 律师及相关法律服务）	
开放措施	探索密切中国律师事务所与外国（港澳台地区）律师事务所业务合作的方式和机制。

续表

<table>
<tr><td colspan="2">9. 资信调查(国民经济行业分类:L 租赁和商务服务业——7295 信用服务)</td></tr>
<tr><td>开放措施</td><td>允许设立外商投资资信调查公司。</td></tr>
<tr><td colspan="2">10. 旅行社(国民经济行业分类:L 租赁和商务服务业——7271 旅行社服务)</td></tr>
<tr><td>开放措施</td><td>允许在试验区注册的符合条件的中外合资旅行社,从事除台湾地区以外的出境旅游业务。</td></tr>
<tr><td colspan="2">11. 人才中介服务(国民经济行业分类:L 租赁和商务服务业——7262 职业中介服务)</td></tr>
<tr><td>开放措施</td><td>(1)允许设立中外合资人才中介机构,外方合资者可以拥有不超过 70% 的股权;允许港澳服务提供者设立投资人才中介机构。
(2)外资人才中介机构最低注册资本金要求由 30 万美元降低至 12.5 万美元。</td></tr>
<tr><td colspan="2">12. 投资管理(国民经济行业分类:L 租赁和商务服务业——7211 企业总部管理)</td></tr>
<tr><td>开放措施</td><td>允许设立股份制外资投资性公司。</td></tr>
<tr><td colspan="2">13. 工程设计(国民经济行业分类:M 科学研究与技术服务企业——7482 工程勘察设计)</td></tr>
<tr><td>开放措施</td><td>对试验区内为上海市提供服务的外资工程设计(不包括工程勘察)企业,取消首次申请资质时对投资者的过程设计业绩要求。</td></tr>
<tr><td colspan="2">14. 建筑服务(国民经济行业分类:E 建筑业——47 建筑业,48 土木工程建筑业,49 建筑安装业,50 建筑装饰和其他建筑业)</td></tr>
<tr><td>开放措施</td><td>对试验区的外商独资建筑企业承揽上海市的中外联合建设项目时,不受建设项目的中外方投资比例限制。</td></tr>
</table>

五、文化服务领域

15. 演出经纪(国民经济行业分类:R 文化、体育和娱乐业——8941 文化娱乐经纪人)	
开放措施	取消外资演出经纪机构的股比限制,允许设立外商独资演出经纪机构,为上海市提供服务。
16. 娱乐场所(国民经济行业分类:R 文化、体育和娱乐业——8911 歌舞厅娱乐活动)	
开放措施	允许设立外商独资的娱乐场所,在试验区内提供服务。

六、社会服务领域

17. 教育培训、职业技能培训(国民经济行业分类:P 教育——8291 职业技能培训)	
开放措施	(1)允许举办中外合作经营性教育培训机构。 (2)允许举办中外合作经营性职业技能培训机构。
18. 医疗服务[国民经济行业分类:Q 卫生和社会工作——8311 综合医院,8315 专科医院,8330 门诊部(所)]	
开放措施	允许设立外商独资医疗机构。

注:以上各项开放措施只适用于注册在中国(上海)自由贸易试验区内的企业。

附表二

国务院决定在上海市浦东新区暂时调整有关行政法规和国务院文件规定的行政审批等事项目录

序号	事项名称	行政法规和国务院文件的有关规定	调整实施情况
1	出版物出租经营备案	《国务院关于第三批取消和调整行政审批项目的决定》(国发〔2004〕16 号) 附件 1 《国务院决定取消的行政审批项目目录》第 244 项:出版物出租单位设立告知性备案。	暂时停止实施该事项,加强事中事后监管
2	药品广告异地备案	《中华人民共和国药品管理法实施条例》 第四十八条　发布药品广告,应当向药品生产企业所在地省、自治区、直辖市人民政府药品监督管理部门报送有关材料。省、自治区、直辖市人民政府药品监督管理部门应当自收到有关材料之日起 10 个工作日内作出是否核发药品广告批准文号的决定;核发药品广告批准文号的,应当同时报国务院药品监督管理部门备案。具体办法由国务院药品监督管理部门制定。 发布进口药品广告,应当依照前款规定向进口药品代理机构所在地省、自治区、直辖市人民政府药品监督管理部门申请药品广告批准文号。 在药品生产企业所在地和进口药品代理机构所在地以外的省、自治区、直辖市发布药品广告的,发布广告的企业应当在发	暂时停止实施该事项(在上海市浦东新区不需备案),加强事中事后监管

续表

序号	事项名称	行政法规和国务院文件的有关规定	调整实施情况
		布前向发布地省、自治区、直辖市人民政府药品监督管理部门备案。接受备案的省、自治区、直辖市人民政府药品监督管理部门发现药品广告批准内容不符合药品广告管理规定的，应当交由原核发部门处理。 第七十一条　发布药品广告的企业在药品生产企业所在地或者进口药品代理机构所在地以外的省、自治区、直辖市发布药品广告，未按照规定向发布地省、自治区、直辖市人民政府药品监督管理部门备案的，由发布地的药品监督管理部门责令限期改正；逾期不改正的，停止该药品品种在发布地的广告发布活动。	
3	医疗机构放射性药品使用许可（一、二类）	《放射性药品管理办法》 第二十三条　医疗单位使用放射性药品，必须符合国家放射性同位素卫生防护管理的有关规定。所在地的省、自治区、直辖市的公安、环保和卫生行政部门，应当根据医疗单位核医疗技术人员的水平、设备条件，核发相应等级的《放射性药品使用许可证》，无许可证的医疗单位不得临床使用放射性药品。 《放射性药品使用许可证》有效期为5年，期满前6个月，医疗单位应当向原发证的行政部门重新提出申请，经审核批准后，换发新证。	暂时停止实施该事项，加强事中事后监管

续表

序号	事项名称	行政法规和国务院文件的有关规定	调整实施情况
4	因私出入境中介机构资格认定（境外就业、留学除外）	1.《国务院对确需保留的行政审批项目设定行政许可的决定》 附件　《国务院决定对确需保留的行政审批项目设定行政许可的目录》第58项：因私出入境中介服务机构资格认定（境外就业、留学除外）。 2.《国务院关于加强出入境中介活动管理的通知》（国发〔2000〕25号） 一、凡从事为出国定居、探亲、访友、继承财产、留学、就业及其他非公务活动提供信息服务、法律咨询和帮助申办签证及境外联络、安排等中介活动，必须报经所在省（自治区、直辖市）人民政府有关部门审核并报国务院有关部门审批，凭国务院有关部门颁发的经营许可证到工商行政管理部门办理注册登记。 二、出入境中介机构除具备一般法人条件外，应具有一定数量按国家规定取得资格的专业人员。同时，还应具有一定数量的备用金，用于其服务对象合法权益受到损害时的赔偿。备用金不得低于50万元人民币，具体数额由有关部门统一确定。 3.《国务院关于第六批取消和调整行政审批项目的决定》（国发〔2012〕52号） 附件2　《国务院决定调整的行政审批项目目录》（一）下放管理层级的行政审批项目第9项：因私出入境中介服务机构资格认定（境外就业、留学除外）。 4.《国务院关于取消和调整一批行政审批项目等事项的决定》（国发〔2015〕11号） 附件4　《国务院决定改为后置审批的工商登记前置审批事项目录》第5项：因私出入境中介服务机构资格认定。	暂时停止实施该事项，加强事中事后监管

续表

序号	事项名称	行政法规和国务院文件的有关规定	调整实施情况
5	加工贸易合同审批	1.《国务院关于对加工贸易进口料件试行银行保证金台账制度的批复》（国函〔1995〕109号） 第二部分有关规定：外经贸主管部门要严格按规定审批合同，核查经营加工贸易单位及加工生产企业的经营状况和生产能力，防止“三无”（无工厂、无加工设备、无工人）企业利用加工贸易进行走私活动。 经营加工贸易单位一律在加工生产企业所在地主管海关办理加工贸易合同登记备案手续，向加工生产企业主管海关所在地中国银行申请开立银行保证金台账。 2.《国务院关于第三批取消和调整行政审批项目的决定》（国发〔2004〕16号） 附件3　《国务院决定下放管理层级的行政审批项目目录》第9项：加工贸易食糖、冻鸡、氧化铝进口合同审批。 3.《国务院办公厅转发国家经贸委等部门关于进一步完善加工贸易银行保证金台账制度意见的通知》（国办发〔1999〕35号） 八、制定单耗标准，加强海关核销 由海关总署、国家经贸委会同有关国家工业局制定并分批公布全国统一的加工贸易进口商品单耗定额标准，作为审批、监管核销进口料件数量的依据。外经贸主管部门要严格按单耗标准审批加工贸易合同（包括结转深加工），海关要严格按单耗标准进行核销。	暂时停止实施该事项，改为备案管理

续表

序号	事项名称	行政法规和国务院文件的有关规定	调整实施情况
6	首次进口非特殊用途化妆品行政许可	1.《化妆品卫生监督条例》 第十五条 首次进口的化妆品,进口单位必须提供该化妆品的说明书、质量标准、检验方法等有关资料和样品以及出口国(地区)批准生产的证明文件,经国务院卫生行政部门批准,方可签订进口合同。 第二十六条 进口或者销售未经批准或者检验的进口化妆品的,没收产品及违法所得,并且可以处违法所得3到5倍的罚款。 对已取得批准文号的生产特殊用途化妆品的企业,违反本条例规定,情节严重的,可以撤销产品的批准文号。 2.《国务院关于取消和下放50项行政审批项目等事项的决定》(国发〔2013〕27号) 附件2 《国务院决定部分取消和下放管理层级的行政审批项目目录》第12项:首次进口非特殊用途化妆品行政许可。	暂时停止实施该事项,改为备案管理

附表三

2001—2014 年上海法院一、二审国际贸易行政案件统计表

序号	年份	审理法院	案号	判决方式
1	2001	二中院	(2001)沪二中行初字第 3 号	判决
2	2001	二中院	(2001)沪二中行初字第 4 号	判决
3	2003	二中院	(2003)沪二中行初字第 3 号	判决
4	2003	二中院	(2003)沪二中行赔初字第 1 号	判决
5	2003	二中院	(2003)沪二中行赔初字第 2 号	判决
6	2003	高院	(2003)沪高行赔终字第 1 号	判决
7	2003	高院	(2003)沪高行赔终字第 2 号	判决
8	2004	一中院	(2004)沪一中行初字第 5 号	撤诉
9	2004	一中院	(2004)沪一中行初字第 6 号	撤诉
10	2004	一中院	(2004)沪一中行初字第 7 号	撤诉
11	2004	一中院	(2004)沪一中行初字第 8 号	撤诉
12	2004	一中院	(2004)沪一中行初字第 9 号	撤诉
13	2004	一中院	(2004)沪一中行初字第 10 号	撤诉
14	2004	一中院	(2004)沪一中行初字第 11 号	撤诉
15	2004	一中院	(2004)沪一中行初字第 12 号	撤诉
16	2004	一中院	(2004)沪一中行初字第 13 号	撤诉

续表

序号	年份	审理法院	案号	判决方式
17	2004	一中院	(2004)沪一中行初字第14号	撤诉
18	2004	一中院	(2004)沪一中行初字第15号	撤诉
19	2004	一中院	(2004)沪一中行初字第16号	撤诉
20	2004	一中院	(2004)沪一中行初字第17号	撤诉
21	2004	一中院	(2004)沪一中行初字第18号	撤诉
22	2004	一中院	(2004)沪一中行初字第19号	撤诉
23	2004	一中院	(2004)沪一中行初字第20号	撤诉
24	2004	一中院	(2004)沪一中行初字第21号	撤诉
25	2004	一中院	(2004)沪一中行初字第22号	撤诉
26	2004	一中院	(2004)沪一中行初字第23号	撤诉
27	2004	一中院	(2004)沪一中行初字第24号	撤诉
28	2004	一中院	(2004)沪一中行初字第25号	撤诉
29	2004	一中院	(2004)沪一中行初字第26号	撤诉
30	2004	一中院	(2004)沪一中行初字第27号	撤诉
31	2004	一中院	(2004)沪一中行初字第28号	撤诉
32	2004	一中院	(2004)沪一中行初字第29号	撤诉
33	2004	一中院	(2004)沪一中行初字第30号	撤诉
34	2004	一中院	(2004)沪一中行初字第31号	撤诉
35	2004	一中院	(2004)沪一中行初字第32号	撤诉
36	2004	一中院	(2004)沪一中行初字第33号	撤诉
37	2004	一中院	(2004)沪一中行初字第34号	撤诉
38	2004	一中院	(2004)沪一中行初字第35号	撤诉
39	2004	一中院	(2004)沪一中行初字第36号	撤诉

续表

序号	年份	审理法院	案号	判决方式
40	2004	一中院	(2004)沪一中行初字第37号	撤诉
41	2004	一中院	(2004)沪一中行初字第38号	撤诉
42	2004	一中院	(2004)沪一中行初字第39号	撤诉
43	2004	一中院	(2004)沪一中行初字第40号	撤诉
44	2004	一中院	(2004)沪一中行初字第41号	撤诉
45	2004	一中院	(2004)沪一中行初字第42号	撤诉
46	2004	一中院	(2004)沪一中行初字第43号	撤诉
47	2004	一中院	(2004)沪一中行初字第44号	撤诉
48	2004	一中院	(2004)沪一中行初字第45号	撤诉
49	2004	一中院	(2004)沪一中行初字第46号	撤诉
50	2004	一中院	(2004)沪一中行初字第47号	撤诉
51	2004	一中院	(2004)沪一中行初字第48号	撤诉
52	2004	一中院	(2004)沪一中行初字第49号	撤诉
53	2004	一中院	(2004)沪一中行初字第50号	撤诉
54	2004	一中院	(2004)沪一中行初字第51号	撤诉
55	2004	一中院	(2004)沪一中行初字第52号	撤诉
56	2004	一中院	(2004)沪一中行初字第53号	撤诉
57	2004	一中院	(2004)沪一中行初字第54号	撤诉
58	2004	一中院	(2004)沪一中行初字第55号	撤诉
59	2004	一中院	(2004)沪一中行初字第56号	撤诉
60	2004	一中院	(2004)沪一中行初字第57号	撤诉
61	2004	一中院	(2004)沪一中行初字第58号	撤诉
62	2004	一中院	(2004)沪一中行初字第59号	撤诉

续表

序号	年份	审理法院	案号	判决方式
63	2004	一中院	(2004)沪一中行初字第 60 号	撤诉
64	2004	一中院	(2004)沪一中行初字第 61 号	撤诉
65	2004	一中院	(2004)沪一中行初字第 62 号	撤诉
66	2004	一中院	(2004)沪一中行初字第 63 号	撤诉
67	2004	一中院	(2004)沪一中行初字第 64 号	撤诉
68	2004	一中院	(2004)沪一中行初字第 65 号	撤诉
69	2004	一中院	(2004)沪一中行初字第 66 号	撤诉
70	2004	一中院	(2004)沪一中行初字第 67 号	撤诉
71	2004	一中院	(2004)沪一中行初字第 68 号	撤诉
72	2004	一中院	(2004)沪一中行初字第 69 号	撤诉
73	2004	一中院	(2004)沪一中行初字第 70 号	撤诉
74	2004	一中院	(2004)沪一中行初字第 71 号	撤诉
75	2004	一中院	(2004)沪一中行初字第 72 号	撤诉
76	2004	一中院	(2004)沪一中行初字第 73 号	撤诉
77	2004	一中院	(2004)沪一中行初字第 74 号	撤诉
78	2004	一中院	(2004)沪一中行初字第 75 号	撤诉
79	2004	一中院	(2004)沪一中行初字第 76 号	撤诉
80	2004	一中院	(2004)沪一中行初字第 77 号	撤诉
81	2004	一中院	(2004)沪一中行初字第 78 号	撤诉
82	2004	一中院	(2004)沪一中行初字第 79 号	撤诉
83	2004	一中院	(2004)沪一中行初字第 80 号	撤诉
84	2004	一中院	(2004)沪一中行初字第 81 号	撤诉
85	2004	一中院	(2004)沪一中行初字第 82 号	撤诉

续表

序号	年份	审理法院	案号	判决方式
86	2004	一中院	(2004)沪一中行初字第 83 号	撤诉
87	2004	一中院	(2004)沪一中行初字第 84 号	撤诉
88	2004	一中院	(2004)沪一中行初字第 85 号	撤诉
89	2004	一中院	(2004)沪一中行初字第 86 号	撤诉
90	2004	一中院	(2004)沪一中行初字第 87 号	撤诉
91	2004	一中院	(2004)沪一中行初字第 88 号	撤诉
92	2004	一中院	(2004)沪一中行初字第 89 号	撤诉
93	2004	一中院	(2004)沪一中行初字第 90 号	撤诉
94	2004	一中院	(2004)沪一中行初字第 91 号	撤诉
95	2004	一中院	(2004)沪一中行初字第 92 号	撤诉
96	2004	一中院	(2004)沪一中行初字第 93 号	撤诉
97	2004	一中院	(2004)沪一中行初字第 94 号	撤诉
98	2004	一中院	(2004)沪一中行初字第 95 号	撤诉
99	2004	一中院	(2004)沪一中行初字第 96 号	撤诉
100	2004	一中院	(2004)沪一中行初字第 97 号	撤诉
101	2004	一中院	(2004)沪一中行初字第 98 号	撤诉
102	2004	一中院	(2004)沪一中行初字第 99 号	撤诉
103	2004	一中院	(2004)沪一中行初字第 100 号	撤诉
104	2004	一中院	(2004)沪一中行初字第 101 号	撤诉
105	2004	一中院	(2004)沪一中行初字第 102 号	撤诉
106	2004	一中院	(2004)沪一中行初字第 103 号	撤诉
107	2004	一中院	(2004)沪一中行初字第 104 号	撤诉
108	2004	一中院	(2004)沪一中行初字第 105 号	撤诉

续表

序号	年份	审理法院	案号	判决方式
109	2004	一中院	(2004)沪一中行初字第106号	撤诉
110	2004	一中院	(2004)沪一中行初字第107号	撤诉
111	2004	一中院	(2004)沪一中行初字第108号	撤诉
112	2004	一中院	(2004)沪一中行初字第109号	撤诉
113	2004	一中院	(2004)沪一中行初字第110号	撤诉
114	2004	一中院	(2004)沪一中行初字第111号	撤诉
115	2004	一中院	(2004)沪一中行初字第112号	撤诉
116	2004	一中院	(2004)沪一中行初字第113号	撤诉
117	2004	一中院	(2004)沪一中行初字第114号	撤诉
118	2004	一中院	(2004)沪一中行初字第115号	撤诉
119	2004	一中院	(2004)沪一中行初字第116号	撤诉
120	2004	一中院	(2004)沪一中行初字第117号	撤诉
121	2004	一中院	(2004)沪一中行初字第118号	撤诉
122	2004	一中院	(2004)沪一中行初字第119号	撤诉
123	2004	一中院	(2004)沪一中行初字第120号	撤诉
124	2004	一中院	(2004)沪一中行初字第121号	撤诉
125	2004	一中院	(2004)沪一中行初字第122号	撤诉
126	2004	一中院	(2004)沪一中行初字第123号	撤诉
127	2004	一中院	(2004)沪一中行初字第124号	撤诉
128	2004	一中院	(2004)沪一中行初字第125号	撤诉
129	2004	一中院	(2004)沪一中行初字第126号	撤诉
130	2004	一中院	(2004)沪一中行初字第127号	撤诉
131	2004	一中院	(2004)沪一中行初字第128号	撤诉

续表

序号	年份	审理法院	案号	判决方式
132	2004	一中院	(2004)沪一中行初字第129号	撤诉
133	2004	一中院	(2004)沪一中行初字第130号	撤诉
134	2004	一中院	(2004)沪一中行初字第131号	撤诉
135	2004	一中院	(2004)沪一中行初字第132号	撤诉
136	2004	一中院	(2004)沪一中行初字第133号	撤诉
137	2004	一中院	(2004)沪一中行初字第134号	撤诉
138	2004	一中院	(2004)沪一中行初字第135号	撤诉
139	2004	一中院	(2004)沪一中行初字第136号	撤诉
140	2004	一中院	(2004)沪一中行初字第137号	撤诉
141	2004	一中院	(2004)沪一中行初字第138号	撤诉
142	2004	一中院	(2004)沪一中行初字第139号	撤诉
143	2004	一中院	(2004)沪一中行初字第140号	撤诉
144	2004	一中院	(2004)沪一中行初字第141号	撤诉
145	2004	一中院	(2004)沪一中行初字第142号	撤诉
146	2004	一中院	(2004)沪一中行初字第143号	撤诉
147	2004	一中院	(2004)沪一中行初字第144号	撤诉
148	2004	一中院	(2004)沪一中行初字第145号	撤诉
149	2004	一中院	(2004)沪一中行初字第146号	撤诉
150	2004	一中院	(2004)沪一中行初字第147号	撤诉
151	2004	一中院	(2004)沪一中行初字第148号	撤诉
152	2004	一中院	(2004)沪一中行初字第149号	撤诉
153	2004	一中院	(2004)沪一中行初字第150号	撤诉
154	2004	一中院	(2004)沪一中行初字第151号	撤诉

续表

序号	年份	审理法院	案号	判决方式
155	2004	一中院	(2004)沪一中行初字第152号	撤诉
156	2004	一中院	(2004)沪一中行初字第153号	撤诉
157	2004	一中院	(2004)沪一中行初字第154号	撤诉
158	2004	一中院	(2004)沪一中行初字第155号	撤诉
159	2004	一中院	(2004)沪一中行初字第156号	撤诉
160	2004	一中院	(2004)沪一中行初字第157号	撤诉
161	2004	一中院	(2004)沪一中行初字第158号	撤诉
162	2004	一中院	(2004)沪一中行初字第159号	撤诉
163	2004	一中院	(2004)沪一中行初字第160号	撤诉
164	2004	一中院	(2004)沪一中行初字第161号	撤诉
165	2004	一中院	(2004)沪一中行初字第162号	撤诉
166	2004	一中院	(2004)沪一中行初字第163号	撤诉
167	2004	一中院	(2004)沪一中行初字第164号	撤诉
168	2004	一中院	(2004)沪一中行初字第165号	撤诉
169	2004	一中院	(2004)沪一中行初字第166号	撤诉
170	2004	一中院	(2004)沪一中行初字第167号	撤诉
171	2004	一中院	(2004)沪一中行初字第168号	撤诉
172	2004	一中院	(2004)沪一中行初字第169号	撤诉
173	2004	一中院	(2004)沪一中行初字第170号	撤诉
174	2004	一中院	(2004)沪一中行初字第171号	撤诉
175	2004	一中院	(2004)沪一中行初字第172号	撤诉
176	2004	一中院	(2004)沪一中行初字第173号	撤诉
177	2004	一中院	(2004)沪一中行初字第174号	撤诉

续表

序号	年份	审理法院	案号	判决方式
178	2004	一中院	(2004)沪一中行初字第 175 号	撤诉
179	2004	一中院	(2004)沪一中行初字第 176 号	撤诉
180	2004	一中院	(2004)沪一中行初字第 177 号	撤诉
181	2004	一中院	(2004)沪一中行初字第 178 号	撤诉
182	2004	一中院	(2004)沪一中行初字第 179 号	撤诉
183	2004	一中院	(2004)沪一中行初字第 180 号	撤诉
184	2004	一中院	(2004)沪一中行初字第 181 号	撤诉
185	2004	一中院	(2004)沪一中行初字第 182 号	撤诉
186	2004	一中院	(2004)沪一中行初字第 183 号	撤诉
187	2004	一中院	(2004)沪一中行初字第 184 号	撤诉
188	2004	一中院	(2004)沪一中行初字第 185 号	撤诉
189	2004	一中院	(2004)沪一中行初字第 186 号	撤诉
190	2004	一中院	(2004)沪一中行初字第 187 号	撤诉
191	2004	一中院	(2004)沪一中行初字第 188 号	撤诉
192	2004	一中院	(2004)沪一中行初字第 189 号	撤诉
193	2004	一中院	(2004)沪一中行初字第 190 号	撤诉
194	2004	一中院	(2004)沪一中行初字第 191 号	撤诉
195	2004	一中院	(2004)沪一中行初字第 192 号	撤诉
196	2004	一中院	(2004)沪一中行初字第 193 号	撤诉
197	2004	一中院	(2004)沪一中行初字第 194 号	撤诉
198	2004	一中院	(2004)沪一中行初字第 195 号	撤诉
199	2004	一中院	(2004)沪一中行初字第 196 号	撤诉
200	2004	一中院	(2004)沪一中行初字第 197 号	撤诉

续表

序号	年份	审理法院	案号	判决方式
201	2004	一中院	(2004)沪一中行初字第198号	撤诉
202	2004	一中院	(2004)沪一中行初字第199号	撤诉
203	2004	一中院	(2004)沪一中行初字第200号	撤诉
204	2004	一中院	(2004)沪一中行初字第201号	撤诉
205	2004	一中院	(2004)沪一中行初字第202号	撤诉
206	2004	一中院	(2004)沪一中行初字第203号	撤诉
207	2004	一中院	(2004)沪一中行初字第204号	撤诉
208	2004	一中院	(2004)沪一中行初字第205号	撤诉
209	2004	一中院	(2004)沪一中行初字第206号	撤诉
210	2004	一中院	(2004)沪一中行初字第207号	撤诉
211	2004	一中院	(2004)沪一中行初字第208号	撤诉
212	2004	一中院	(2004)沪一中行初字第209号	撤诉
213	2004	一中院	(2004)沪一中行初字第210号	撤诉
214	2004	一中院	(2004)沪一中行初字第211号	撤诉
215	2004	一中院	(2004)沪一中行初字第212号	撤诉
216	2004	一中院	(2004)沪一中行初字第213号	撤诉
217	2004	一中院	(2004)沪一中行初字第214号	撤诉
218	2004	一中院	(2004)沪一中行初字第215号	撤诉
219	2004	一中院	(2004)沪一中行初字第216号	撤诉
220	2004	一中院	(2004)沪一中行初字第217号	撤诉
221	2004	一中院	(2004)沪一中行初字第218号	撤诉
222	2004	一中院	(2004)沪一中行初字第219号	撤诉
223	2004	一中院	(2004)沪一中行初字第220号	撤诉

续表

序号	年份	审理法院	案号	判决方式
224	2004	一中院	(2004)沪一中行初字第221号	撤诉
225	2004	一中院	(2004)沪一中行初字第222号	撤诉
226	2004	一中院	(2004)沪一中行初字第223号	撤诉
227	2004	一中院	(2004)沪一中行初字第224号	撤诉
228	2004	一中院	(2004)沪一中行初字第225号	撤诉
229	2004	一中院	(2004)沪一中行初字第226号	撤诉
230	2004	一中院	(2004)沪一中行初字第227号	撤诉
231	2004	一中院	(2004)沪一中行初字第228号	撤诉
232	2004	一中院	(2004)沪一中行初字第229号	撤诉
233	2004	一中院	(2004)沪一中行初字第230号	撤诉
234	2004	一中院	(2004)沪一中行初字第231号	撤诉
235	2004	一中院	(2004)沪一中行初字第232号	撤诉
236	2004	一中院	(2004)沪一中行初字第233号	撤诉
237	2004	一中院	(2004)沪一中行初字第234号	撤诉
238	2004	一中院	(2004)沪一中行初字第235号	撤诉
239	2004	一中院	(2004)沪一中行初字第236号	撤诉
240	2004	一中院	(2004)沪一中行初字第237号	撤诉
241	2004	一中院	(2004)沪一中行初字第238号	撤诉
242	2004	一中院	(2004)沪一中行初字第239号	撤诉
243	2004	一中院	(2004)沪一中行初字第240号	撤诉
244	2004	一中院	(2004)沪一中行初字第241号	撤诉
245	2004	一中院	(2004)沪一中行初字第242号	撤诉
246	2004	一中院	(2004)沪一中行初字第243号	撤诉

续表

序号	年份	审理法院	案号	判决方式
247	2004	一中院	(2004)沪一中行初字第244号	撤诉
248	2004	一中院	(2004)沪一中行初字第245号	撤诉
249	2004	一中院	(2004)沪一中行初字第246号	撤诉
250	2004	一中院	(2004)沪一中行初字第247号	撤诉
251	2004	一中院	(2004)沪一中行初字第248号	撤诉
252	2004	一中院	(2004)沪一中行初字第249号	撤诉
253	2004	一中院	(2004)沪一中行初字第250号	撤诉
254	2004	一中院	(2004)沪一中行初字第251号	撤诉
255	2004	一中院	(2004)沪一中行初字第252号	撤诉
256	2004	一中院	(2004)沪一中行初字第253号	撤诉
257	2004	一中院	(2004)沪一中行初字第254号	撤诉
258	2004	一中院	(2004)沪一中行初字第255号	撤诉
259	2004	一中院	(2004)沪一中行初字第256号	撤诉
260	2004	一中院	(2004)沪一中行初字第257号	撤诉
261	2004	一中院	(2004)沪一中行初字第258号	撤诉
262	2004	一中院	(2004)沪一中行初字第259号	撤诉
263	2004	一中院	(2004)沪一中行初字第260号	撤诉
264	2004	一中院	(2004)沪一中行初字第261号	撤诉
265	2004	一中院	(2004)沪一中行初字第262号	撤诉
266	2004	一中院	(2004)沪一中行初字第263号	撤诉
267	2004	一中院	(2004)沪一中行初字第264号	撤诉
268	2004	一中院	(2004)沪一中行初字第265号	撤诉
269	2004	一中院	(2004)沪一中行初字第266号	撤诉

续表

序号	年份	审理法院	案号	判决方式
270	2004	一中院	（2004）沪一中行初字第267号	撤诉
271	2004	二中院	（2004）沪二中行初字第1号	判决
272	2004	二中院	（2004）沪二中行初字第4号	判决
273	2004	高院	（2004）沪高行终字第7号	判决
274	2004	高院	（2004）沪高行赔监字第3号	驳回通知
275	2004	高院	（2004）沪高行赔监字第4号	驳回通知
276	2004	高院	（2004）沪高行赔监字第5号	驳回通知
277	2005	一中院	（2005）沪一中行初字第3号	撤诉
278	2005	高院	（2005）沪高行终字第1号	判决
279	2006	高院	（2006）沪高行终字第2号	判决
280	2006	高院	（2006）沪高行终字第3号	判决
281	2006	一中院	（2006）沪一中行初字第2号	判决
282	2006	一中院	（2006）沪一中行初字第3号	判决
283	2007	二中院	（2007）沪二中行初字第3号	裁定
284	2007	二中院	（2007）沪二中行初字第5号	裁定
285	2007	高院	（2007）沪高行终字第2号	裁定
286	2007	高院	（2007）沪高行终字第3号	裁定
287	2008	一中院	（2008）沪一中行初字第1号	裁定
288	2008	二中院	（2008）沪二中行初字第2号	撤诉
289	2009	二中院	（2009）沪二中行初字第2号	撤诉
290	2009	二中院	（2009）沪二中行初字第6号	撤诉
291	2011	一中院	（2011）沪一中行初字第3号	撤诉
292	2011	一中院	（2011）沪一中行初字第7号	撤诉

续表

序号	年份	审理法院	案号	判决方式
293	2011	一中院	(2011)沪一中行初字第12号	撤诉
294	2011	一中院	(2011)沪一中行初字第8号	判决
295	2011	高院	(2011)沪高行终字第14号	撤诉
296	2012	一中院	(2012)沪一中行初字第18号	判决
297	2012	一中院	(2012)沪一中行初字第19号	判决
298	2012	一中院	(2012)沪一中行初字第20号	判决
299	2012	一中院	(2012)沪一中行初字第21号	判决
300	2012	一中院	(2012)沪一中行初字第24号	判决
301	2012	一中院	(2012)沪一中行初字第30号	判决
302	2012	一中院	(2012)沪一中行初字第31号	判决
303	2012	一中院	(2012)沪一中行初字第32号	判决
304	2012	一中院	(2012)沪一中行初字第33号	判决
305	2012	一中院	(2012)沪一中行初字第34号	判决
306	2012	一中院	(2012)沪一中行初字第35号	判决
307	2012	一中院	(2012)沪一中行初字第36号	判决
308	2012	一中院	(2012)沪一中行初字第37号	判决
309	2012	一中院	(2012)沪一中行初字第38号	判决
310	2012	一中院	(2012)沪一中行初字第39号	判决
311	2012	一中院	(2012)沪一中行初字第40号	判决
312	2012	一中院	(2012)沪一中行初字第41号	判决
313	2012	一中院	(2012)沪一中行初字第42号	判决
314	2012	一中院	(2012)沪一中行初字第43号	判决
315	2012	二中院	(2012)沪二中行初字第49号	判决(未上诉)

续表

序号	年份	审理法院	案号	判决方式
316	2013	高院	(2013)沪高行终字第4号	判决
317	2013	高院	(2013)沪高行终字第5号	判决
318	2013	高院	(2013)沪高行终字第6号	判决
319	2013	高院	(2013)沪高行终字第7号	判决
320	2013	高院	(2013)沪高行终字第8号	判决
321	2013	高院	(2013)沪高行终字第9号	判决
322	2013	高院	(2013)沪高行终字第10号	判决
323	2013	高院	(2013)沪高行终字第11号	判决
324	2013	高院	(2013)沪高行终字第12号	判决
325	2013	高院	(2013)沪高行终字第13号	判决
326	2013	高院	(2013)沪高行终字第14号	判决
327	2013	高院	(2013)沪高行终字第15号	判决
328	2013	高院	(2013)沪高行终字第16号	判决
329	2013	高院	(2013)沪高行终字第17号	判决
330	2013	高院	(2013)沪高行终字第18号	判决
331	2013	高院	(2013)沪高行终字第19号	判决
332	2013	高院	(2013)沪高行终字第21号	判决
333	2013	高院	(2013)沪高行终字第25号	判决
334	2013	高院	(2013)沪高行终字第26号	判决
335	2013	高院	(2013)沪高行终字第27号	判决
336	2014	一中院	(2014)沪一中行初字第39号	判决
337	2016	三中院	(2015)沪三中行初字第228号	裁定
338	2016	三中院	(2015)沪三中行初字第229号	裁定

续表

序号	年份	审理法院	案号	判决方式
339	2016	三中院	(2015)沪三中行初字第 230 号	裁定
340	2016	三中院	(2015)沪三中行初字第 231 号	裁定
341	2016	三中院	(2015)沪三中行初字第 232 号	裁定
342	2016	三中院	(2015)沪三中行初字第 233 号	裁定
343	2016	三中院	(2015)沪三中行初字第 234 号	裁定
344	2016	三中院	(2015)沪三中行初字第 235 号	裁定
345	2016	三中院	(2015)沪三中行初字第 236 号	裁定
346	2016	三中院	(2015)沪三中行初字第 237 号	裁定
347	2016	三中院	(2015)沪三中行初字第 238 号	裁定
348	2016	三中院	(2015)沪三中行初字第 239 号	裁定
349	2016	三中院	(2015)沪三中行初字第 240 号	裁定
350	2016	高院	(2016)沪行终 550 号	裁定
351	2016	高院	(2016)沪行终 551 号	裁定
352	2016	高院	(2016)沪行终 552 号	裁定
353	2016	高院	(2016)沪行终 553 号	裁定
354	2016	高院	(2016)沪行终 554 号	裁定
355	2016	高院	(2016)沪行终 555 号	裁定
356	2016	高院	(2016)沪行终 556 号	裁定
357	2016	高院	(2016)沪行终 557 号	裁定
358	2016	高院	(2016)沪行终 558 号	裁定
359	2016	高院	(2016)沪行终 559 号	裁定
360	2016	高院	(2016)沪行终 560 号	裁定
361	2016	高院	(2016)沪行终 561 号	裁定

续表

序号	年份	审理法院	案号	判决方式
362	2016	高院	(2016)沪行终562号	裁定
363	2016	一中院	(2016)沪01行初24号	裁定
364	2016	高院	(2016)沪行终616号	裁定
365	2016	二中院	(2016)沪02行初16号	判决
366	2016	高院	(2016)沪行终641号	判决

附表四

2010年至2015年1—3月北京法院受理和审结的一、二审商标授权确权行政案件统计表[1]

近五年一审商标授权确权行政案件收结案统计表

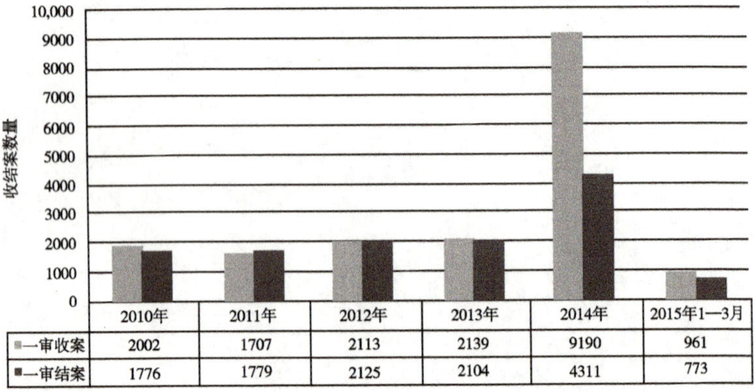

	2010年	2011年	2012年	2013年	2014年	2015年1—3月
■一审收案	2002	1707	2113	2139	9190	961
■一审结案	1776	1779	2125	2104	4311	773

---

〔1〕 商标法在2001年10月27日第二次修改后建立了商标授权确权的行政诉讼制度，即国务院工商行政管理部门商标评审委员会作出的评审裁决，不再具有终局效力，而必须经过人民法院的司法审查，这是我国加入世界贸易组织落实TRIPS要求而作的变更。由此，商标授权确权行政案件在2014年11月6日之前由北京一中院一审，在2014年11月6日以后，由北京知识产权法院一审，北京高院为二审法院。自2009年起，商标授权确权行政案件数量迅猛增长，2010年之后一审收案数量稳定在每年2000件左右。2014年商标授权确权行政案件出现出现第二次增长高峰，主要是因为2014年商标法第三次修改商标评审委员会为应对新商标法关于审限的要求大幅提高结案数量，由原来7万件左右上升到每年14万件以上，由此导致法院的受案数量激增。

近五年二审商标授权确权行政案件收结案统计表

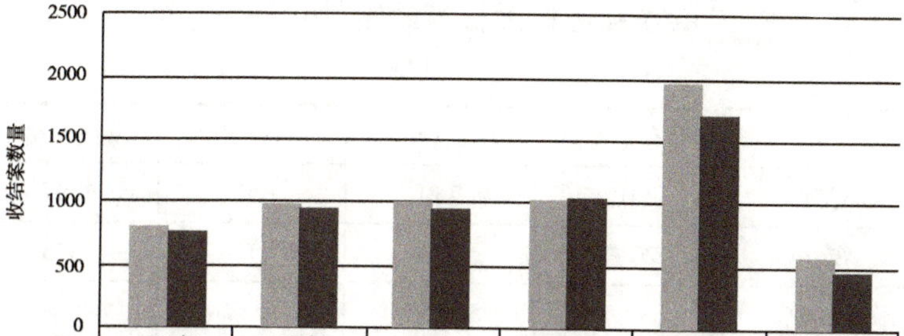

	2010年	2011年	2012年	2013年	2014年	2015年1—3月
二审收案	812	996	1024	1030	1980	583
二审结案	773	963	962	1050	1698	473

2013年北京一中院受理和审结的一审专利授权确权行政案件〔2〕情况表

类别	总数（件）	授权（件）	确权（件）
受理	641	133	508
审结〔3〕	694	158	536
判决撤销〔4〕	73	9	64

---

〔2〕 专利授权确权行政案件由北京一中院和北京高院依法专属管辖。因此，专利授权确权行政案件的一、二审法院分别为北京一中院和北京高院。

〔3〕 从案件类型分布来看，2013年一审审结的专利授权行政案件中，除了1件为实用新型专利申请驳回复审行政纠纷外，其余为发明专利申请驳回复审行政纠纷。在一审审结的专利确权行政案件中，约210件为发明专利权无效行政纠纷，占专利确权行政案件的45%；约190件为实用新型专利权无效行政纠纷，占专利确权行政案件的40%；约80件为外观设计专利权无效行政纠纷，占专利确权行政案件的15%。二审案件中各专利类型的情况基本相同。

〔4〕 上述9件行政决定被撤销的专利授权行政案件全部涉及发明专利申请。64件行政决定被撤销的专利确权行政案件中，涉及发明专利的26件，涉及实用新型专利的27件，涉及外观设计专利的11件。2013年，北京一中院撤销专利行政决定的案件数量占其结案总数的11%，其中专利授权行政案件的撤销率约为6%，专利确权行政案件的撤销率约为12%。

2012年和2013年北京高院受理和审结的二审专利授权确权行政案件[5]情况表

类别	年份(年)	总数(件)	授权(件)	确权(件)
受理	2012	750	353	397
审结	2013	790	411	379
增长率(%)		5.33%	16%	5%

2013年北京高院改判一审专利授权确权行政案件[6]情况表

改判总数(件)	授权(件)	确权(件)	增长率(%)
42	6	36	11%

〔5〕 2013年的专利授权确权行政案件主要呈现以下特点：第一，对专利授权确权行政决定的起诉率比较稳定。对专利授权行政决定提起诉讼的比例在6%左右，对专利确权行政决定提起诉讼的比例在25%左右，未呈现出持续上升的趋势。第二，专利确权行政案件在数量上多于专利授权行政案件。虽然近几年专利授权行政案件的数量持续增长，但总量相对于专利授权行政案件还是较小，近几年，专利确权行政案件数量大约为专利授权行政案件数量的3倍。第三，专利授权确权行政案件的上诉率较高。2013年专利授权确权行政案件与2009年以来情况基本相同，上诉率均保持在50%左右。

〔6〕 改判案件中，北京高院撤销一审判决、维持行政决定的12件，同时撤销一审判决和行政决定的30件。

2014 年 1—12 月北京市知识产权案件收结案统计表(一审)

单位	旧存	收案									结案									未结
		著作权	专利		商标		不正当竞争	技术合同	其他	小计	著作权	专利		商标		不正当竞争	技术合同	其他	小计	
			民事	行政	民事	行政						民事	行政	民事	行政					
高院	2	1					2	1		4						1			1	5
知产法院		20	68	69	24	142	9	3	4	339			1		2				3	336
一中院	479	108	94	479	35	9048	9	3	5	9781	77	74	416	19	4309	9	2	5	4911	5349
二中院	15	37	163		37		8		3	248	36	168		36		6		3	249	14
三中院	33	333	76		81		10	11	6	517	336	71		83		8	8	8	514	36
东城	27	626	3		79		6	7	13	734	569			75		7	6	12	669	92
西城	6	637	1		62		6	3	18	727	638	1		63		6	3	17	728	5
朝阳	230	1810	75		127		22	46	131	2211	1841	66		130		24	44	109	2214	227

续表

单位	旧存	收案									结案									未结
		著作权	专利		商标		不正当竞争	技术合同	其他	小计	著作权	专利		商标		不正当竞争	技术合同	其他	小计	
			民事	行政	民事	行政						民事	行政	民事	行政					
海淀	51	3458	82		151		81	84	95	3951	3398	71		143		71	78	94	3855	147
丰台	65	637			119		10	10	36	812	628			136		10	9	33	816	61
石景山	28	318			33		7	6	13	377	318			30		7	11	12	378	27
昌平	11	112			96		2	3	4	217	116			96		5	1	3	221	7
怀柔		7			30		2		1	40	6			30		2		1	39	1
顺义	3	63			68		2		5	138	65	16		52		1		5	139	2
大兴	77	598			47		5	6	7	663	635			36		6	4	3	684	56
房山		188			17		2	1	3	211	187			17		2	1	3	210	1
合计	1027	8953	562	548	1006	9190	183	184	344	20,970	8850	467	417	946	4311	165	167	308	15,631	6366

2014 年 1—12 月北京市知识产权案件收结案统计表(二审)

单位	旧存	收案									结案									未结
		著作权	专利		商标		不正当竞争	技术合同	其他	小计	著作权	专利		商标		不正当竞争	技术合同	其他	小计	
			民事	行政	民事	行政						民事	行政	民事	行政					
高院	307	24	54	411	20	1980	9	1	6	2505	32	63	382	24	1698	8		4	2211	601
知产法院		17			5		1	3	2	28										28
一中院	3	494	6		27		27	40	36	630	466	6		25		23	34	27	581	52
二中院		93			32		6	3	40	174	93			32		6	3	40	174	
三中院	17	311	7		23		8	8	9	366	324	7		24		9	8	11	383	
合计	327	939	67	411	107	1980	51	55	93	3703	915	76	382	105	1698	46	45	82	3349	681

附表五

2015 年上海市知识产权行政案件一审收案统计表

技术监督类(件)	专利类(件)	其他(件)	小计(件)	同比(%)
9	1	1	11	-35.3%

2015 年上海市知识产权行政案件一审结案统计表

技术监督类(件)	专利类(件)	其他(件)	小计(件)	同比(%)	结案方式	
					判决驳回诉讼请求(件)	原告主动撤诉(件)
11	1	1	13	-13.3%	8	5

2015 年上海市知识产权行政案件二审收、结案统计表

收案			结案			
技术监督类(件)	小计(件)	同比(%)	技术监督类(件)	小计(件)	同比(%)	结案方式
4	4	20%	4	4	-33%	判决维持

参考文献

一、著作类

1. 罗豪才:《中国司法审查制度》,北京大学出版社 1993 年版。
2. 朱淑娣:《国际经济行政法》,学林出版社 2008 年版。
3. 邓德雄:《欧盟反倾销的法律与实践》,社会科学文献出版社 2004 年版。
4. 韩立余:《美国外贸法》,法律出版社 1999 年版。
5. 李圣敬、朱嘉宁:《WTO 争端解决机制和反不公平贸易法律实务》,吉林人民出版社 2001 年版。
6. 王名扬:《美国行政法》(上、下),中国法制出版社 1995 年版。
7. 翁岳生:《法治国家之行政法与司法》,月旦出版股份有限公司 1994 年版。
8. 希尔福:《国际贸易法与 GATT/WTO 争端解决机制》1977 年英文版。
9. 万鄂湘等:《国际条约法》,武汉大学出版社 1998 年版。
10. 王勇:《条约在中国适用之基本理论问题研究》,北京大学出版社 2007 年版。
11. 甘文:《行政诉讼司法解释之评论》,中国法制出版社

2000 年版。
12. 王名扬:《英国行政法》,中国政法大学出版社 1987 年版。
13. 石静霞、陈卫东:《WTO 国际服务贸易成案研究》,北京大学出版社 2005 年版。
14. 史际春:《反垄断法理解与适用》,中国法制出版社 2007 年版。
15. 王名扬:《法国行政法》,中国政法大学出版社 1988 年版。
16. 莫于川:《法治视野中的行政指导》,中国人民大学出版社 2005 年版。
17. 杨海坤:《中国行政法基本理论》,南京大学出版社 1992 年版。
18. 郭润生、宋功德:《论行政指导》,中国政法大学出版社 1999 年版。
19. 林纪东:《行政法》,三民书局 1994 年版。
20. 杨建顺:《日本行政法通论》,中国法制出版社 1998 年版。
21. 刘文静:《WTO 规则国内实施的行政法问题》,北京大学出版社 2004 年版。
22. 田文利:《非强制性行政行为及其法治化路径研究》,知识产权出版社 2008 年版。
23. 郭双焦:《WTO 贸易救济法律制度改革研究》,国防科技大学出版社 2006 年版。
24. 韩立余:《美国外贸法》,法律出版社 1999 年版。
25. [德]穆特哈特·毛雷尔:《行政法学总论》,高家伟译,法律出版社 2000 年版。
26. [德]罗尔夫·斯特博:《德国经济行政法》,苏颖霞、陈少康译,中国政法大学出版社 1997 年版。
27. [英]弗兰西斯·斯奈德:《欧洲联盟法概论》,宋英编译,北京大学出版社 1996 年版。
28. 朱淑娣等:《中国经济行政法治与国际化》,同济大学出版社 2002 年版。
29. 朱淑娣:《国际贸易救助司法审查》,香港文汇出版社 2004 年版。
30. 丁伟:《上海自贸试验区法治创新的轨迹理论思辨与实践探索》,上海人民出版社 2016 年版。
31. 王勇:《理论与实践双重视角下完善我国条约司法适用制度研究》,九州出版社 2016 年版。
32. 赵维田:《世贸组织(WTO)的法律制度》,吉林人民出版社 2000 年版。
33. 孔祥俊:《WTO 法律的国内适用》,人民法院出版社 2002 年版。

34. 孙南申:《WTO 体系下的司法审查制度》,法律出版社 2006 年版。
35. 江必新:《WTO 与司法审查》,人民法院出版社 2002 年版。
36. 朱淑娣:《WTO 体制下国际贸易救济审查制度研究》,时事出版社 2005 年版。
37. 江必新、梁凤云:《行政诉讼法理论与实务》(上、下卷),北京大学出版社 2009 年版。
38. 梁凤云:《新行政诉讼法讲义》,人民法院出版社 2015 年版。
39. 曹建明、贺小勇:《世界贸易组织》,法律出版社 2004 年版。
40. 曾令良:《世界贸易组织法》,武汉大学出版社 1996 年版。
41. 张尚鷟:《走出低谷的行政法学》,中国政法大学出版社 1991 年版。
42. 孙南申:《WTO 体系下的司法审查制度》,法律出版社 2006 年版。
43. 宋功德:《论经济行政法的制度结构:交易费用的视角》,北京大学出版社 2003 年版。
44. 向忠诚:《WTO 与中国行政诉讼制度改革》,湖南人民出版 2006 年版。

二、编著类

1. 朱淑娣主编:《运行中的国际经济行政法——WTO 案例的行政法解读》,时事出版社 2002 年版。
2. 杨解君主编:《WTO 下的中国行政法制变革》,北京大学出版社 2005 年版。
3. 最高人民法院应用法学研究所编:《人民法院案例选(1992—1999 年合订本)》(行政卷),中国法制出版社 2000 年版。
4. 沈德咏主编:《最高人民法院公报案例大全》(上、下卷),人民法院出版社 2009 年版。
5. 邹碧华主编:《2014 年上海法院案例精选》,上海人民出版社 2014 年版。
6. 齐奇主编:《2003 年上海法院案例精选》,上海人民出版社 2004 年版。
7. 卢云主编:《法学基础理论学》,中国政法大学出版社 1994 年版。
8. 马新福主编:《法理学》,科学出版社 2004 年版。
9. 葛洪义主编:《法理学》,中国政法大学出版社 1999 年版。
10. 赵震江、付子堂主编:《现代法理学》,北京大学出版社 1999 年版。
11. 胡土贵主编:《法理学》,法律出版社 1999 年版。
12. 胡旭晟、蒋先福主编:《法理学》,湖南人民出版社 2002 年版。

13. 公丕祥主编:《法理学》,复旦大学出版社 2002 年版。
14. 韩明德主编:《法理学》,郑州大学出版社 2004 年版。
15. 尚振海主编:《法理学》,中国农业出版社 2005 年版。
16. 舒国滢主编:《法理学》,中国人民大学出版社 2005 年版。
17. 肖光辉主编:《法理学》,中国政法大学出版社 2011 年版。
18. 应松年主编:《行政行为法》,人民出版社 1992 年版。
19. 胡建淼主编:《行政诉讼法学》,高等教育出版社 2003 年版。
20. 姜明安主编:《行政诉讼法学》,北京大学出版社 2001 年版。
21. 赵海峰、卢建平主编:《欧洲法通讯》(第 2 辑),法律出版社 2001 年版。
22. 翁岳生主编:《行政法》,中国法制出版社 2002 年版。
23. 陈安主编:《国际经济法论丛》(第 4 卷),法律出版社 2001 年版。
24. 王承斌主编:《西方国家反倾销法与实务》,对外经贸出版社 1996 年版。
25. 韩德培主编:《国际私法》,高等教育出版社 2001 年版。
26. 罗豪才主编:《中国司法审查制度》,北京大学出版社 1993 年版。
27. 林江山编:《行政法新编》,五南图书出版有限公司 1973 年版。
28. 罗豪才主编:《行政法学》,中国政法大学出版社 1996 年版。
29. 胡建淼编:《行政法学》,法律出版社 1998 年版。
30. 江必新主编:《WTO 与行政法治》,中国人民公安大学出版社 2002 年版。
31. 姜明安编:《行政法与行政诉讼法》,北京大学出版社 1999 年版。
32. 罗豪才主编:《行政法论丛》(第 1 卷),法律出版社 1998 年版。
33. 朱淑娣、刘峰主编:《WTO 与国际贸易行政诉讼》,学林出版社 2011 年版。
34. 应松年主编:《涉外行政法》,中国政法大学出版社 1993 年版。
35. 朱榄叶主编:《世界贸易组织国际贸易纠纷案例评分析》(上、下),法律出版社 2004 年版。
36. 余敏友等编:《WTO 争端解决机制概论》,上海人民出版社 2001 年版。
37. 杨建顺主编:《日本行政法通论》,中国法制出版社 1998 年版。
38. [日]室井力主编:《日本现代行政法》,吴微译,中国政法大学出版社 1995 年版。
39.《德国行政法院法逐条释义》,陈敏等译,我国台湾地区“司法院”2002 年 10 月印行。
40. 江必新主编:《中华人民共和国行政诉讼法理解适用与实务指南》,中国法制出版社 2015 年版。
41. 应松年主编:《行政程序法立法研究》,中国法制出版社 2001 年版。
42. 张文显主编:《法理学》,高等教育出版社、北京大学出版社 2007 年版。
43. 应松年主编:《行政诉讼法学》,中国政法大学出版社 2002 年版。
44. 姜明安主编:《外国行政法教程》,法律出版社 1993 年版。
45. 韩立余主编:《美国外贸法》,法律出版社 1999 年版。
46. 龚祥瑞主编:《比较宪法与行政法》,法律出版社 1985 年版。

三、杂志类

1. 程琥:《WTO 视野中的我国行政法治》,载《法制与社会发展》2002 年第 6 期。
2. 林泰、赵学清:《全球化语境与行政法国际化》,载《现代法学》2011 年第 33 卷第 5 期。
3. 刘汉富:《中国加入 WTO 与司法审查》,载《法律适用》2000 年第 1 期。
4. 王传丽:《WTO 协议与司法审查》,载《中国法学》2003 年第 2 期。
5. 杨寅:《行政法学中"行政诉讼"与"司法审查"的关系》,载《华东政法学院学报》1999 年第 1 期。
6. 朱淑娣:《法律交融中的国际贸易行政诉讼》,载《现代法学》2008 年第 30 卷第 2 期。
7. 袁勇:《论国际贸易行政诉讼》,载《法治论丛》2007 年第 22 卷第 3 期。
8. 孙繁华:《行政诉讼基本原则新辨》,载《政治与法律》2011 年第 4 期。
9. 王宗光:《职权主义——我国行政审判模式的必然选择》,载《政治与法律》2001 年第 4 期。
10. 朱淑娣、周诚:《国际经济行政法基本原则:平等保护与正当程序》载《北方法学》2011 年第 5 期。
11. 国家经贸委反倾销办:《墨西哥反倾销法律制度》,载《中国经贸导刊》2000 年第 18 期。
12. 王天成:《英美法系司法审查制度的历史起源》,载《中南政法学院学报》1991 年第 1 期。
13. 孔祥俊:《反倾销司法审查制度之比较》,载《法律适用》2003 年第 1 期。
14. 朱应平:《澳大利亚司法审查原告资格探析》,载《行政法学研究》2011 年第

2 期。
15. 张栋、叶强:《中美反倾销司法审查制度的比较研究》,载《黑龙江省政法管理干部学院学报》2003 年第 5 期。
16. 朱新力:《行政法律规范中的不确定法律概念及其司法审查》,载《杭州大学学报》1994 年第 1 期。
17. 王岩:《WTO 规则不能直接作为国际贸易行政案件的法律适用依据——浙江国贸进出口有限公司、贵航青年莲花汽车有限公司山东分公司诉中华人民共和国上海外高桥港区海关补征税款决定案》,载《人民司法》(案例)2014 年第 2 期。
18. 王亚琴:《入世与完善我国行政诉讼权利救济制度若干问题的思考》,载《世界贸易组织动态与研究》2002 年第 11 期。
19. 孔祥俊:《建立与 WTO 要求相适应的司法审查制度》,载《中国法学》2001 年第 6 期。
20. 王海英、袁敏:《论司法审查制度与 WTO 协议的衔接》,载《烟台大学学报》(哲学社会科学版)2003 年第 2 期。
21. 甘文:《WTO 与司法审查》,载《法学研究》2001 年第 4 期。
22. 夏金莱、叶必丰:《对 WTO 体制下国际贸易行政诉讼的思考》,载《法学评论》2003 年第 3 期。
23. 罗智敏:《试论行政指导》,载《行政法学研究》1999 年第 3 期。
24. 吴华:《论行政指导的性质及其法律控制》,载《行政法学研究》2001 年第 2 期。
25. 张淑芳:《论国际贸易行政案件审判与 WTO 规则的衔接》,载《东方法学》2008 年第 2 期。
26. 朱淑娣、袁勇:《WTO 体制下国际贸易法律救济争议》,载《广西社会科学》2005 年第 6 期。
27. 马怀德、葛波蔚:《WTO 与中国行政诉讼制度的发展》,载《政法论坛》2002 年第 2 期。
28. 于安:《行政诉讼法是中国履行 WTO 义务的核心法律机制》,载《政法论坛》2002 年第 1 期。
29. 孔祥俊:《WTO 法律的国内适用》,载《法制日报》2001 年第 12 期。
30. 孔祥俊:《WTO 对司法审查的要求及我国司法审查面临的任务和挑战》,载

《法律适用》2001 年第 10 期。
31. 朱淑娣、李晓宇:《多重视角下的国际贸易行政诉讼论》,载《政治与法律》2006 年第 2 期。
32. 孔祥俊:《WTO 法律对我国司法审查制度的影响》,载《政法论坛》2002 年第 1 期。
33. 孔祥俊:《涉及世贸组织规则的国际贸易行政案件的审理》,载《法律适用》2002 年第 9 期。
34. 张蹇:《建立中国国际贸易法院初论》,载《新西部》2008 年第 8 期。
35. 王晓滨:《平等对待:国际贸易行政案件司法审查的核心原则》,载《人民司法(应用)》2008 年第 2 期。
36. 陈立虎:《美国国际贸易法院的设置及其启示》,载《苏州城市建设环境保护学院学报》2001 年第 3 卷第 3 期。
37. 耿宝建:《入世后的行政诉讼与 WTO 规则的适用》,载《世界贸易组织动态与研究》2003 年第 5 期。
38. 林雅:《国际贸易中行政案件司法审查若干问题探讨》,载《法律适用》2003 年第 11 期。
39. 余佳奇:《论国际贸易中行政指导行为的可诉性——以 WTO 的规则约束为视角》,载《黄石理工学院学报》2008 年第 1 期。
40. 解志勇:《行政裁量与行政判断余地及其对行政诉讼的影响》,载《法治论丛》2005 年第 5 期。
41. 章剑生:《现代行政法基本原则之重构》,载《中国法学》2003 年第 3 期。
42. 王岩、朱淑娣:《WTO 普遍审查原则与我国司法审查范围的相应扩大》,载《国际商务研究》2002 年第 2 期。
43. 朱淑娣:《国际贸易行政诉讼审查标准刍议——以 WTO 体制约束为宏观背景》,载《行政法学研究》2006 年第 4 期。
44. 茆荣华、王岩:《海关行政处罚程序转换及域外证据采信》,载《人民司法》(案例)2017 年第 8 期。

四、外文编著类

1. John H. Jackson, *The Jurisprudence of the GATT and the WTO: Insights* Treaty Law And Economic Relations, Cambridge, Cambridge University Press, 2000.

2. Sue Arrowsmith, *Government Procurement in the WTO*, Hague, Kluwer Law International, 2002.

3. Matthias Oesch, *Standard of Review in WTO Dispute Resolution*, NewYork, Oxford University Press, 2003.

4. Florian Spitzer, *The Non – Violation Complaint in WTO Law*, Berlin, Tenea Verlag Medien, 2004.

5. Marion Panizzon, *Good Faith in the Jurisprudence of the WTO*, Oxford, Hart Publication, 2006.

6. Dae – Won Kim, *Non – Violation Complaints in WTO Law*, Berlin, Peter Lang Pub Inc. , 2006.

五、外文论文类

1. James Cameron and Karen Campbell eds. , "Dispute Resolution in the World Trade Organization", London, *Cameron May*, 1998.

2. Paul Caring and Crainne De Buera, "European Community Law", *Sweet and Max-ewell*, 1995.

3. James P. Durling, "Anatomy of a Trade Dispute: A Documentary History of the Kodak Fuji Film Dispute", London, *Cameron May*, 2000.

4. See O'Connell, O. P. , International Law, (1970. 2nd ed.), Vol. 1.

六、外文网站类

1. http://www. uscit. govl.

2. http://www. wto. org.

后　记

2001年12月11日，我国正式加入世界贸易组织。尽管在“入世”之前，国际贸易行政诉讼作为涉外行政诉讼的特殊类型，在司法实践中客观存在并实际运行着。但是由于其案件数量不多，涉及的领域较窄，长期以来并未引起学术界和实务界的重视，也未能专门将其法律化、制度化。直至2002年，为了履行建立与WTO相衔接的国际贸易司法审查制度的承诺，最高人民法院先后出台了三部关于审理国际贸易行政案件的司法解释。这三部司法解释与行政诉讼法及其司法解释初步构建起了WTO体制下我国国际贸易行政诉讼制度。但是中国毕竟还是一个发展中国家，在全面履行WTO协议及其他一系列国际协定的过程中，无论在立法、行政，还是司法方面均与WTO要求、其他法治发达国家以及我国“入世”承诺存在一定的差距。

本人在复旦大学攻读硕士学位期间，正逢中国“入世”之时。复旦大学的朱淑娣教授是国内最早从事国际经济行政法和国际贸易救济研究的专家学者之一。在朱教授的带领下，我们有幸走进了国际经济行政法和国际贸易行政诉讼的研究领域。在读研期间,我阅读了大量关于 WTO 和世界贸易组织的书籍,并且运用学到的行政法学理论从行政法律视角对 DSB 典型案例进行分析研讨,参编了《运行中国际经济行政法——WTO 典型案例的行政法解读》一书。

本人自研究生毕业进入上海市高级人民法院工作已有十四余载的光阴,作为一名长期从事行政审判工作的法官,在收集、研究和审理了大量国际贸易行政案件的同时,也见证了“入世”前后我国国际贸易行政诉讼制度产生和发展的历程。从该类案件的未来发展趋向来看,随着经济体制改革不断向纵深发展,我国自贸试验区的不断拓展,对外经贸活动将愈加频繁,国际贸易行政案件数量必将呈上升趋势。因此,司法实务界能够及时地对国际贸易行政诉讼制度进行梳理研究,对该类案件的审理要件进行分析研判,极具现实的必要性。

本书运用历史分析、实证分析、案例分析与规范分析等多种研究方法,通过对国际贸易行政诉讼产生的背景、内涵特征、主要原则、法律渊源等方面进行梳理分析,从审查主体、审查范围、审查标准、审查程序等方面对 WTO 及其成员方的国际贸易司法审查制度进行了比较研究,在此基础上对我国国际贸易行政诉讼原理和制度进行了全面系统的阐释。其中,本书重点解读了我国现行法律、司法解释对国际贸易行政诉讼制度的一般规定,选取国内外典型案例对几类国际贸易行政案件在司法运行中的实体和程序问题进行实证分析,透视我国国际贸易行政诉讼制度现状,指出该制度与 WTO 对司法审查的要求尚存在差距,并进而从司法理论及实践、司法改革走向等方面对相关问题解决及国际贸易行政诉讼制度的完善提出若干建议。

由于本人时间和精力的限制,书中疏漏不当之处在所难免,敬请批评指正。

图书在版编目(CIP)数据

WTO 体制下的我国国际贸易行政诉讼研究 / 王岩著
. -- 北京 : 法律出版社, 2018
ISBN 978 - 7 - 5197 - 1924 - 1

Ⅰ. ①W… Ⅱ. ①王… Ⅲ. ①国际贸易-行政诉讼-研究 Ⅳ. ①D996.1

中国版本图书馆 CIP 数据核字(2018)第 013464 号

WTO 体制下的我国国际贸易行政诉讼研究
WTO TIZHIXIA DE WOGUO GUOJI MAOYI XINGZHENG SUSONG YANJIU

王 岩 著

责任编辑 刘 琳
装帧设计 凌点工作室

编辑统筹 法律教育出版分社
出版 法律出版社
总发行 中国法律图书有限公司
经销 新华书店
印刷 北京京华虎彩印刷有限公司
责任印制 沙 磊
开本 A5
印张 7.5
字数 201 千
版本 2018 年 1 月第 1 版
印次 2018 年 1 月第 1 次印刷

法律出版社/北京市丰台区莲花池西里 7 号(100073)
网址/www.lawpress.com.cn
投稿邮箱/info@lawpress.com.cn
举报维权邮箱/jbwq@lawpress.com.cn
销售热线/010 - 63939792
咨询电话/010 - 63939796

中国法律图书有限公司/北京市丰台区莲花池西里 7 号(100073)
全国各地中法图分、子公司销售电话:
统一销售客服/400 - 660 - 6393
第一法律书店/010 - 63939781/9782　西安分公司/029 - 85330678　重庆分公司/023 - 67453036
上海分公司/021 - 62071639/1636　深圳分公司/0755 - 83072995

书号: ISBN 978 - 7 - 5197 - 1924 - 1　**定价:** 22.00 元
(如有缺页或倒装,中国法律图书有限公司负责退换)

封面用图：

华东政法大学松江校区远景。松江校区始建于2003年，整体采用了欧式古典建筑风格，以红色为主色调，继承了长宁校区特点，建筑造型优美复古，中西合璧。

上架建议：法学理论

法律出版社官方微信

ISBN 978-7-5197-1924-1

9 787519 719241 >

定价：22.00元